中国劳动关系学院青年学者文库

ZHONGGUO LAODONG GUANXI XUEYUAN QINGNIAN XUEZHE WENKU

人力资源管理的
历史演变

闻效仪 著

中国社会科学出版社

图书在版编目(CIP)数据

人力资源管理的历史演变／闻效仪著．—北京：中国社会科学
出版社，2010.6

（中国劳动关系学院青年学者文库）

ISBN 978－7－5004－8800－2

Ⅰ.①人… Ⅱ.①闻… Ⅲ.①企业管理—劳动力资源—资源
管理—研究 Ⅳ.①F272.92

中国版本图书馆 CIP 数据核字（2010）第 093790 号

责任编辑 雁 声
特邀编辑 骆 珊
责任校对 李 莉
封面设计 大鹏工作室
技术编辑 戴 宽

出版发行 中国社会科学出版社
社 址 北京鼓楼西大街甲 158 号 邮 编 100720
电 话 010—84029450（邮购）
网 址 http://www.csspw.cn
经 销 新华书店
印 刷 君升印刷有限公司 装 订 广增装订厂
版 次 2010 年 6 月第 1 版 印 次 2010 年 6 月第 1 次印刷
开 本 880×1230 1/32
印 张 9.375 插 页 2
字 数 243 千字
定 价 30.00 元

序

毫无疑问，人力资源管理是当今社会最流行的话题之一，人力资源管理的重要性已经得到微观各类组织以及国家层面的广泛重视，人力资源管理的研究从未达到如今被如此高度关注的程度。然而，在考察该领域各类研究主题时，几乎很少有从历史的视角对人力资源管理加以研究和讨论的。在我看来，作为对人管理的一种理论或实践活动，它深深扎根于一个国家的经济、社会乃至政治环境之中，经历着不断演变的文化环境的影响。当今人的行为正是历史上各类因素交织影响形成的结果。因此，我们需要对人力资源管理的历史研究，需要对文化传承"路径依赖"的透视，这是对人力资源管理价值观形成和当前人力资源管理行为深度理解的前提背景。

本书就是一本从历史的角度对人的管理的变迁及转型进行考察的学术著作，值得推荐。

首先，作者以一般历史分析方法为主体，并借鉴经济社会史以及企业史的理论和方法，展示了人力资源管理的历史演变过程，弥补了国内该领域研究的空白。不同于当代主流研究人力资源管理的"技术观"，作者的研究始终贯穿着"外生性"历史视角，从更广阔的经济社会变迁和复杂多变的环境演化中，分析人力资源管理作为一种资本主义工厂制度下的管理策略和实践是如何满足雇主长远利益的。

其次，作者对资本主义制度下的劳工问题及其表现特征进行了深度解构，并把如何解决劳工问题变成了全书的本源命题。作者不但系统梳理出资本主义世界解决劳工问题的三种途径，更层层递推至资本主义改良运动途径中产生的人力资源管理模式，而雇主在解决劳工问题上的不断尝试也就成为人力资源管理发展的演变动力，并构成了全书的中心线索。

最后，对人力资源管理的历史演变的研究，也会引领读者关注劳动力市场状况、工会与工人运动、政府劳工立法的作用，并加深对人力资源管理为什么重要以及雇主实施"以人为本"的人力资源管理实践的深刻理解，这对解决我国日益突出的劳资关系问题起到重要的启示作用，可以让广大的中国企业重新检讨和反省自身的人力资源管理政策，以防患于未然。

本书对人力资源管理历史探讨截止到20世纪70年代，使得本书的价值受到局限。另外，本书有人力资源管理"劳动关系化"的特点和倾向，而人力资源管理与劳动关系毕竟存在不同，二者具有各自的视角结构和语言规范，二者的界限有待明确。

总之，闻效仪所撰写的这部著作对人力资源管理历史的研究，在国内起到了开拓性的引领作用，相信这部著作的问世，将会激发更多人对该领域发生学术兴趣，产生更多学术成果，也将为我国人力资源管理学科的进一步发展起到积极地推动作用。

曾湘泉

2009 年 11 月 11 日

目　　录

导　论

　　从经济学的角度看，将原材料转化成为产出的生产过程中，物质和人是分离不开的生产要素。产品的形成，有赖于人将厂房、设备和原材料结合起来投入使用，并且在生产过程中根据情况进行调整。工人的体力和脑力全程参与了这个生产转化过程。然而，这种劳动力投入是否达到雇主的期望，则完全取决于工人的自身意愿。如果拥有生产转换技能的工人拒绝付出劳动，则不会有产出。于是，雇主为了最大化的产出，一方面通过技术创新不断替代劳动能力；另一方面，雇主采用了一种名为人力资源管理的实践，来不断诱发工人自愿的劳动能力。

　　显然，这些处在资本主义劳动过程中的工人群体，对此的反应不会是一成不变并束手就范，而会根据不同的社会环境，与雇主展开控制与反控制、剥削与反剥削的斗争。因此，根据工人抗争的不同状态，采取不断演变的"制服"和"化解"手段，使用不断升级的管理策略来"制造认同"①，成为资本主义制度延续至今的基础，这同时也意味着雇主的人力资源管理实践是一个不

---

① Burawoy, *Manufacturing Consent: Changes in the Labor Process Under Monopoly Capitalism*, Chicago: The University of Chicago Press, 1979.

断演变发展的过程。

一　人力资源管理的定义

（一）关于人力资源管理的几种定义

"人力资源管理"这个术语在 20 世纪 80 年代才被广泛使用开来，但由于理念和研究领域的不同，关于人力资源管理的定义至今没有统一的看法和认知，其大致分为四种定义类型：

第一类定义认为人力资源管理是一种广泛存在的管理职能，只要一个人在生产过程中对另一个人进行了协调和控制，即意味着他进行了人力资源管理。如果从这个角度理解，从人类文明发端之日起，人力资源管理就存在于各类组织之中，而无论组织的规模、性质和层级，它的目的就是对工作场所的个体进行适当管理。（Drucker，1954；Bakke，1958）

第二类定义认为人力资源管理是员工管理专业化和职业化的结果，随着组织雇佣人数不断扩大，为了更好地管理员工，需要一套雇佣官僚机构职业化的进行。这种机构常常被称为"人力资源管理部"或"HR"。而人力资源管理就是这个部门的目标、任务、运行和实践，包括员工招聘、培训开发、薪酬福利、绩效管理等专业技术。（Peterson，1979；Dessler，1986）

第三类定义认为人力资源管理是先进企业的"最佳实践"（Best Practice），它对传统雇佣管理进行了改革和提升，更加强调员工对于企业的价值性，更加重视"人本主义"的管理实践。此类定义与"人事管理"进行了区分，认为人事管理是存在于大部分企业中低层次的管理活动，而人力资源管理是先进企业为了获取长期竞争优势的主动战略选择。（Henneman，1980，Delaney，1989；Schuler，1995）

第四类定义则完全站在雇主的对立面看待人力资源管理。这些持雇主和员工利益多元化思想的学者对雇主实施人力资源管理的动机提出质疑，认为这种实践并非真正要在雇佣双方之间建立一种新型的、平等的合作伙伴关系，其目的仅仅是以"互惠"的名义提出一种控制员工的形式，或者干脆就是为了躲避工会和掩饰管理控制方法的一种复杂的管理方式。（Storey，1987；Salamon，1992）

（二）产业关系、人事管理、人力资源管理

在人力资源管理历史的各类研究中，人力资源管理、人事管理以及产业关系三个概念贯穿始终，并常常互换使用，因此有必要对它们之间的区别进行分析。

19世纪资本主义制度确立了雇主的自由管理权和大规模的生产模式，并直接导致劳工问题严重并泛滥，进而形成劳资对立，带来普遍的社会问题。于是，一批社会改良者试图改善社会的经济效益与公平正义，研究是否有较科学与人性化的管理方法，或是引入平衡劳资间的集体谈判力量，以及在工作场所导入民主和制度化的程序等，并把这个领域的研究统称为产业关系（Industrial Relation），也叫工业关系。

因此，产业关系是最早也是最全面概述工作、雇佣管理以及劳资之间关系的概念。当时，产业关系普遍被认为包含两个主要的次领域（Subdivisions）：一个是讨论劳工的管理（Management of Labor），另一个是讨论集体协商与劳动力治理的方法（Methods of Workforce Governance）。前者的研究来自一群企业界的经理人，他们对产业关系的兴趣是实用性的，目的在找寻适当的方法或策略解决他们在工作场所遇到的劳工问题，这个领域慢慢演变成人事管理和今日的人力资源管理。后者的研究者中大

多数是大学里的经济学家，更精确的说法是制度学派的学者，他们运用经济学的原理认识和了解劳资关系的内涵，同时从政策的角度试图建立制度性的空间，以建立平衡的劳资关系，这个领域慢慢演变成为今天的劳动关系（Labor Relations）或雇佣关系（Employment Relations）。

因此在历史上，"产业关系"普遍把"人事管理"的概念纳入其中。例如在梅奥曾经进行霍桑实验的公司，公司雇佣主管的头衔就是"产业关系副总"，当时许多人事经理组织称为"产业关系协会"，很多时髦的名字都争相与产业关系挂钩。然而到了20世纪60年代，两个次领域开始分道扬镳，人力资源管理全面代替了人事管理，而产业关系的内容和边界逐步狭隘化。

人事管理伴随着名称的改变，理念和概念领域也逐渐地改变。杜勒邦、费里斯、斯托德（Dulebohn，Ferris，Stodd）指出，"人力资源管理的内涵不同于人事管理。首先，尽管人事管理强调人工成本费用，但人力资源管理强调把人力资源看作是组织的一种资产；其次，人事管理意味着一系列与人力资源开发无关的行政功能和日常活动，相对于其他重要的业务功能来说是消极的、被动的、次要的，而人力资源管理标志着一种积极主动的做法，是组织内部整合人力资源战略的重要部分。两者有区别，但普遍认为人事管理和人力资源管理是不同时期的不同发展状态，前者是后者的基础，后者是前者的发展升华"。①

产业关系则更加专注于站在雇员的视角描述雇员整体和雇主之间的关系，并且和劳动关系、劳资关系的概念区别不大。因此，如今的产业关系的定义范围很广但实际内涵却比较狭窄。著名劳动关系权威 Thomas Kochan 和 Harry Katz 把产业关系定义

① Dulebohn，Ferris，Stodd. *The History and Evolution of Human Resource Management*，Cambridge：Blackwell，1995，pp. 19 - 41.

为"涉及雇佣关系所有方面的一种跨学科的研究和实践领域",
但他们又特别提示"产业关系更加关注雇主和劳工之间的关
系"。[①] Roy Adams 也认为,"产业关系试图把目标定位于理解、
预测和控制雇佣的所有方面,然而在实践中,其焦点放在了工
会、集体谈判以及相应的劳动力市场问题上"。[②]

(三) 本书对人力资源管理的定义

由于是关于历史的研究,因此有必要采用最宽泛的定义以尽
量涵盖不同的定义。本书认为:人力资源管理是为了解决劳工问
题,建立专门的雇佣官僚机构进行专门的人事管理,并在与工会
的斗争过程中,不断发展演变的一种先进的雇主管理模式。因
此,产业关系或工业关系、人事管理以及人力资源管理对于本书
来讲,只是不同历史时期该种模式的代名词。

二　有关人力资源管理历史的研究

(一) 两种研究视角

关于人力资源管理的历史演变有不少学者进行了研究,其中
最著名的当属 Henry Eilbert 的《美国人事管理的发展》(*The
Development of Personnel Management*);Cyrus Ling 的《人事
关系的管理:历史和起源》(*The Management of Personnel Re-
lations：History and Origins*);Paul Lawrence 的《美国企业人
力资源管理的历史》(*The History of Human Resource Manage-*

---

① Kochan，Katz，McKersie. *the transformation of American industrial rela-
tion*，New York：Basic Books，1986，p. 4.

② Roy Adams. *Industrial Relations Theory：Its Nature，Scope，and Pedago-
gy*，Scarecrow Press，2008，p. 2.

ment in American Industry），Dulebohn，Ferris，Stodd 的《人力资源管理的历史和发展》（*The History and Evolution of Human Resource Management*），Daniel Wren 的《管理思想的演变》（*The History of Management Thought*）。

在这些著作中，普遍持"内生"（internal）视角，都不约而同地强调科学管理、人际关系学派以及心理学在人力资源管理发展中的基础性线索，他们都把焦点定位于员工在工作场所中的心理和社会需求，而正是泰勒、梅奥以及明茨伯格等人通过新的管理实践和方法满足了这些需求，提高了企业效率，进而直接推动了人力资源管理的发展。因此，他们的著作都基本围绕人力资源管理技术的演变展开，详细论述如工作分析、薪酬激励、绩效方法、员工福利等方法在不同时期的不同发展状态。

虽然这种"内生"视角建构了人力资源管理的理论基础，尤其支持了人力资源管理专业化的过程，论证了人力资源管理作为一个独立职业的存在。但是，这种视角显然过于短视，这些技术方案仅仅解决短期的员工管理问题，而不能解释雇主们为什么在一个多世纪以来，坚持人力资源管理实践的动力所在，正如 John Ivancevich 所言，他们"无法解释人力资源管理对于雇主的重要性，这种描述的历史始终是模糊的"。显然，研究人力资源管理的历史还需要更广阔的社会视角，需要分析在复杂且动态的环境背景下，人力资源管理作为一种管理策略和实践是如何满足雇主长远利益的。

而在这方面的研究，最权威的是 Daniel Nelson 的《管理者和工人：20 世纪美国工厂管理体系的起源，1880－1920》（*Managers and Workers：Origins of the Twentieth Century Factory System in the United States*，1880－1920）、Sanford Jacoby 的《雇佣官僚：20 世纪管理者，工会与美国产业中的劳动

转型》（*Employing Bureaucracy：Managers，unions，and the Transformation of work in the 20ᵗʰ Century*）、Bruce E. Kaufman 的《管理人的因素：美国企业人力资源管理的早期时代》（*Managing the Human Factor：The early years of human resource management in American industry*）。

　　有意思的是，三位都是劳动关系专家，尤其擅长劳工史。Nelson 注意到随着美国工厂组织体系的扩张，工厂雇佣工人的数量从几十人变成了成千上万人，管理方法也开始演变以更好地协调和配合工人的管理，传统的工头管理向人力资源管理的转变受到工人数量、素质以及群体情绪的影响。Nelson 把工人作为人力资源管理演变的主要动力主体，认为人力资源管理的根本目的是获得工人的合作以最终提高企业效率。[①] Jacoby 研究的时间跨度延伸到"二战"后，并把焦点放在了美国劳动力市场、工会组织发展以及政府劳工立法对人力资源管理发展的影响，他总结出人力资源管理与工会运动此消彼长的关系，认为雇主之所以采取人力资源管理实践本质是为了对付和替代工会。[②] Kaufman 作为当代最著名的劳动问题研究权威，是劳动关系和人力资源管理领域研究集大成者。他认为以自由放任主义为基础的资本主义体制不可避免地会产生劳工问题（labor problem），劳工问题引发了雇主和工人的对立，进而刺激了有组织劳工运动，最终影响雇主的生产效率和结果。因此，人力资源管理是雇主力图解决劳工

[①]　Daniel Nelson. *Managers and Workers：Origins of the Twentieth Century Factory System in the United States*，Madison：The University of Wisconsin Press，1975.

[②]　Sanford Jacoby. *Employing Bureaucracy：Managers，unions，and the Transformation of work in the 20ᵗʰ Century*，New York：Columbia University Press，1985.

问题的一种制度安排，也是人力资源管理发展的内在动力。[①]

　　然而，对于这种"外生"角度，也有许多批评的声音。他们尤其不能解释"二战"以后，在全球的工会密度迅速下降，有组织劳工运动普遍减少，工会不再成为雇主威胁的情况下，人力资源管理依然得到了快速发展，并进入到更高的战略层面。William Lazonick 认为这种角度只强调了劳动市场条件的外在"推力"，而忽略了雇佣政策的内在"吸引力"，即使在美国大萧条时期，也有不少企业依然坚持先进的人事管理实践，从而团结了员工，发展了企业。

　　笔者认为，随着劳动力素质的普遍提升、人力资本作用的不断突出、产业结构的调整，"内生"视角对于 20 世纪 70 年代后的人力资源管理发展具有较强的解释力，这个时期雇主已经普遍持有员工是企业宝贵财富甚至是战略合作伙伴的意识，并通过各种技术进行人力资源管理的开发与激励，实施个性化、能力化的员工管理措施，从而获取持久的人才竞争优势。但是，对于 70 年代以前的人力资源管理历史，工业革命催生了的大批量生产模式，农业劳动力不断被吸收为产业工人，雇主对于生产过程及其附带的劳动关系具有绝对优势的控制权，自由放任主义普遍泛滥，毫无疑问，"外生"视角具有无与伦比的解释力。尽管这个期间依然有雇主主动实施具有内在"吸引力"的雇佣政策，但这仅仅是"先进的少数派"（Progressive Minority）。[②]

---

　　① Bruce E. Kaufman. *Managing the Human Factor：The early years of human resource management in American industry*, Cornell University Press, 2008.

　　② Sanford Jacoby. *Employing Bureaucracy：Managers, unions, and the Transformation of work in the 20ᵗʰ Century*, New York：Columbia University Press, 1985, p. 204.

(二) 关于历史阶段的划分

关于人力资源管理的历史阶段的划分，西方许多学者也有不同的标准。一些学者按照人事技术和主要人事思想与观点的发展来划分历史阶段。W. L. French 认为，20 世纪初，现代人力资源管理的内容就已经形成，并把人力资源管理的历史划分为六个阶段：20 世纪初以泰罗为代表的科学管理运动、工业福利运动、早期的工业心理学、人际关系运动时代、劳工运动、行为科学与组织理论时代。K. M. Rowland 和 G. R. Ferris 则将人力资源管理的历史划分成五个阶段：工业革命时代、科学管理时代、工业心理时代、人际关系时代、工作生活质量时代。

而一些学者则按照编年史的方式划分历史阶段。Wayne F. Casicio 把人力资源管理的发展分成四个阶段：20 世纪 60 年代，档案保管阶段；第二阶段，70 年代，政府职责阶段；第三阶段，80 年代，组织职责阶段；第四阶段，90 年代，战略伙伴阶段。Randall Schuler，Susan Jackson 把人力资源管理的划分为六个阶段：1900—1910 年，员工福利；1910—1920 年，任务效率；1920—1930 年，个性区别，1930—1940 年，工会化和生产率；1940—1950 年，经济安全；1950—1960 年，人际关系。

三　本书的写作框架和结构

本书把雇主尝试解决劳工问题的努力做为近一个世纪人力资源管理不断发展的动力来源，同时也成为演变的初始条件。而在人力资源管理具体演变过程中，劳动力市场状况、工会与工人运动、政府劳工立法是最重要的三个作用力，虽然作用力的方向在不同历史时期并不一致。尤其当劳动力短缺、新法出台，或有来自工会的威胁时——即出现外部环境的不确定，人事管理就会处在相对有力的地位，就可能会参与制定战略决策和财务预算。而当外部环境相对稳定、可预测时，人事管理可能只是一个普通的部门而不受重视。然而，人力资源管理从当初的人事管理持续演变成今天的战略人力资源管理，显然是推力大于阻力的结果。

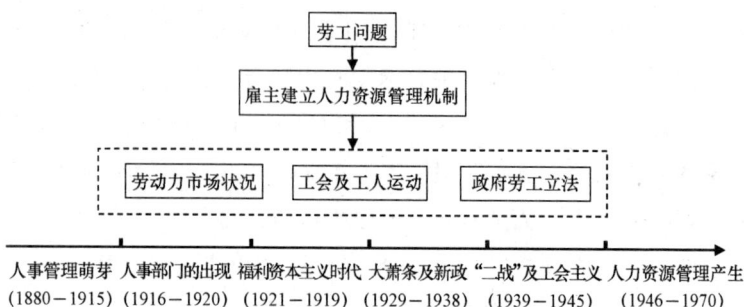

图1　本书的写作框架和结构

本书试图在前人研究成果的基础上，针对人力资源管理在美国19世纪末到20世纪70年代的发展，分人事管理的萌芽（1880—1915）、人事部门的出现（1916—1920）、福利资本主义时代（1921—1928）、大萧条及新政（1929—1938）、"二战"及工会主义（1939—1945）、人力资源管理的产生（1946—1970）六个阶段，进行比较全面的历史性考察。同时，描述不同时期的关键事件、人物以及社会活动，分析不同时期人力资源管理的形成和影响机制，总结不同时期人力资源管理的具体表现形式和实践内容。需要特别指出的是，本书的研究截止到20世纪70年代，是因为70年代后的人力资源管理发展的目的已经不再是为了解决劳工问题，通过人力资本投资，获取持续的竞争优势成为雇主采取人力资源管理实践的新动力。

全书总共分为九章：

第一章探讨了资本主义制度下产生的劳工问题。新教的出现破除了传统宗教对商业的歧视，鼓励人们创造财富，开创了资本主义精神；亚当·斯密的自由主义鼓励劳动分工，保护财产权和自由，反对任何形式的市场干预，并被称为资本主义制度的理论基础；熊彼特认为科技进步是资本主义制度的动力的核心，资本主义制度受到技术发明及其扩散的推动，科技进步及工业革命确立了工业化大生产模式，并形成资本家和产业工人两个阶级阵营。三者构成了资本主义制度的价值观支柱，支撑着资本主义体系的运行。虽然关于资本主义制度导致劳工状况到底是持续恶化还是普遍提升存在激烈的争论和交锋，但不可否认，劳工分工对技艺的破坏、市场竞争的不断"寻底"以及雇主管理方式的粗暴带来了工人高流失率、磨洋工、低工资、恶劣的工作条件、罢工、产量限制等劳工问题在 19 世纪末和 20 世纪初形成了广泛的社会运动并产生了巨大影响，甚至威胁到资本主义制度继续存在。

第二章探讨了劳工问题的几种解决途径。由于涉及面的广度和深度，劳工问题成为最为复杂的研究领域之一，也吸引了众多思想家和学者探寻劳工问题的解决方案。有两类思潮较极端：一类是基于自由主义基础上的社会达尔文主义以及契约自由；另一类则是誓言通过暴力革命推翻资本主义制度的社会主义以及工团主义。前者认为劳工问题的产生恰恰是市场体系不健全的结果，需要更加自由的资本主义体制来保护雇主和工人之间的契约自由，从而保护自由市场的运作。而后者认为劳工问题导致的劳资冲突是以阶级为基础的冲突，由于社会中经济权力分立、分配的不均等，资本拥有者与劳动供给者之间的不均等是资本主义制度种下的恶果，解决劳工问题只能用社会主义制度下的工人控制来代替资本主义制度。而在两个极端之间，资本主义改良运动成为解决劳工问题的第三种解决途径，他们仍旧认同资本主义社会的架构及其支撑的原理，但必须提供处方解决自由市场经济带来的后遗症，并分为工人解决、政府解决和雇主解决三类处方。而其中实行雇佣管理变革，转变对工人的认知态度，建立人力资源管理机制成为雇主解决劳工问题的主要内容。

第三章至第八章描述了人力资源管理在美国近一个世纪内的演变过程，并分为人事管理的萌芽（1880—1915）、人事部门的出现（1916—1920）、福利资本主义时代（1921—1928）、大萧条及新政（1929—1938）、"二战"及工会主义（1939—1945）、人力资源管理的产生（1946—1970）六个阶段。在各个历史时期中，劳动力市场状况、工会及工人运动以及政府和劳工立法成为人力资源管理发展的社会背景因素，而正是由于这些背景因素的不同影响，雇主采用了不同的雇佣管理实践，也因此人力资源管理在不同的历史阶段拥有不同的内容形式，并形成了连续的演变过程。

第九章对人力资源管理（HR）和产业关系（IR）进行了对比分析。人力资源管理的历史脱胎于产业关系，关于组织形式"一元观"和"多元观"视角使两者分道扬镳，但在发展的过程中又相互影响。产业关系是促使人事管理向人力资源管理转变的重要成因，而人力资源管理又对工会主导下的产业关系构成了挑战，并正在促使产业关系新的转型。虽然双方正在迈向融合，强调团队合作、重视人的因素等，但却不能模糊双方对劳资利益看法的不同视角。从总体上看，人力资源管理尽管认识到雇员与雇主在利益上的分歧，但并不强调这些分歧内在的冲突性，并且主要研究个人和小组水平的雇佣关系，较少关注工会和集体谈判的作用。而产业关系认为组织作为一个多元实体，不同的人有不同的利益和不同的关注点，因而冲突就不可避免。冲突的解决需要建立一套各方均能接受的程序和制度，并由这些程序和制度来保证各方通过谈判和妥协达成共识。因此雇员必须联合起来，与资方进行集体谈判，这样就可以把眼光放在更广的经济与社会角度来解决劳资关系双方的冲突。

四　本书的写作意图和研究方法

本书的写作灵感来源于中国人民大学几次人力资源管理新年报告会上关于人力资源管理的争论。一方批评中国的人力资源管理的技术化、形式化、表层化，以"以人为本"之名，行压榨剥削员工之实，并在不断加大引发劳资冲突的企业风险，认为人力资源管理应该"法制化"；另一方则抨击其不了解人力资源管理的内涵和体系，人力资源管理在中国的普遍流行正说明雇主已经认识到人的重要性，许多企业已建设了人力资源管理体系以增强对人才的吸引力，并致力于员工与企业共同成长。[①]

争论虽然是因为各自学科背景以及价值观的不同而引发的，但依笔者看，矛盾的根本原因在于，对什么是人力资源管理缺乏统一认识，一方只看到人力资源管理的技术发展，而忽略人力资源管理的动力来源以及在中国真实的覆盖面；而另一方也只是简单地认为人力资源管理就是人事管理，忽略人力资源管理实际理念和不断取得的效果。弄清楚人力资源管理的历史演变，显然有利于解决这种争论，同时也构成了本书的写作意图。

首先，中国人力资源管理研究应该具有"外生性"视角和人文关怀精神。中国企业实施人力资源管理实践的始终是"先进的

[①] 参见《2005—2009中国人力资源管理新年报告会》相关内容（http://slhr.ruc.edu.cn）。

少数派"，主要是那些员工类型始终处于短缺的劳动力市场状态、
人力资本作用突出的外资和高科技民企。而在中国绝大多数企业
里是根本谈不上人力资源管理的。这类企业的劳动力供给源源不
断，缺乏强有力的工人代表组织，加之地方政府的 GDP 导向的
"法外留情"，使他们根本就没有任何动力来实施"员工导向"的
人力资源管理。这类企业的许多员工没有合同、工资很低、工作
环境恶劣，并随时会被拖欠和克扣工资。甚至那些有着完善人力
资源体系的跨国企业，在中国也建立大量"血汗工厂"，追求劳
动力成本最低点的"寻底竞赛"（race to bottom）。虽然众多的
企业把人事部更名为人力资源管理部，但不真正意味着"以人为
本"思想的开端，相反，人力资源管理成为某些企业进行"人
治"的口号，到处充斥着因人设事、因人设岗、粗暴管理的现
象。因此，中国的人力资源管理研究不应只执著于具体的技术，
因为这些技术很可能成为雇主或管理层谋求私利、掩饰不公平分
配的工具，并加大劳资关系风险，从而"善花结出恶果"。

　　其次，中国劳动关系研究应该微观化和工作场所化。国外劳
动关系研究正在面临危机，就业结构的变化、集体合同覆盖率的
下降和人力资源管理理念迅速被社会所接受，产业关系的研究具
有"空洞化"（hollowing out）的趋势，考夫曼认为，对产业关
系的研究必须回到昔日的重心，即雇佣关系的全部内容。① 显
然，中国的劳动关系研究也面临同样的选择。我们的研究过于宏
观、过于强调国家在劳资关系中的干预作用，雇主似乎总是一个
"血淋淋"的总体且模糊的形象，对工作场所中的管理实践和管
理技术不了解也不感兴趣，反而加大了国家劳资关系政策风险，
漏洞百出的劳动合同法就是缺乏工作场所实践经验的例证。一方

---

　　① Kaufman. *the origins and evolution of the field of industrial relations in the united states*，Ithaca：ILR press，1993，p. 3.

面，雇主的人力资源管理技术层出不穷，而这些技术对劳资关系
的影响却没有人研究；另一方面，总是强调工资集体谈判的作
用，却又看不懂雇主的薪酬管理体系和策略，攻击人力资源管理
总不到点上。因此，中国的劳动关系研究需要改变它对雇佣关系
的研究重点，不但要研究产业关系的有关机制，而且要研究雇佣
关系在实践中的运行，并且揭示雇佣关系的运行对企业效益和社
会公平所带来的结果。①

　　最后，雷恩（Daniel A. Wren）在其著作《管理思想的演
变》中曾说过，"今天不同与昨天，明天也不会等同于今天，但
是，今天是我们昨天的全部情况的结晶，而且明天的情况也将如
此"。② 如果不了解历史，个人只能依靠自己的有限的经验作为
思考和行动的依据，并会有无限的将来风险。而"历史是一种普
遍的经验，它确实比一切个人经验都更长久、更广阔、也更多
样"。因此，研究人力资源管理的历史，有助于更合理和更有条
理地研究现在，将有利于我们去领会和融会贯通各种分离的技术
和知识，厘清历史发展的真实脉络，判别中国人力资源管理发展
的走向，最终"以史为鉴，可以知兴替"。本书以一般历史分析
方法为主体，并借鉴经济社会史以及企业史的理论和方法，展示
人力资源管理的历史演变过程，弥补国内在这个领域研究的缺
憾。与此同时，人力资源管理和劳动关系研究在历史上是统一
的，在分道扬镳多年后，又开始出现融合的迹象，本书希望能为
这种融合贡献力量。

---

　　① 李琪：《产业关系概论》，中国劳动社会保障出版社 2008 年版，第 46 页。
　　② ［美］雷恩：《管理思想的演变》，李柱流等译，中国社会科学出版社 1997 年
版，第 4 页。

第一章

资本主义制度下的劳工问题

1689 年英国的光荣革命，宣告了资产阶级革命的胜利，这为资本主义的发展扫清了障碍，生产力得到迅速发展，英国由此发生了工业革命。工业革命的基本特征是机器化大生产代替手工劳动，工厂取代手工工场，资本主义经济战胜了封建主义经济，人类社会开始从农业文明进入工业文明。工业革命又加速了资本主义的发展，引发了生产关系的变革，并最终确立了资本主义制度。韦伯（weber）总结了资本主义的出现与存在需要的一系列先决条件。这些条件包括：企业家占有生产手段，市场的自由，理性的技术，可预测的法律，自由劳动力，经济生活的商业化，并认为"哪里有用企业方法来供应人类集团所需要的工业，哪里就有资本主义存在"。①

一　资本主义价值观支柱

早期管理思想中占统治地位的是反对商业、反对获取成就，尤其是反人道的文化价值准则。特别是在中世纪早期，占统治地

①　［德］马克斯—维贝尔：《世界经济通史》，姚曾译，上海译文出版社 1981 年版，第 78 页。

位的天主教思想意识歧视商业活动，并制定了严格的规章加以限制。放高利贷被认为是罪过，贸易本身是否纯洁受到怀疑，利润则永远意味着"生意是罪恶的需要"。教会担心人们对上帝的兴趣转移到贸易上，教义也反映出对商人和商业活动的敌视。然而三股新的力量打破了旧文化体制对人类思想、行为的约束，改变了人们对财富的看法，奠定了资本主义制度的价值观基础，并持续促进了资本主义工业化进程。这三个价值观支柱分别是新教主义、自由主义以及科学技术进步。

（一）新教主义（Protestantism）[①]

14—15 世纪的西欧，封建体制开始瓦解。随着城市的发展，出现资本主义的萌芽。许多新兴的民族国家确立了以王权为中心的中央集权制度，在王权与教权的斗争中，教会受到了极大的创伤。十字军运动削弱了宗教的约束，新兴的中产阶级奋起反抗旧有的封建神权统治。与此同时，随着文艺复兴中新观念的普及，人文主义者大胆揭发教会内部腐败，人们开始怀疑以神为本位的旧思想，这种怀疑最终导致中世纪封建体制的崩溃以及宗教的改革，新教在这种背景下应运而生。新教是 16 世纪宗教改革运动中脱离天主教而形成的新宗派和其中不断分化出的派系的统称，也称作抗议宗、抗罗宗或誓反宗。[②]

新教领导的反教会运动最早由马丁·路德发起，与天主教及背后的世俗势力展开殊死搏斗，开始了蚂蚁撼大象的艰难历程，其结果是新教得到了广泛传播、普遍认同和承认。1555 年，德意志天主教诸侯与新教派诸侯达成宗教和解协定——《奥格斯堡

---

① 加尔文宗、路德宗和安立甘宗并称新教三大主流派。

② John Lover. *Max Weber and the Theory of Ancient Capitalism*，London：Routledge，1991.

和约》。根据和约中"教随国定"原则，路德派新教在德意志取得合法地位。

路德晚年，法兰西宗教改革家加尔文在日内瓦致力于建设上帝的王国，并成立了加尔文教会。加尔文核心的宗教思想为预定论，把资本主义原始积累时期的社会分化、商业竞争的成功与失败等现象加以神化，鼓励资产阶级追求财富、发家致富，并主张人们将更多的时间和钱财投入经济活动，预定论给正在上升的资产阶级以巨大的精神鼓舞。"加尔文教伦理激发了一种与资本主义文明本质契合的进取精神，是资本主义发展的重要原因，同时也是企业家以及企业家的能力和热情得以产生的重要原因。"①

加尔文的宗教思想在资本主义生产关系较发达的地区，如法国、瑞士、荷兰、苏格兰和英格兰等地得到广泛传播。1560 年以后，加尔文教会在苏格兰赢得胜利，其领袖是加尔文的弟子约翰·诺克斯。加尔文教在英格兰的传人称为"清教徒"，诺克斯被认为是清教运动的创始人，而清教徒的活动直接导致了 17 世纪英国内战的爆发。后来清教徒乘着"五月花号"把清教的思想播撒到北美大陆，开启了在美国传播的历程。

马克斯·韦伯（Max Weber）认为，新教创造了资本主义精神。② 新教加尔文教派所信奉的"预定论"认为，上帝所要救赎的并非全部世人，而只是其中的"选民"。谁将要成为"选民"而得到救赎或谁将被弃绝，都是上帝预先确定了的，个人的行为

---

① ［德］韦伯：《新教伦理与资本主义精神》，陈平译，陕西师范大学出版社 2007 年版，第 23 页。

② 德国社会学家维尔纳·桑巴特（Werner Sombart）认为犹太教是发展资本主义的重要力量，犹太教并没有限制商业和财富积累。由于犹太人在欧洲占有土地和从事许多活动都受到限制，只有投身贸易和商业，从而发展了资本主义。法国哲学家路易·鲁吉埃（Louis Rougier）则把二者糅到一块，把犹太教、新教伦理、资本主义精神连成一线。

对于解救自己无能为力。

　　从表面上看，"预定论"的逻辑结果必然导致"宿命论"。但在韦伯看来，"预定论"认为个人对于改变自己的命运无能为力，这就在新教徒的内心深处产生了强烈的紧张和焦虑，教徒只能以世俗职业上的成就来确定上帝对自己的恩宠并以此证明上帝的存在。于是在俗世中修行，用自己在俗世中的劳作来增添上帝的荣誉成了一种神圣的天职，世俗经济行为的成功不是为了创造可供享受和挥霍的财富，而是为了证实上帝对自己的恩宠。从而"预定论"的宗教伦理就导致了勤勉刻苦，把创造财富视为一桩严肃事业的资本主义精神。①

　　韦伯认为，新教为创立资本主义精神带来具体的指导方针。人有义务工作，有义务明智地利用财富。世界物质分配不均是天意，因为每个人的才能不一样，因而报酬就有多有少。但财富不是升天的保证，穷人只要认真完成神对他们的召唤，他们就不必担心，因为赚钱只是责任，而不是享受。在韦伯看来，正因为这样严酷的教义，人们要用其一生来兑现，使得人们不得不规划和追求效率，而这正符合了资本主义发展的要求，并创造了资本主义精神。②

（二）亚当·斯密的自由主义

　　重商主义和重农学派是 16—18 世纪西方经济学说史上的两个重要经济理论流派。重商主义是随着 17、18 世纪英国海外贸

---

　　①　顾忠华：《韦伯：〈新教伦理与资本主义精神〉导读》，广西师范大学出版社 2005 年版。

　　②　英国经济史家托尼（R. H. Tawney）在其《宗教与资本主义的兴起》一书中，对韦伯的观点进行质疑。他以天主教和商业之间的紧密联系为线索，找出 16—17 世纪新教已经出现前的资本主义精神，得出结论：新教不是产生资本主义精神的原因，而恰恰是结果。

易的增长而兴起的，其基本假设是出口为国家带来财富。重商主义认为，个人从属于国家，经济与商业活动都是为了维护国家的权力。这种经济沙文主义意味着国家将干预一切经济事务，参与制定国家经济计划工作以及在很大程度上对私人的经济活动加以限制。

重农主义主导了法国 17、18 世纪的经济思想。弗兰斯瓦·魁奈（1694—1774）是 18 世纪法国最著名的经济学家，重农主义学派的领袖和宗师。"自然秩序"是魁奈及其重农主义体系的精髓，成为重农主义者看待问题的基本出发点、根本标准及最终归宿。在魁奈重农主义体系中，自然秩序和自然权利紧密相连，自然权利包括财产所有权和自由，而在财产所有权中，土地所有权是基础，是国家统治的自然秩序的根本条件，是进行农业资本主义的根本条件。重农主义强调，经济有其自然规律和协调性，政府的干预妨碍了事态的自然发展，主张自由放任的资本主义（laissez-faire）。①

在对重商主义进行批判和吸收重农主义思想的基础上，1776年，苏格兰政治经济学家亚当·斯密发表了《国富论》 （the Wealth of Nations），并创立了"古典"学派而且成为"自由经济之父"。他的观点成为主宰西欧和美国经济思想的资本主义制度的理论基础。

斯密认为经济原动力来自于个人的自我利益（Self-inter-est），同时也构成了经济交换的基础。要从别人那里获得自己所需要的东西，必须给别人以他所需要的东西。于是，就有分工、有交换、有价值、有货币等现象产生。人们在自我利益的支配下从事各种劳动，从而构成了私人财富和社会财富的源泉。既然自

---

① Adam Smith. *An Inquiry Into The Nature and Causes of the Wealth of Nations*，Liberty Fund，1986，p. 56.

我利益是人的天性，是自然赋予的，通过将自我利益扩大到最大限度，各个人都将造福于整个社会，市场和竞争这只"看不见的手"将保证协调个人利益并使社会福利最大化。

斯密信奉经济自由主义，反对任何政府对商业活动的干涉，认为这样必然会破坏自然的平衡，并极力推崇让商业独自在市场限制之内来分配资源的放任政策。他坚信，自由竞争市场势力的自发作用能够保证经济生活的协调和稳定增长，反对国家对经济生活的干预。虽然斯密本人并不是无政府主义者，但他认为，国家只需充当为自由竞争市场经济创造良好外部条件的"守夜人"。国家被严格地限定在三个职能上：（1）保护社会免遭其他独立的社会之暴力和入侵的职能；（2）尽可能地保护每个社会成员免受其他社会成员之不正义和压迫的职能；（3）建立和维护特定的公共工程和特定的公共制度的职能。

需要特别指出的是，斯密的劳动分工思想是自由市场规则的支柱。① 他认为劳动是国民财富的源泉，国家要发展，非分工不可，分工和专业化带来的劳动生产力的增进是资本主义发展的巨大成果。他以工人制针为例，例证了劳动分工所产生的巨大效率，因为有了分工，同数量劳动者就能完成比过去多得多的工作量。其原因有三：第一，劳动者的技巧因业专而日进；第二，由一种工作转到另一种工作，通常须损失不少时间，有了分工，就可以免除这种损失；第三，许多简化劳动和缩减劳动的机器的发明，使一个人能够做许多人的工作。

斯密进一步阐释了分工与市场的关系，他认为分工是由交换引起的，因此分工的程度，总要受交换能力大小的限制，也就是

---

①　经济学家熊彼特在其作品《经济分析史》谈起《国富论》时认为，其经济思想不过是"分工"而已，评价斯密"在他看来，分工是导致经济进步的唯一原因"而忽略了经济发展与技术进步的关系。

交换必然受市场范围限制。"市场要是过小，那就不能鼓励人们终生专务一个职业。因为在这种状态下，他们不能用自己消费不了的自己劳动生产物的剩余部分，随意换得自己需要的别人劳动生产物的剩余部分。"反之，当市场比较大，分工就多，生产力就高。因此，劳动分工成为推动自由市场为基础的资本主义制度极大发展的基本动力。①

（三）科学技术发展

新教的伦理与资本主义和科学技术存在很多共同的价值观念：强调理性、经验主义、功利主义精神、"人类需要运用自然资源为上帝的光荣和人类造福"，以及对知识和文学的重视。美国科学社会学家罗伯特·金·默顿（Robert King Merton）认为，新教徒主义和科学的气质是非常一致的，因为理性主义和经验主义的结构构成了现代科学精神的精华。②

新教的伦理观为资本主义和科学发展提供了价值观基础。资本主义鼓励将科学知识应用于技术创新。以私有财产为基础所组织起来的市场体制的出现为资源积累提供了制度化的手段，而资源的积累则是把发展的科学知识转化成工业技术所必需的。

就这样，英国在18世纪后期到19世纪前期，发生了人类社会发展到资本主义阶段以后所经历的第一次科学技术变革（scientific and technological revolution）。这次科技革命，以蒸汽机的发明和应用为主要标志。恩格斯称之为"工业革命"，并认为

---

① ［英］亚当·斯密：《国富论》，郭大力、王亚南译，商务印书馆1986年版。
② 默顿在其1938年的博士论文《十七世纪英格兰的科学、技术与社会》中，试图用清教伦理和当时英格兰工业发展的需要，解释英格兰的科学为什么在17世纪特别地突飞猛进。这个解释被称为"默顿命题"。

"工业革命"是资本主义发展史上的一个重要阶段，它实现了从传统农业社会转向现代工业社会的重要变革。①

英国史学界权威阿诺德·汤因比（Arnold Toynbee）认为，对建立一个新英国并促使全世界走向工业化起过最大作用的两个人是亚当·斯密和瓦特，斯密促使了经济思想上的革命，瓦特促进了蒸汽动力的革命。蒸汽机的发明是社会经济发展史上的一个里程碑。② 蒸汽机可以产生出完全受人控制的动力，又可以移动，不像利用水力作动力要受到地理位置的限制，从而可以普遍运用，使现代大工业很快地发展起来。1784 年，英国第一座以蒸汽机为动力的纺纱厂建成，大大提高了棉纺织业的生产效率和机械化程度。这种蒸汽机很快地被推广开来，使其他轻工业部门也从工场手工业过渡到机器大工业。轻工业部门的机器发明和广泛应用，又推动了重工业和运输业的技术革新，使社会生产力出现了惊人的发展。到 19 世纪 30 年代末，英国首先完成了工业革命。美、法、德、俄、日等主要资本主义国家也在 19 世纪内相继完成了工业革命。

工业革命对 19 世纪的科学发展也产生了重要影响。以前的科学研究很少用于工业生产，随着工业革命的发展壮大，工程师与科学家的界限越来越小，更多的工程师埋头做科学研究。以前的科学家多是贵族或富人的子弟，现在则有许多来自工业发达地

---

① 恩格斯认为工业革命是资本主义经济发展的客观要求所决定的。（1）资产阶级革命废除了封建制度，消除了不利于资本主义发展的种种束缚，为工业革命创造了重要的政治前提；（2）消除农业中的封建制度和小农经济，为资本主义大工业的发展提供了充分的劳动力和国内市场（表现在英国即圈地运动）；（3）资本主义原始积累过程，提供了资本主义大工业所必需的大批自由劳动力和巨额的货币资本（殖民）；（4）资本主义工场手工业长期的发展，为大机器生产的出现准备了技术条件。

② Arnold Toynbee. *A Study of History*，Oxford University Press，1976，p. 320.

区工人阶级的子弟成为了科学家。他们对化学和电学更加感兴趣,这也促进了这些学科的发展。

　　然而,科学技术的发展根本还是来源于资本主义市场经济的推动。蒸汽机被工厂用作动力,蒸汽机为工厂提供了更便宜和更有效的动力,为船只、火车和工厂提供了动力。蒸汽动力降低了成本,使价格下跌,市场扩大。随着市场的扩大,以手工技术为基础的工场手工业不能满足市场的需要,迅速退出历史舞台。与此同时,资产阶级为追求利润,广泛采用新技术。新技术导致了工厂的产生,并对工人和机器的要求增加,同时还要求定期扩大生产规模。为了资助这些大型企业就需要资本,而能够支配这些资本的人便开始把工人和机器置于一个共同的权力机构之下。就这样,科学技术的发展把工人从家庭转到了工厂,“把工场手工业变成了现代的大工业,从而把资产阶级社会的整个基础革命化了”。①

　　工业革命不仅使资本主义生产力得到飞跃发展,也使人与人之间的阶级结构发生了剧烈的变化,产生了新型资本家和新型工人——产业工人,整个社会日益分裂并简单化为资产阶级与无产阶级两大基本阶级。资本主义的剥削关系被确立起来,资本主义制度从此在人类历史上取得了统治地位。

二　劳工问题的产生

　　科学技术的发展毁灭了家庭手工业经济,人们只能走进工厂出卖劳动力,作为唯一的生活来源;而追逐财富成为资本家灵魂安宁的宗教理由,想尽办法、不择手段成为他们在俗世为上帝增

---

　　① ［美］雷恩:《管理思想的演变》,李柱流等译,中国社会科学出版社1997年版,第47页。

光的荣誉；而自由主义反对任何形式对雇主追逐财富行为的干预，保障财产的绝对自由。显然，工人的工资成为雇主财富创造的重要变量，劳工问题由此产生。

从学术界的观点，劳工问题指的是 19 世纪以来随着资本主义经济的早期发展，劳资双方围绕着生产控制权以及收入分配权而展开的斗争以及这种斗争引起的冲突。[①] 随后，对劳工问题从一个整体抽象概念（The Labor Problem）演变成一群具体现象（Labor Problems）：如高的工人流失率、磨洋工、低工资、恶劣的工作条件、罢工等诸如此类。具体如下：

• 高的工人流动率。20 世纪初期，大部分企业的工人流动率都在 100% 以上。许多企业的生产工人的工作时间仅仅只有 3 个月，甚至更少。工人工作也无规律性可言，每年工人的平均失业时间在 1/3 到 1/6 之间，大批解雇、大批失业、大批招聘成为一个恶性循环。

• 极长的工作时间。1909 年，生产制造业工厂中，有 3/4 的工人平均工作时间每周超过 54 小时，而钢铁制造业的工作时长超过了前者，直到 1924 年，许多工厂的工人还是每周工作 7 天，每天工作 12 小时。

• 工伤事故。20 世纪初期，每年平均都有超过 25000 名美国工人死于各种工伤事故，有 70 万工人因为工伤需要停工 4 周以上。煤矿行业成为最危险的地方，每年每 300 人中就有 1 人死于工伤事故。

• 低收入。1910 年早期，美国公认的最低家庭生活标准（两个大人和三个小孩）为每年 800 美元，即使妻子和一

————————

① John Eric Nordskog. *Contemporary social reform movements*: *principles and readings*, New York: Scribner, 1954, p. 78.

些孩子也参加工作，也有 2/3 的工人家庭低于这个标准，工人的生活是非常贫困的。

• 快的工作速度。生产流水线，半自动机器操作以及计件工资率都促使工厂的生产节奏在不断加快，"又变快了" (old before their day) 导致工人身心疲惫。钢铁、汽车和食品包装企业的生产尤其受流水线生产节奏控制，许多工人到了 40 岁至 45 岁就已经不能适应工作节奏了，而工厂也常常把他们集体解雇，以至于后来工厂雇佣工人的条件中，有一条是年龄不能超过 40 岁。

• 工业独裁。雇主和工人之间的关系就如"主人和奴隶"，雇主在雇佣、解雇、工资、车间纪律以及生产速度等一切问题上拥有不受限制的独裁权力，雇佣的任意性导致雇主可以以任何理由开除工人，而工人保护自己的唯一方式只能"靠脚走路"。

• 冲突。1880 年至 1920 年期间，美国社会经历了无以计数的罢工和车间暴力。一些大的罢工演变成社会骚乱和冲突，大量财产和物品被毁，多人死伤，最后只有通过军队才能恢复秩序。许多企业拒绝工人组建工会，劳资双方冲突引发了大量的暴力事件。[①]

劳工问题成为产业关系和人力资源管理研究的起始命题。以美国威斯康辛大学康芒斯（Commons）为首的制度学派（The Institutionalists）把 19 世纪末到 20 世纪初的劳工问题发生的原因归纳为劳动分工的影响、市场竞争的压力以及雇主管理方式的粗暴三个方面：

---

① William Leiserson. "Public Employment Offices in Theory and Practice", *American Labor Legislation Review*, Vol. 4, No. 2, 1914, pp. 314 - 331.

（一）劳动分工的影响

由于资本集中的大型企业组织形式的兴起，劳动分工形成的批量生产模式成为最主要的生产状态，单位成本迅速下降，产品价格显著降低。而在 19 世纪末叶以前，美国的制造业、采矿业和建筑业等非农业部门规模都比较小，工人大多都是有着某种手艺的工匠，从事的是技艺生产（Craft Production）。但 1870 年后，工业部门发生了重大变化，工业资本家购买到劳动力以后，所面临的最大挑战和问题是如何将工人的劳动能力转化为实际的劳动。这种转化会受到多种因素的影响，因而是很不确定的。为了减少这种不确定性，对资本家来说，将劳动过程的控制权从工人手里转移到自己手里是非常必要的，而方法就是尽量进行具体的劳动分工。①

劳动分工即把制造产品的各个过程划分为由不同工人完成的许多工序。劳动力成为商品后，劳动力的使用就不再按照出卖者的需要和愿望来安排，而是按照购买者的需要来安排。这些购买者特别关心且永远关心的事情就是降低这种商品的价格。最常见的降低劳动力价格的方法就是把劳动力分解为组成它的最简单的成分，让劳动过程中的每个步骤都尽可能地脱离专门知识和专门训练，变为简单的劳动。这样，"在完成了这个过程之后，工人就再也不是一个手艺人，而只是管理者的一个活的工具"。②

以劳动分工为基础的批量生产模式得到了普及，一方面，许多原本以技艺生产的小企业主与其所属的工人生产的产品，无法在市场上与批量生产的产品竞争，工人纷纷涌入大的工业企业，

---

① 游正林：《管理控制与工人抗争》，《社会学研究》2006 年第 4 期。

② Braverman. *Labor and Monopoly Capital*：*The Degradation of Work in the Twentieth Century*，New York：Monthly Review Press，1974，pp. 30 - 35.

这些工业企业的工人数量不断增长；另一方面，科学技术的进步导致生产过程发生了重大变化，小手工工具被大机器取代，有手艺的工匠被半熟练或非熟练的操作工以及流水线工人替代，不标准的部件和零件被标准件或可替代件替代。同时，有技艺的工匠被整合到一个管理结构中做生产线监督员或者技术干部，他们中的大部分不再是生产工人，实际的生产任务则越来越多的由专门化的操作工来做，并成为一个普遍和连续的现象。[①]

就这样，工人群体队伍持续壮大，体力劳动和简单劳动的特征日趋明显，工人与雇主的经济地位和社会地位差距不断扩大，因此而引发各种劳工问题以及劳资冲突发生的频率显著增强。就连亚当·斯密也认识到劳动分工对工人的不利影响："一个人如果把他一生全消磨于少数单纯的操作，他就不再努力，而变成最愚昧无知的人。他对自身特定职业所掌握的熟练技巧，是由牺牲智力、交际能力和尚武品德为代价的。"[②]

(二) 市场竞争的压力

因为 19 世纪最后 30 年的经济衰退导致供需失衡，造成循环性的失业浪潮，并进而导致工资的减少和工作条件的恶化。一方面 1870 年到 1900 年这 30 年间，大约有一半的时间是处于经济萧条或衰退之中，因为经济本身的不景气造成对工人需求的不足，仅纽约市就有失业工人 4 万余人，约占劳动力总数的 1/4。1877 年全美国有 1/5 的人失业，2/5 的劳工每年工作时间不超过六七个月，1877 年冬至 1878 年冬，失业劳工总数达 300 万人。

---

① David Montgomery. *The Fall of the House of Labor*: *The Work place*, *the State and American Labor Activism*, 1865 - 1925, Yale University Press, 1995.

② Adam Smith. *An Inquiry Into The Nature and Causes of The Wealth of Nations*, Liberty Fund 1986, p. 89.

另一方面，各国兴起了移民潮，特别是从欧洲大陆各国移往美国的移民更是数量惊人。在 1870 年，移民劳工占美国全国劳工总数的 1/3，在马萨诸塞州的毛纺和棉纺织业中，移民劳工人数超过了土生美国劳工。1860 年至 1900 年，美国劳动力增加了一倍，新移民中大多是无技术的工人，这种移民潮更是增加了劳动的供给。许多城区聚集了大量的失业工人，并为找工作争得你死我活。当时新英格兰地区的一位棉纺厂老板描述："我每天早晨都得在工厂里拒绝那些宁愿每天只挣 1 美元的男人和每天只挣 50 美分的妇女到工厂里工作的请求，这足以证明有一大批渴望在当前普遍采用的低工资下，寻找工作而又不能得到工作的人。"[①]

此时，美国企业也面临产品价格不断下降带来的压力，1870—1900 年，产品价格下降了 1/3。雇主们面对如此众多的求职者，加之产品价格持续下降的压力和求生存的艰难，雇主们千方百计打压工资水平，不断加快生产节奏，削减工资，不在乎工作的安全与卫生条件，取消劳保和安全措施。1890—1900 年间，制造业工人平均周工时在 59—60 小时之间，高者达 65 小时。1860—1865 年，劳工工资被削减 1/3。据 1912 年对 153 家铸铁厂的调查发现，其中 39％的工厂通风不好，32％照明不充分，43％缺乏取暖设备，73％没有充足的洗浴设施。1901 年每 399 个铁路雇员中就有一个因工丧命，每 26 个人就有一人因工受伤。[②]

这段时期，极低的工资，恶劣的工作条件，超长的工作时间

---

① 张友伦、陆镜生：《美国工人运动史》，天津人民出版社 1993 年版，第 326 页。

② 李月娥：《美国企业福利资本主义》，博士学位论文，南开大学，2006 年，第 26 页。

以及不断的失业威胁，使大部分以出卖体力养家糊口的工人的境遇相当悲惨和艰难，由此引起的所得分配更加不均，工人的生存权面临挑战，发泄不满的范围和程度不断扩大，罢工、破坏机器、怠工、报复社会等现象层出不穷，社会秩序混乱，劳工问题成为整个社会的问题。

（三）雇主管理方式的粗暴

雇主或工头管理工人的方式是一种独裁、随心所欲、不成体系、威权式的。在资本家眼中，工人只不过是资产的一部分，如同雇主投资的机器生产设备、厂房、土地一样是可以随时丢弃的。当时的雇佣关系被理所当然地认为是"主人和仆人"（Master and Servant）以及"自由雇佣"（Employment at will）。由于存在劳动力市场的供过于求，加之本土美国人认为移民都是粗俗和没有教养的，所以促使雇主在管理工作场所时也非常粗俗，他们对待工人用粗俗的语言，时刻威胁开除工人，一旦发现工人抱怨工作条件或对工会感兴趣就立即开除。同时他们还控制地方政府，尤其是钢铁厂、煤矿以及纺织厂的雇主，常常利用地方行政长官以及地方法官来控制工人。在一次去美国西弗吉尼亚州煤矿小镇旅行后，参议员罗伯特·瓦格纳（Robert Wagner）评价说："我都不敢相信，美国大部分地区正在被封建王朝体制统治。"①

在这样的形势下，所谓的人事部门或规章制度在当时的工厂内是不存在的，管理者将所有招工、定薪、解雇、升迁及分配工作的权力派给在车间或部门工作的工头。工头的任务就是尽量用最少的单位成本生产最多的产出，他们不协助劳工熟悉工作环境进而熟练其技术，而是想尽方法快速淘汰员工，找到新的更廉价

---

① Huthmacher. *Senator Robert F. Wagner and the Rise of Urban Liberalism*, New York: Athenaeum, 1968.

的替代者。①

他们时刻紧盯着工人工作，实行所谓鞭打牲畜式的"驱打方式"（Drive System）。② 这是由工头主导的工作监督制度，工头常常使用粗劣的言语及高压的行为迫使工人必须更努力的工作，他们像吆喝牲口一样对待工人。这种粗暴的监督制度之所以有效是因为工头可以随时威胁解雇工人，而工厂外有等待多时、源源不断供应的工人，准备随时取代现有工人。虽然雇主使用类似的管理监督机制的确有效地在成本上达成效率，但也因此使工人与雇主间的关系更加紧张并且恶化。同时工头在行使权力的时候，常常存在不公平的现象，招工时任人唯亲，开除时又公报私仇，工厂里也没有任何可以申诉的渠道和人物，这些都进一步引发劳工问题的扩大化。

三　关于劳工问题的争论

如何看待资本主义制度下劳工问题及其产生的原因成为各学派争论的焦点，并引发了保守主义、改良主义和激进主义三方的对立及广泛论战并一直延续至今。尤其是关于"资本主义制度导致了工人生活水平的上升还是下降"一直是学术界激烈争论的话题，并以此形成了"悲观派"和"乐观派"。

（一）"悲观派"和"乐观派"

"悲观派"批评了资本主义以及市场体系和工厂制度，认为

---

① Daniel Nelson. *Managers and Workers*：*Origins of the New Factory System in the United States 1880－1920*，The University of Wisconsin Press，1975，p. 89.

② 斯利科特（Slichter）对其下了一个学术定义："是一种通过向工人施压来提高生产效率的方法，它的主要特征是利用工人对资方的敬畏和恐惧来驱动工人，并且在工人中扩展这种恐惧以充分利用之。"（参见 Jacoby 的文章）

资本主义的泛滥使人民失去平等和自由的黄金时代，人们成了资本拥有者的奴隶，人们几乎成为生活市场上的商品，资本家剥削童工和女工，而且认为工业化带来了贫穷、程式化、污染和其他许多社会弊病。恩格斯是"悲观派"的代表人物，他把在曼彻斯特访问工人住宅区的经历，写成了《英国工人阶级状况》一书，并在其中描述了资本主义制度导致的工人的普遍贫穷和道德堕落：

　　凡是可以用来形容伦敦的，也可以用来形容曼彻斯特、北明翰和里子，形容所有的大城市。在任何地方，一方面是不近人情的冷淡和铁石心肠的利己主义，另一方面是无法形容的贫穷；在任何地方，都是社会战争；都是每一个家庭处在被围攻的状态中；在任何地方，都是法律庇护下的互相抢劫，而这一切都做得这样无耻，这样坦然，使人不能不对我们的社会制度所造成的后果（这些后果在这里表现得多么明显呵！）感到不寒而栗，而且只能对这个如疯似狂的循环中的一切到今天还没有烟消云散表示惊奇。

　　于是造成了什么样的结果呢？有一部分人，他们处于这样的状态：穷人中最穷的人，是工资最低的工人，掺杂着小偷、骗子和娼妓制度的牺牲者……甚至那些还没有被卷入他们周围的那个道德堕落的漩涡里面的人，也一天天地堕落，一天天地丧失了力量去抵抗贫穷、肮脏和恶劣的环境所给予他们的足以使德行败坏的影响。①

19 世纪末资产阶级左翼激进派和工党史学家中也有不少人

---

① 恩格斯：《英国工人阶级状况》，人民出版社 1962 年版，第 120 页。

对工人生存状况忧虑。1911—1919 年哈蒙德夫妇出版三部曲著作《城市雇工》、《农村雇工》和《熟练雇工》，毫不回避资本主义发展给英国人民造成的严重贫困和不幸，为揭露产业革命时期资本主义增强剥削和劳动者状况恶化提供了材料。亨利·梅休在英国各地进行广泛社会调查，写成了《致〈晨报〉编辑部的 82 封信》，充分揭示了工人群众遭受的苦难。19 世纪下半叶，许多中产阶级人道主义者继续这种社会调查，证明在当时这个世界上最富裕的国家中，贫困仍是一种普遍的现象。[①]

　　然而，"乐观派"观点的支持者也不在少数，经济史学家约翰·克拉潘与哈蒙德夫妇在 1930 年的《经济史评论》展开激烈争论，认为 19 世纪上半叶工人的状况不仅没有像哈蒙德夫妇所说的恶化，反而得到改善，并在其《现代英国经济史》中用大量统计数字得出一个"平均"的工人生活水平的曲线图，用以表明工人阶级的实际购买力提高了，因此其生活水平也不断提高。在书的前言，他写道：

　　　　关于工人生活状况恶化的传说完全破产了。实际情况是，1820 年至 1821 年的价格下降后，工资的一半购买力显然高于法国革命战争和拿破仑战争以前。这个事实与人们一般的说法极不同，因此很少被人提及。社会史学家长期以来忽视了统计学家在工资和物价方面所进行的工作。[②]

　　"乐观派"还列出证据，说明工厂制度使生活水平普遍提

---

① ［英］E. P. 汤普森：《英国工人阶级的形成》，钱乘旦等译，译林出版社 2001 年版，第 992 页。

② ［英］克拉潘：《现代英国经济史》上卷，姚曾虞译，商务印书馆 1997 年版，前言。

高，同时城市的死亡率和婴儿的死亡率都下降了，正是这些因素导致英国的人口猛增；它的居民从 1750 年的 600 万增加到 1800 年的 900 万，到 1820 年增加到 1200 万，此外，5 岁以下的婴儿死亡率从 1730 年至 1749 年的 74.9％下降到 1810 年至 1829 年的 31.8％。海耳布伦内尔（Heilbronner）进一步指出，即使在城市贫困的情况下，工厂的生活也比农业制度和家庭生产制下的生活更好些。贫困并没有广泛出现在农村，而只是偶尔出现在了城市，因而议员、知识分子和其他人比较容易看到，也比较容易进行指责和攻击。①

（二）美国的相关数据 ②

对于崇尚自由的美国，似乎"乐观派"的支持更多，他们更倾向于用统计数据来说明资本主义制度的优越性。与内战前相比，工人的工资水平的确得到了提高。1860—1895 年期间，劳工平均工资增加了一倍，劳工的生活水平也处于上升之中。据马萨诸塞州劳动统计局统计，全国劳工的工资增长幅度在 1850—1860 年为 15％，1860—1870 年为 18％，1870—1880 年为 13％。美国工厂手工劳工的平均工资在 1850—1890 年增长如下：1850 年平均工资为 248 美元，1860 年平均工资是 272 美元，1870 年是 310 美元，1880 年增加到 346 美元，1890 年达到 405 美元。在 40 年间，工厂劳工工资上涨了 60％。1860—1890 年间，制造业工人的日工资和年收入增加了 50％，而实际工资（即工人所得的购买力）从 1860 年到 1890 年提高了 60％（每年递

---

① ［美］雷恩：《管理思想的演变》，李柱流等译，中国社会科学出版社 1997 年版，第 70—71 页。

② 刘淑云：《19 世纪后期美国劳工阶层结构的变化探析》，硕士论文，东北师范大学，2008 年，第 23 页。

增 1.6%)。

同期，劳工其他条件都有所好转，生活水平有所提高。随着生产力的进步，从 19 世纪 30 年代起，物价水平开始下降。1837—1883 年物价下降的指数为：1837—1850 年，物价下降 12%，1850—1860 年，物价下降了 9%，1860—1883 年，物价下降了 18%。1890 年，茶、咖啡、奶油、糖的消费量是 1850 年的 3 倍，工厂半熟练手工劳工的购买力是 1850 年的 2 倍。劳工子女上学率是 1850 年的 5 倍，劳工工作的工时从每天 13 小时下降到 10 小时。银行的储蓄量上涨了 15 倍，就业人数增多，贫民和流浪汉数量下降。从数据上看，在就业和实际收入方面，美国工人确实从工业增长中获得了收益。

（三）争论的继续

统计数据的列出，使得"乐观派"信心满满，进一步攻击"悲观派"，哈耶克更是带头抨击"悲观派"的蛊惑人心，过于夸大和恶化偶然事件而忽略和看轻改善的事实。在其主编的《资本主义与历史学家》中他认为，对于公众来说，他们自己不大可能知道历史事实是什么，他们只能知道历史学家告诉他们的历史事实。而两百多年来，社会学家、历史学家一直在歪曲工业革命的历史。长期以来为人们所熟知的"历史事实"是：随着"资本主义"（或者是"制造业"、"工厂制度"）的兴起，工人阶级的状况反而恶化了，社会上最贫穷、人口也最多的那部分人的境遇恶化了，以至于"连美国人、欧洲人也相信，工业革命就是皮包骨的童工，就是暗无天日的矿区，就是每天工作 18 个小时的纺织女工，就是伦敦街头的孤儿、残疾人、妓女"等等。[①]

---

①　王学典：《在创造历史上研究历史》，《史学理论研究》2006 年第 4 期。

《1790 年至 1930 年间英国工人的生活水平》、《19 世纪初期的工厂制度》、《反资本主义的精神：对一种意识形态的事后剖析》、《贫困化的模型》、《对流行的有关"工业革命"的种种说法的评论》、《1800—1850 年间日益提高的英格兰生活水平》、《工业革命：工人阶级的贫困还是富裕?》、《工业革命对妇女和儿童的影响》等文章的作者们通过所掌握的统计数字及其他证据指出：这都是历史学家们对"真相"和"事实"的"歪曲"。在他们看来，"历史上发生的实际情况是，工人阶级的境遇一直在缓慢而程度不一地改进"，"有种种证据表明，社会依然存在严重的不幸，但是没有一个证据可以证明，这些不幸比以前更严重或者哪怕是一样严重"，统计资料"可以使我们很有把握地确定：公众的健康状况总体上改善了，而不是受到了损害"等等。[①]

然而，"悲观派"也不断回击，"从根本上，绝不能用物质福利的统计数据来衡量工人的幸福程度"。汤普森认为："平均"的生活水平是没有意义的，"平均"只说明抽象的工人，而每一个具体的工人，那些受苦受难、饥寒交迫的手织工、织袜工、剪绒工等等，他们的痛苦就被悄悄地埋没在这个"平均"水平之下，他们的苦难也就被完全掩饰了。他因此分门别类地逐一叙述各个工人集团在工业革命时期的生活状况，表明受工业革命影响最大的这些人，如何落到了贫困的深渊。除此之外，汤普森还指出：单纯的"量"不足以说明生活水平，"质"的因素必须考虑，而且也许更重要。即便某些工人在实际收入方面确实有所提高，但他们丧失了对自己劳动的控制权，丧失了"独立"，丧失了娱乐和休闲，丧失了与家人团聚在一起的天伦之乐，他们必须服从严格的劳动纪律，成为生产与机器所控制的仆人。这些代价，是物

---

① ［英］哈耶克：《资本主义与历史学家》，秋风译，吉林人民出版社 2003 年版。

质生活的某些改进补偿不了的。①

四　劳工运动及其影响

在谈及工人适应资本主义生产方式时，布雷弗曼（Braverman）认为，尽管工人被以非人的方式利用了，但他们作为人并没有受到破坏。他们的批判能力、才力和构想能力，不论如何被降低、如何被削弱，对资本家来说，在某种程度上仍然是一种威胁。工人对强加于他们的被降格了的工作方式的敌对情绪仍然是一股地下暗流，只要雇佣条件容许，或者资本家追求的更大的劳动强度超过工人的身心能力的限度的话，它就会冲到地面上来。②

（一）产量限制和磨洋工

工人群体认为，管理者的意图就是要增加他们的责任范围和劳动强度，然后，一旦每个工人的新的产出标准被达到，就被裁员，或者削减计件工资率。因此，工人常常采用产量限制（restriction of output）来控制生产节奏。他们通过常年的生产实践知道，每天生产多少产品最切合实际，并以此制定自己的工作定额。当时，无论是流水线操作工、炼钢厂中班组工人还是服装行业的女工，都把工作量控制在一定范围之内，而对生产过程缺乏了解甚至很少来车间的雇主则对此无能为力。③

---

①　［英］汤普森：《英国工人阶级的形成》，钱乘旦等译，译林出版社 2001 年版，第 1001—1002 页。

②　Braverman. *Labor and Monopoly Capital*：*The Degradation of Work in the Twentieth Century*，New York：Monthly Review Press，1974，pp. 139 – 151.

③　Littler. *The Development of the Labor Process in Capitalist Societies*，Heinemann Educational Books Ltd. ，1982.

这一时期，工人通过产量限制控制生产过程的做法非常普遍，并分为正式和非正式两种做法。正式的做法，即通过行业工会的力量，把产量限制作为具体的工会组织制度规定，并用以规范无序的工业生产。当时包括金属工人之子、联合钢铁协、芝加哥木工协会以及劳动骑士团、窗玻璃工人地方分会等许多行业的工会对产量限制都有非常严格细致的规定。而非正式做法不是以章程条款的形式出现，它是各行业工人在生产实践中自发形成的一种习惯性做法，无论新老工人都自觉遵守这一不成文的习俗。一方面，工人认为产量限制表现了无私的兄弟情感，可以抵制雇主用计件制等方法形成的高速生产，减少因生产过剩而产生的经济萧条。从长远来说，工人可以获得稳定的就业机会，降低失业的可能性。另一方面，工人对于那些违反产量限制的人，往往用一些道德意味浓厚的话语进行谴责和讽刺。许多工厂中还流传着新工人因不懂规矩而被老工人责骂的故事，诸如"年轻人，你干得太快了"、"如果你不放慢速度，你就毁了我们的工作"之类的话，一旦超额工作，这些突破产量限制的人就会随着故事的传播而臭名远扬。雇主们会经常抱怨工会权力太大，管事太多。他们普遍相信，工厂之所以永远也达不到它能够生产的量，是工会成员阻止过快生产造成的，工会已经成了提高效率的严重障碍。①

泰罗也描述了 1880 年在米德维尔钢铁厂所观察到的产量限制现象：

> 这个厂的几乎所有工作都是以两三年为单位的计件工资制的形式完成。正如当时的一般情况一样，实际上那也是

---

① 刘丽华、何军：《科学管理运动兴起原因新探——从劳资互动关系看科学管理运动的兴起》，《沈阳师范大学学报》2005 年第 1 期。

19 世纪的几乎所有工厂的情况，企业实际上是由工人而不是由老板来运作的。工人一起仔细地制定每件工作的进度，他们为工厂里的每台机器都设定了节奏，节奏限定在一个饱满工作日的大约 1/3 的工作量。新进厂的每一个工人都会马上被老工人清楚的告知，每件工作他应该干多少，如果他不听劝告，那要不了多久他就混不下去了。[①]

相比于产量限制的组织化特征，磨洋工（Soldier）[②] 则体现出工人个体对待生产的消极心态，他们恐惧任何劳动付出的增加都会造成计件工资率削减，那将使他们在不增加工资的前提下增大劳动强度；或者每人操作更多的机器，那就意味着他们当中的某些人将要被辞退。而企业的生产能力越是依赖于车间工人的技能和劳动付出，他的生常能力就越是容易遭到磨洋工的伤害，而企业的设备越是昂贵就越容易为磨洋工所破坏，而这种行为对价值创造和管理剩余的威胁就越大。斯丹尼·马斯文森（Stanley Mathewson）在其著作中提到一个案例：

　　在美国的一家汽车工厂，一个墨西哥裔工人正在给发动机汽缸盖上紧螺丝，在这个部件上，有一打多的螺丝。传送带上的发动机快速地从墨西哥人面前通过，他得到的指示是

---

① Frederick Taylor. *The Principles of Scientific Management*，New York：Norton，1967，pp. 48 - 49.

② 最初"磨洋工"并不是指磨蹭、怠工的意思。磨工，是指对砖墙的表面进行打磨，使之平整光滑。1917 年至 1921 年，美国用清政府的"庚子赔款"在北京建造协和医院和协和医学院。工程耗资 500 万美元，建筑质量要求甚高，外观上采取中国传统的磨砖对缝、琉璃瓦顶。由于这项工程是由外国人出资、设计，中国工人就称它为"洋工"，加之"磨工"工序十分浩繁，所以，参加建筑工程的许多工人就把这一工序称为"磨洋工"。

检查所有的螺丝，如果发现有一两个螺丝松了，就把它拧紧了。但如果有 3 个或者更多的螺丝松了，他就来不及给紧上，这时，他应该用粉笔给这台发动机打上标记，这样，以后这台发动机就会被从传送带上撤下来，给以专门的处理。结果主管发现，一天工作下来，需要专门处理的发动机达到了一个令人瞠目的数量，他搞了半天也没发现问题出在哪里，最后，通过对流水线上所有的工人的仔细观察，他终于发现，那个墨西哥人，只要他发现有两颗螺丝是松的，就再拧松第三颗本来是紧着的螺丝，毕竟松一颗螺丝要比拧紧两颗省事。[①]

工人们凭着对生产过程的控制，实行了产量限制和磨洋工，大大影响了工厂的生产效率、降低了雇主的利润所得。工人们认为只有这样才能保护自己的工作和薪水，这也是"工人抵制车间里的纯粹资本主义权力的唯一手段"。因此，有学者认为，美国大部分行业在 20 世纪以前，都不是雇主在控制生产过程，而是工人，"在这些日子中，经理的脑袋一直压在工人的帽子下面"。[②]

（二）工会和罢工

工人开始通过组织起来来进行抗争。1880 年工会会员仅为全部工人总数的 0.3％，1900 年加入工会的工人达 79.1 万人，

---

① ［美］拉佐尼克：《车间的竞争优势》，徐华、黄虹译，中国人民大学出版社2007 年版，第 249 页。

② David Montgomery. *Workers' Control in American*：*Studies in the History of Work*，New York：Cambridge press，1979.

占全部工人的 2.7%。[①] 1886 年，一些行业工会组成了美国劳联
（AFL）。到 1897 年，已经有 58 个行业工会参加劳联，会员达到
了 25 万人，1900 年增至 50 万人。1904 年，加入劳联的行业工
会达到了 120 个，会员 167.6 万人，占整个美国工会会员总人数
的 80%。[②] 伴随工会力量的壮大，由工会组织的抗议活动逐渐增
多，罢工逐步从无意识自发向有意识自觉过渡。据资料显示，
1881—1886 年之间的罢工，大约一半不是由工会组织的，或者
没有得到工会的援助。以 1886 年为例，这一年全国发生了 1432
次罢工，参加工人总数达到 407000 人，其中由工会组织的罢工
占 53.3%。1887 年以后的 7 年里，这种形势以更加迅猛的速度
发展，每年的罢工都在 1000 次以上，2/3 的罢工是由工会自觉
发起的。其中 1891 年罢工总数中的 75% 是有意识的。1903 年
罢工次数再攀新高，达到 3494 次，参加工人总数达到 553000
人，工会组织的罢工占罢工总数的 78.2%。[③]

　　与此同时，罢工导致了雇主和工会的激烈冲突，造成了剧烈
的社会动荡。其中以 1892 年的霍姆斯特德罢工和 1894 年的普尔
曼罢工最有影响力。

　　1892 年，在美国钢铁工人联合会的领导下，卡内基钢铁公
司下属霍姆斯特德钢铁厂发生大罢工。冲突逐步升级，对抗持续
143 天。厂方封锁工厂，不让工会占领工厂，工会则在外面再包
围封锁，不让新招聘的工人进去替代工会的工人工作。厂方聘用
300 名保安公司雇员，从纽约和芝加哥赶来，护卫新工人进厂工

---

　　① Jeremy Atack，Peter Passell. *A new Economic View of American History*，*From Colonial Times to 1940*，New York：Norton，1994，p. 342.

　　② George E. Mowry. *The Era of Theodore Roosevelt and the Birth of Modern America*，1900－1912，University of Chicago Press，1999，p. 10.

　　③ 刘丽华、何军：《科学管理运动兴起原因新探——从劳资互动关系看科学管理运动的兴起》，《沈阳师范大学学报》2005 年第 1 期。

作。双方的冲突最终造成 10 人死亡，几百人受伤。最终，州长派出两个旅的州民兵接管并戒严，保护工厂由非工会的新工人开工。此事件震动美国，被称为美国历史上最血腥的劳资冲突之一。

1894 年 5 月，在美国铁路工会的领导下，普尔曼车厢制造公司工人为抗议公司解雇、裁减工人而举行罢工，并号召铁路工人抵制列车拖挂普尔曼公司制造的车厢。事态迅速蔓延到东海岸和西海岸。一名扳道工拒绝给普尔曼车厢转轨，经理要解雇他，他的同组工人就一起罢工支援他。参加同情罢工的人数头一天是 5000 人，第二天增加到 4 万人，第三天达到了 10 万人，很快形成有 15 万人参加的全国性罢工，从芝加哥到太平洋沿岸的全线火车停开。政府派出军队来镇压，并爆发了激烈的冲突，导致 4 人死亡，20 余人受伤，700 多节车厢被烧，芝加哥城一片火海。

虽然这两次罢工都以工人及工会的失败为结局，但似乎劳工运动并没有因此而挫败。1905 年 6 月 27 日，在芝加哥举行了世界产业工人联合会（IWW）成立大会，这个被威廉·海伍德称为"工人阶级的大陆会议"的盛会，宣告美国工人运动进入长达十年的激进时期。在这十年期间，IWW 在整个美国领导了一系列"阶级战争"的罢工运动，无论是与雇主的冲突还是与政府的对抗都进入一个新的暴力阶段。1910 年，IWW 在一次制铁工人罢工的僵持期，制造了一起震惊全国的暴力事件，他们向《洛杉矶时报》大楼投掷炸弹，20 余人死于非命，混乱波及全国各地。[①]

这些激进运动导致美国社会的混乱以及公众的恐惧。公众认为工会会员是一群"亲德或者亲布尔什维克的亡命徒，他们会割

---

① Ramaswamy. *Industry and Labor*：*An Introduction*，Delhi：Oxford University Press，1981，p. 35.

断人的喉咙，烧毁田野里的庄稼，将铁钉嵌入良好的木料以毁掉锯木厂，设计爆炸装置。他们阻挡参战、破坏军火制造厂……一群真正的超人，具有邪恶的超人力量，无处不在，无所不能"。[1]

罢工和闭厂给资本家造成了巨大的财产损失，也给劳工带来了生命和财产损失。1881—1894 年，美国共发生罢工 14390 起，包括 6.9 万个工厂在内的 371.4 万名劳工参加。同期有 6067 个工厂闭厂，导致 37.6 万名劳工失业。罢工带来的工资损失是 1638.8 万美元，劳工组织对罢工的援助是 1091.4 万美元，雇主损失共计 8259 万美元。而且这些数据仅是直接损失，并不包括由骚乱带来的间接损失。[2]

高度组织化极大地增强了工人的力量，使他们有能力反抗资方的压迫，争取基本的权益。与此同时，资方为了对付工会及其各种反抗活动，也纷纷成立全国性的或地域性的组织，美国制造商协会、美国商会、美国反抵制协会等雇主团体相继问世。工人和资方的这种有组织化趋势，改变了劳资对抗的规模与性质，使之由以往的局部性、自发性、分散性的对抗，变成了有组织的、全国性的和整体性的对抗，使劳资关系由雇工与雇主的关系演化成组织与组织的关系和阶级与阶级的关系。因此，劳资冲突也就成为一个重要的社会问题。[3]

（三）暴力革命

社会主义者认为劳工运动反抗雇主剥削，必将经历一个从低

---

① 原祖杰、邓和刚：《重新认识"世界产联"和美国工人阶级激进主义》，《天津师范大学学报》2007 年第 1 期。

② 刘淑云：《19 世纪后期美国劳工阶层结构的变化探析》，硕士学位论文，东北师范大学，2008 年，第 26—27 页。

③ Edwards. *Contested Terrain*: *The Transformation of the Workplace in the Twentieth Century*, New York: Basic Books Inc, 1979, p. 22.

级到高级、从自发到自觉的发展过程。在资产阶级统治中，无产
阶级在斗争初期，只是自发地起来反抗资本家的残酷剥削和压
迫，捣毁机器，举行罢工，要求提高工资，而没有也不可能找到
解放自己的正确道路。只有在马克思、恩格斯创立了马克思主
义，把社会主义由"空想"变成"科学"时，无产阶级革命斗争
才由"自发"转变为"自觉"。而这种转变的唯一途径就是暴力
革命。而马克思一向肯定暴力革命的必然性，颂扬暴力革命的伟
大历史作用。

马克思和恩格斯在《共产党宣言》中指出："共产党人不屑
于隐瞒自己的观点和意图。他们公开宣布：他们的目的只有用暴
力推翻全部现存的社会制度才能达到。""暴力是每一个孕育着新
社会的旧社会的助产婆"。列宁在《国家与革命》一书中指出：
"资产阶级国家由无产阶级国家（无产阶级专政）代替，不能通
过'自行消亡'，根据一般规律，只能通过暴力革命。1871 年巴
黎公社革命，是法国无产阶级通过暴力革命推翻资产阶级统治，
建立无产阶级专政的第一次伟大尝试。公社存在的 72 天是武装
斗争的 72 天。马克思主义总结公社失败的原因之一，正是革命
暴力使用得不够，没有彻底消灭资产阶级的军队。"①

列宁根据马克思主义关于无产阶级夺取、建立政权的思想，
总结了俄国和其他国家无产阶级革命的经验，明确提出无产阶级
应通过暴力革命夺取政权，建立无产阶级专政。政权会使工人居
于主人的地位，使他们能够排除走向自己伟大目的的道路上的一
切障碍。十月革命（The October Revolution）就是这样一场按
照马克思主义纲领武装起来的阶级先锋队领导下成功的工人革
命，俄国革命胜利之后，新的工人政权将矿山、铁路以及其他重

---

① ［俄］列宁：《国家与革命》，中共中央马克思恩格斯列宁斯大林著作编译局
译，人民出版社 2001 年版。

工业收归国有,很多无产阶级也起来自觉地直接管理工厂,毫不留情地打击那些旧的地主、资本家。在国有化的过程中,工人及苏维埃政府不给予被剥夺的压迫阶级以任何补偿,私有产权对劳动的压榨在这片土地上不复存在。就这样,1917 年,布尔什维克在占世界陆地总面积 1/6 的土地上消灭了资本主义制度,实现了无产阶级专政,建立了无剥削的社会主义制度。

十月革命在俄国的胜利极大地激励和鼓舞了世界各国工人阶级,对各国劳工运动产生深远影响。十月革命发生后,美国的工人群众以极大的热情对世界上第一个无产阶级共和国表示欢迎和支持。许多工人组织甚至着手组织红色赤卫队"来为俄国服务"。1918 年末至 1919 年初,美国许多大城市的工人举行示威、集会和各种会议,要求承认苏维埃俄国。1919 年 2 月 2 日在华盛顿举行大型集会,要求美国军队撤出俄国。美国工人还积极行动起来,阻止本国政府为白卫军筹集和运送军火。西雅图和巴尔的摩码头工人坚决反对政府向白卫军队发运武器。在西雅图,由于码头工人的反对和制止,负责载运 1815 万支步枪、426 箱备用零件、大量子弹和其他军需品来供应高尔察克的达莱特号轮船在港口滞留了一个多月。[①]

列宁对美国的工人运动寄予了很高的期望。为了让美国的工人群众和进步的社会力量了解到苏俄的局势、十月革命的任务、革命斗争的方法,鼓舞美国人民反对资产阶级统治的革命斗志,列宁在 1918 年 8 月 20 日和 1919 年 9 月 23 日曾两次致信美国工人,还于 1919 年 1 月 21 日写了一封《给欧洲和美国工人的信》。列宁的第一封信于 1918 年 12 月发表在美国左翼社会主义者杂志——《Class Struggle》上,并先后被多家报刊转载。这封书

---

① [苏]瓦里科夫:《苏联和美国——它们的政治和经济关系》,北京编译社译,生活·读书·新知三联书店出版社 1965 年版,第 65 页。

信在美国的发行量达到 500 万份，在美国社会产生了广泛的影响。① 十月革命后的美国工人罢工次数明显增多，规模迅速增大。

中国共产党领导人毛泽东也在 1949 年写了一段这样的论述："十月革命一声炮响，给我们送来了马克思列宁主义。十月革命帮助了全世界的也帮助了中国的先进分子，用无产阶级的宇宙观作为观察国家命运的工具，重新考虑自己的问题。走俄国人的路——这就是结论。"②

---

① 沈莉华：《试析十月革命对美国工人运动的影响》，《西伯利亚研究》2005 年第 12 期。

② 毛泽东：《论人民民主专政》，人民出版社 1960 年版。

第二章

解决劳工问题的三种途径

毋庸置疑，劳工问题的存在客观上造成了工人流失率高、"磨洋工"、资源浪费、道德低下、冲突不断以及数不尽的工伤事故。由于涉及面的广度和深度，劳工问题成为最为复杂的研究领域之一，也吸引了众多思想家和学者探寻劳工问题的解决方案。众多观点中，有两类思潮处在两个极端：一类是基于自由主义基础上的社会达尔文主义以及契约自由，另一类则是誓言通过暴力革命推翻资本主义制度的社会主义以及工团主义。当然，还有一类思潮走了中间道路，即基于资本主义基本制度和架构下的改良运动。这三类思潮形成了资本主义制度下劳动问题的主要解决途径。

一 自由主义

自由主义最早起源于 1700 年的法国重农学派，在亚当·斯密的《国富论》中得到系统的理论建构，并得到英国古典经济学派完善和发展。一般来讲，自由主义由自由放任主义、契约自由以及社会达尔文主义构成，拥有四种共同假设：①

---

① Fine. *laissez faire and the general-welfare state*：*A Study of Conflict in American Thought*，*1865 - 1901*，the University of Michigan Press，1956，p. 468.

- 人类社会存在一些基本法则，如竞争、适者生存、个人自由以及契约自由。这些法则规定的权力是不可侵犯并与生俱来的（God-given），反对任何形式的干涉和影响。

- 自我逐利（self-interest）是最有效率的。人们在工作和生活中的自我逐利行为是被一只"看不见的手"指引，并生产这个社会所需要的商品和服务。

- 自由竞争的价值。竞争可以为个人动机提供机会，个人不再依靠地位和特权，而凭借自己的能力和努力获取成功，因此竞争才是经济产品生产和分配最有效率和最公平的途径。

- 政府的干预是不必要和没有效率的。政府最好的角色就是管理好自己，应该保护好个人自由和财产安全，保证契约合同的严格执行，在如教育、卫生以及国防等特定领域为公众提供服务，除此之外，什么都不要做。

（一）自由放任主义

自由放任主义（Laissez-faire）认为能够最好地保护工人免受雇主侵害的不是政府，不是律师，也不是工会，而是雇主的竞争者——其他雇主。各个雇主以及工人之间的劳动力市场竞争可以保证最佳的结果。在存在劳动力市场竞争的条件下，工人一定可以根据其贡献换取同等的报酬，除非其自身不努力，如果是雇主的原因，他完全可以寻找到能够给他合理报酬的雇主，劳动力市场机制完全可以保障工人的利益。

他们认为，劳工运动兴起的根本问题在于劳动力市场的僵化，由此导致了大规模的失业、劳动参与率下降和经济竞争力下降等严重问题。而政府对劳动者的过度保护以及工会对劳动力市场的干预，致使市场工资刚性、劳动力流动差、不能适应市场环境变化等劳动力市场僵化现象的产生。干预市场的行为不仅不能保护工人，反而因为影响运行效率，减少工人就业机会而最终损害工人利益。①

他们认为工会是劳动力市场的垄断者，它以牺牲经济有效运行为代价来提高工会会员工资。具体表现在：（1）工会垄断人为地抬高了工资，造成了社会资源配置的错位，降低了企业的就业水平，迫使企业提高资本构成，雇佣高质量的工人，这一切都不是社会所希望的；（2）工会通过罢工迫使管理方接受工会的工资要求，降低了国家的总产出水平；（3）集体合同中的一些对工作任务限制的条款，降低了劳动与资本的生产率。②

工会的存在还造成了"溢出效应"，即工会部门工资的提高导致了失业，失业的工人增加，加大了非工会部门的劳动供给，并且降低了这类部门的工资水平，增加了劳动力市场的不平等，工会部门的工人以损害非工会部门的工人利益为代价换取较高的收入。美国《民族》周刊曾刊登题为《美国失业增长和失业委员会》的文章，文章写道，美国钢铁工业"工人都参加工会，工人的工资每小时 12—15 美元，另一方面，具有'高级技术'的计算机操作员每小时工资通常只略多于 3.85 美元，因为从事这种职业的人不参加工会"。

总之，工会是自由市场的障碍，"工会垄断"显然在影响和破坏自由的劳动力市场机制，他们侵犯了雇主和工人自由签订契约的权力，干扰了雇主和工人之间的直接联系，阻碍了自由流动的劳动力市场关系，破坏了劳资双方的市场平衡，也使管理方处于劣势地位。由于工会人为地抬高工资，进而抬高了产品的价格，干涉了管理方的权力，最终会伤害雇主在市场上的竞争地

① Friedman. *Industry and Labor*, London：The Macmillan Press，1977.
② 赵履宽：《劳动经济学》，中国劳动出版社 1997 年版，第 266 页。

位，也会削弱对工人工作保障的能力，减少社会总体经济福利。①

对于政府对劳工的保护，他们也普遍持反对观点，尤其在最低工资和雇佣保护方面：（1）与工会的"溢出效应"原理相同，最低工资标准的设定很可能高出"市场出清"水平，从而使企业雇佣量减少，使大量缺乏技能的底层工人处于长期失业状态，这样就与保护底层工人的政策初衷相背离，它只是保护了就业者的利益，而使失业者进一步被排斥在了劳动力市场之外。另外，虽然根据效率工资理论，较高的工资标准能提高劳动生产率，减少旷工和跳槽，但是，如果政府通过最低工资立法而强迫企业提高工资，那么劳动生产率的提高就可能被工资的增长所抵消。（2）设制严格的解雇程序和高额的解雇补偿费的目的是为了增加劳动就业的稳定性，但它同时也会增加劳动就业的不确定性。面对严格的解雇程序和高额的解雇费，企业会采取分包合同形式雇佣非正规行业工人，从而使非正规就业增加，降低劳动就业的稳定性。另外，严格的解雇程序和高额的解雇补偿费在降低劳动力流动性的同时，也降低了工人的劳动积极性和创造性，影响企业竞争力的进一步提高，并最终危及劳动者就业的稳定性。②

自由主义主张实行劳动就业灵活化政策，改革僵化的劳动力市场，通过放松管制，减少政府和工会对劳动力市场的过多干预，使劳资双方根据劳动力市场的供求情况自行确定劳动者的雇佣、工资标准、工作时间、福利待遇、解雇和劳动保护等，只有这样才能最终解决劳工问题。

---

① Epstein. *Principles for a Free Society: Reconciling Individual Liberty with the Common Good*, Perseus Books, p. 112.

② 金喜在:《劳动就业政策的新自由主义发展趋势》,《当代经济研究》2005 年第 7 期。

(二) 契约自由

同强调市场机制一样，有人强调契约自由（Freedom of Contract）的作用，认为契约自由可以保障雇主以及工人之间的自愿交换，从而促进并保护自由市场的运作。只要不存在欺诈和威胁，双方可以就工资、工作时间以及工作条件达成协议并从交换体系中各自受益，因此不存在任何法律和道德的理由来干涉这种契约缔结，任何的干涉都是对人权的侵犯，并导致整个交易过程的无效率。

契约自由作为私法自治的核心内容，强调契约拘束力的根源在于当事人双方的意见或意愿，而不是来自外部力量的干涉。[①] 这反映到劳动力市场上就是自由雇佣原则，即雇主和工人可以在任何时候、任何地点并以任何理由终止雇佣关系。"任何人都可以任意解雇其雇员，不管解雇的是多还是少，不管是否有充分的理由、没有理由或者甚至从道德上应该谴责的理由，都不会因此而在法律上犯错误"。契约自由深深地嵌入美国司法体系之中，1905 年的洛克纳（Joseph L. ochner）诉纽约案就是一个例子。[②]

> 纽约州经过工人阶级的艰苦斗争终于通过一项法律，禁

---

① 典型契约自由作为一种法学理论，建立在对当时社会生活的一个基本判断基础之上，即认为合同当事人之间的地位是平等的，相互间并没有将自己的意志强加于人的能力或权力。所以，每个人对于自己所参与的法律关系，都有充分的自由加以选择，社会成员相互间都有同等的机会参与竞争，并能够按照自己的意志建立法律关系（参见苏号朋：《论契约自由兴起的历史背景及其价值》，《法律科学》2008 年第 7 期）。

② 任东来：《美国宪政历程：影响美国的 25 个司法大案》，中国法制出版社 2004 年版，第 150—151 页。

止面包房老板让雇工每天工作 10 小时以上。一个叫洛克纳的老板第二次违反这一法律时，法院对他处以 50 美元的罚金。洛克纳不服，最终把这个案件上诉到了最高法院。洛克纳的辩护律师声称：纽约州的这项立法偏袒工人，损害老板，违反了《宪法修正案》第 14 条中"平等保护条款"，因此，这一带有偏向的立法剥夺了洛克纳与其工人们签订契约的自由，也就等于剥夺了洛克纳处置其财产的权利。

实际上，美国宪法原文中并没有把契约自由看作是公众自由的一部分。但美国高等法院认为，除了宪法固定的权力，人民还有默示权力，同样受"14 条"的保护，这其中就有契约自由的权利，特别是自由订立雇佣劳动合同的权利，并通过一系列的判例确立并发展了这一原则，用其来宣告了很多涉及经济事项的联邦及州法律无效。

大法官佩卡姆（Rufus Peckham，1896—1909 年任职）在判决中宣称："没有理由认为，面包房工人作为一个阶层，在智力和能力上与其他行业或做体力工作的人不一样；没有理由认为，缺少了州政府卵翼保护、以及对他们独立的判断和行动能力的干预，他们就没有能力行使自己的权利和照顾自己。在任何意义上，他们都不是政府的监护对象。"因此，纽约州政府没有合理的理由以保护健康为借口，通过规定面包房的工作时间来干涉个人的自由和自由签订契约的权利。

佩卡姆还表示，限定工时的做法也损害了工人赚取额外收入的机会。因此，他认为纽约州的这一立法是多管闲事，超越了宪法授予它的"治安权"（police power）。在他看来，美国的缔造者所建立的政府是一个权力受到限制、无权干涉私有财产的政府，它不会干预人们出卖自己的技术、开办自己的工厂或管理自己雇员的自由。人们的商业行为完全是根据自然权利所拥有的私人领域。

由此可见，契约自由是自由市场经济的必然要求，同时契约自由也为自由市场经济的发展提供了法律保障。弗里德曼（Friedman）更是认为契约自由是 19 世纪自由放任经济的奠基石之一。[①] Epstein 在其著作《*Principles for a Free Society*：*Reconciling Individual Liberty with the Common Good*》中也进一步阐述了自由雇佣原则与经济效率之间的关系：当事人可以自由地就任意处置的契约达成协议，任意处置的契约所提供的灵活性可以允许不断进行边际调整。这样，财富的转让、资源的配置和劳动力的使用都是通过契约来实现的，不受限制的交换使各种资源得到了最有效的配置和使用，保证他们能够选择合适的方式使其行为最大程度地理性化，从而减少交易费用。[②] 因此，契约自由以及自由雇佣原则往往既能促进个人自主，又能保护劳动力市场的高效率运作，因为"雇员可以利用该契约来控制公司，正如公司利用该契约来控制工人一样"。

（三）社会达尔文主义

这类思潮认为，在一个诚信和法制的社会，富人之所以富裕，一般都是因为他们精明能干，人们应该赞许成功者，而把失败归咎于自己的无能，失败的人也不应该责怪社会和国家，而改变失败和贫穷的做法只有通过个人努力工作和奋发图强，从而改

---

① Friedman. *Law in a Changing Society*，Universal Law Publishing Co，1959.
② 万群：《美国契约法理论的历史发展及思想渊源》，载梁慧星《民商法论丛》（第 6 卷），法律出版社 1997 年版，第 438 页。

变命运。① 但是总有一些人，他们天性懒惰、缺乏耐心、没有进取心，所以他们就只有当工人的命运，也只能过上贫困的生活。罢工、冲突等劳工问题，都是其中的一些好斗分子企图推翻国家制度的阴谋，政府应该严厉镇压。

持此类观点的人认为，工人阶级不应该通过造反来得到自己的利益，而是要通过"自立"、"自助"等来提升自己的社会地位和实现自己的实际权利。为此，他们常常用阿克莱特、瓦特、伊索等人为典型来教育工人，他们原来是理发匠、大学里的实验员和奴隶，但通过自己的努力他们都脱离了原来的社会地位，成为了社会的"精英"。提倡这样的观念也就意味着，在资产阶级为主体的自由竞争体制中，你只有通过自己的竞争才能得到应有的一切，你的贫穷和社会地位的低下都不能怪罪于这个自由竞争的社会没有保障和实现你的"权利"。因此，资本主义制度中，只有推行社会达尔文主义，实行优胜劣汰，让成功的人当上工业领航人（Captains of Industry），让失败的人天天辛苦劳作，只有这样，社会才能不断进步。②

说到社会达尔文主义，就需要谈到其重要的思想源泉——著名英国思想家马尔萨斯的"人口论"，在其1798年出版的《人口原理》中，除了大家熟知的限制劳动力补充以及鼓励禁止生育的论调外，他还提出了"穷人不应该得到救济"的观点，认为政府对穷人的救济只会刺激人口的增长，促使粮价上涨，而穷人的处境也得不到好转。他自信地说，当资产阶级读了他的书之后可以高枕无忧，工人阶级读了他的书之后就不会造反了，他的这种自

---

　　① 这也是主张"经营致富、贷款取利"加尔文主义的典型观点。加尔文有一句名言："上帝以财富奖赏有品德的人。"这句话来源于《圣经》中"敬畏耶和华心怀谦卑，必有富贵、尊荣和生命为赏赐。"

　　② ［美］德怀特·L. 杜蒙德：《现代美国：1896—1946年》，宋岳亭译，商务印书馆1984年版，第501页。

信与社会达尔文主义思想一脉相承。①

　　达尔文在航海考察结束后整理标本期间，读到了马尔萨斯的《人口论》，其中关于"世界上的人口是按几何级数增长的，而食物是以算术级数增长的。因此在人类社会存在着争夺食物的生存斗争，结果会消除过剩的人口"的观点使达尔文受到启发。他发现动植物是以几何级数繁殖后代，可现存生物量并未按几何级数增长起来，这正是因为有生存斗争。达尔文认为他的进化论就是马尔萨斯的人口论在动植物界的应用。

　　在达尔文的进化论问世之后，赫伯特·斯宾塞（Herbert Spencer）提出了"社会达尔文主义"（social Darwinism）。社会达尔文主义是将达尔文进化论中自然选择的思想应用于人类社会的一种社会理论。社会达尔文主义者认为影响人口变异的自然选择过程，将导致最强竞争者的生存和人口的不断改进；社会也像个体一样，应被看作是以这种方式进化的有机体。因此他们支持自由放任的资本主义和政治上的保守主义，穷人是生存竞争中的"不适者"，不应予以帮助；在生存竞争中，财富是成功的标志。②

　　对于社会达尔文主义者来说，只有推动的"天赋自由"（natural liberty）的斯密体系，实现高度的市场经济才是解决劳工问题的根本之道，两者的共同点都是鼓励竞争。因为竞争将保证每个人最终得到公平的回报，如果工人觉得受到不公，他完全可以选择更高的买家，而厂商之间的竞争也会推动对工人的争取，进而促使工人生活条件的改善和工资水平的提高。因此，工会的存在以及政府的管制都是有害竞争的，进而妨碍效率和

---

　　①　李宏图：《"权利"的呐喊——19世纪西欧的社会冲突与化解》，《探索与争鸣》2007年第6期。

　　②　[英]赫伯特·斯宾塞：《社会静力学》，张雄武译，商务印书馆2007年版。

公平。

19 世纪末著名经济学家佩里（Perry Arthur Latham）的言论代表了此类观点，他始终认为"工人应尽可能追逐私利，知道自己在市场的价值以及尽最大可能发挥自己的能力"，解决劳工问题的出路，"不能是政府对劳资谈判的干预，而只能是劳动力群体自身的能力以及自我尊敬"。他认为集体谈判和罢工是"理论的错误和实践的罪恶，他们只能使雇佣双方更加痛苦，很少或根本没有可持久的优点"。①

二　社会主义

社会主义认为，劳工问题是资本主义制度运行的必然结果，对于利益的争夺将彻底割裂雇主和劳工，而财富总是集中在雇主手上，政府又受财富和权力的控制，没有任何资源的劳工在利益争夺中总是处于劣势，从而成为"工资奴隶"（Wage Slaves），受到剥削、虐待和管制。这种观点进而认为由劳工问题导致的劳资冲突被看作是以阶级为基础的冲突或者社会冲突，阶级冲突首先源于社会中经济权力分立分配的不均等，资本拥有者与劳动供给者之间的不均等是现今社会最重要的不平等。劳资冲突不仅仅是关于个体工人与雇主之间分配工资和利润的、一定范围内的经济冲突。从这个视角看来，劳工问题不仅仅限于要求更高的工资或更好的福利，它还涉及不平等权力关系的社会冲突。这是一种关于冲突的政治经济观点，其中拥有更大权力的群体能够建立相应的制度以长久保持其意识形态的统治地位，经济不平等是统治

---

① Levine. *Class struggle and the New Deal*: *Industrial labor*, *industrial capital*, *and the state*, Lawrence: University Press of Kansas, 1988.

阶级统治力量和维护统治的政治制度基础。① 改革只能是短时间的缓和，根本之道就是彻底废除资本主义制度，工人阶级通过暴力革命，成为资本主义的掘墓人，解决劳工问题只能是用社会主义制度下的工人控制来代替资本主义。②

（一）关于剩余价值

马克思批判地继承了古典经济学家的劳动价值论，提出了劳动二重性理论，发展了劳动价值论，促使了劳动价值论的科学化。马克思对资本主义下的劳动过程进行了系统的研究，主要研究剩余价值是怎样在劳动过程中被生产出来的。马克思认为，劳动力是一种特殊的商品，这种特殊性表现为"劳动力"与"实际劳动"的区别。劳动力即劳动能力，它只有在劳动过程中表现出来、发挥出来才能成为实际的劳动。马克思特别关注劳动力发挥作用的结果，认为当劳动力在资本的控制下，在劳动过程中发挥作用时，不仅能再生产出劳动力自身的价值，而且还能生产出一个超额价值，即剩余价值。因此，资本主义生产实质上就是剩余价值的生产，就是剩余劳动的吸取。③

马克思在生产投资中区分了不变资本 c 和可变资本 v 两个部分，前者是为购买生产资料而支出的货币额，后者是为购买劳动力而支付的货币额。c 代表转化为不变资本的价值部分，v 代表转化为可变资本的价值部分。所谓不变资本意即这部分资本所购买的生产资料在生产过程本身并不增值，而只是通过劳动者的劳动把价值转移到了新产品中。所谓可变资本意即这部分资本购买

---

① ［美］巴德：《人性化的雇佣关系——效率、公平和发言权之间的平衡》，解格先、马振英译，北京大学出版社 2007 年版，第 139 页。

② Hymam. *A more perfect Union：The impact of the Civil War and Recon-struction on the Constitution*，Boston：Houghton Mifflin，1975.

③ 马克思：《马克思恩格斯选集》，人民出版社 1972 年版，第 295 页。

来的劳动力在其使用过程中不仅保存和转移了生产资料的价值，而且获得了一个高于劳动力本身价值的价值。因此，劳动者的劳动时间分为两部分：用来生产自己劳动力价值的时间，称为"必要劳动时间"，而把剩下来的劳动时间称之为"剩余劳动时间"，把这期间生产的价值称之为"剩余价值"（m）。马克思还把剩余价值 m 与不变资本 v 之比 m/v 称为剩余价值率。这个比率同时也是必要劳动与剩余劳动的比率。为了追求利润最大化，投资者会想尽一切办法（如减少工资，延长劳动时间，增加劳动强度，等等）减少不变资本 v，同时尽量扩大剩余价值 m。正是在这个意义上，马克思称剩余价值率反映的是资本对劳动的剥削率或剥削程度。很显然，在剩余价值或利润全部属于投资人所有的情况下，m/v 的比值越高，则资本对劳动的剥削就越严重。[①]

（二）资本与雇佣劳动的对立

毫无疑问，"资本从诞生的那一天起，每一个毛孔都滴着血和肮脏的东西"，资本将尽可能榨取更多的剩余价值。马克思认为，资本起初只是靠延长工作日来生产剩余价值，即生产绝对剩余价值。后来，则主要靠缩短必要劳动时间，也即采用"提高劳动生产力来使商品便宜，并通过商品便宜来使工人本身便宜"的方法生产相对剩余价值。马克思考察了资本主义提高劳动生产力、榨取相对剩余价值的三种方法：一是采取简单协作的形式；二是采取以分工为基础的协作或者工场手工业的形式；三是采取机器和大工业的形式。不管采用哪种形式，都会加剧资本与工人

---

① 李惠斌：《劳动产权概念 历史追溯及其现实意义》，《马克思主义与现实》2004 年第 5 期。

之间的对立，导致工人的强烈反抗。①

马克思在《雇佣劳动与资本》中指出："资本以雇佣劳动为前提"，"如果资本不剥削劳动力，资本就会灭亡，而要剥削劳动力，资本就得购买劳动力"，"雇佣劳动生产着对它起支配作用的他人财富，也就是说生产着同它敌对的权力——资本，而它从这种敌对权力那里取得就业手段，即取得生活资料，是以雇佣劳动又会变成资本的一部分，又会变成再一次把资本投入加速增长运动的杠杆为条件的"。从概念的逻辑上看，资本和雇佣劳动是相互对立的范畴，互以对方为存在的前提。要成为资本就要雇佣劳动、剥削劳动力，资本是靠剥削劳动力、占有劳动者的无酬劳动而产生和积累起来的，但劳动者不但不能雇佣、剥削别人或自己的劳动力，不能占有自己或别人的无酬劳动，反而是被雇佣、被剥削的对象。②

因此资本与雇佣劳动的对立也即是资产阶级与无产阶级的对立，资产阶级是指占有社会生产资料并使用雇佣劳动的现代资本家阶级，无产阶级是指没有自己的生产资料，因而不得不靠出卖劳动力来维持生活的现代雇佣工人阶级。资本主义必然造成资产阶级和无产阶级的两极分化，无产阶级的贫困对应的是资本的过剩（也是生产能力的过剩），资本主义经济危机不可避免地周期性发作。资本主义造就一个不从事生产的食利（投机）阶层，同时产业资本也日益受到金融资本的控制，资本主义具有不从事生产而靠投机（掠夺）赚钱的天性。③马克思和恩格斯认为，这种发生在劳动过程中的剥削与反剥削、控制与反控制的斗争，势必

---

①　参见《马克思恩格斯选集》第十一章、第十二章和第十三章的内容，人民出版社 1972 年版。

②　吴宣恭：《科学认识资本与劳动关系的重要理论——重温〈雇佣劳动与资本〉的启示》，《高校理论战线》2008 年第 5 期。

③　马克思：《资本论（三卷）》，人民出版社 1963 年版，第 57—90 页。

发展成为两大敌对的阶级即资产阶级和无产阶级之间的斗争，当无产阶级认识到具有共同的阶级利益，建立共同的联系，并把自己组织起来时，将最终导致资产阶级的灭亡和无产阶级的胜利。

（三）对工会的看法

社会主义者认为工会作为工人团结自治组织，是工人阶级在资本主义制度下不断反抗资产阶级压迫的必然结果。它集合了分散的个人力量，消除了个人之间的竞争，使工人形成的社会力量远远大于他们个人所有力量的总和，团结和合作替代了竞争和分裂。这种力量增强了工人阶级的集体产业权力，能够真正改进他们的处境。更为重要的是，工会可以集中表达工人阶级的利益，在组织工人的过程中，使工人形成团结意识，进而转化为社会和政治体系的阶级意识。通过工会，有可能使工人团结为一个真正的阶级，推翻资产阶级的特权，夺取政治权力。

但工会仅仅是社会主义者用以改变社会体制的政治进程的一部分，完全依靠工会力量改变劳资双方雇主优势地位进而平衡双方力量是不可能的。首先，雇主不需通过频繁闭厂、撤资等极端手段来运用其产业力量。相反，他们拥有这种力量所产生的潜在威胁足以平衡掉任何由雇员和工会依靠组织起来而形成的集体力量。其次，资本主义社会中的社会与政治制度也在支持资产阶级的固有地位，而且雇员通过各种教育途径和传播媒体的影响，已在整体上接受现存社会体制和管理部门角色的存在。最后，工会运动总是以会员经济利益为目标，这些行动仅仅是对资本主义社会生产模式和社会关系中雇佣矛盾的一种暂时性反应，这样的工会运动不能成为革命的基础。所以，劳资双方信念对立下的工会运动及其斗争不可能恢复劳资平衡，充其量只能是缓解不平衡。至于集体谈判，只能在缓和冲突中起到短暂的、有限的作用，而且把雇员和工会的注意力引向维持现有管理体制的程序问题上去，因此，工会和集体谈判实际上起到支持和维护资本主义体制的作用，而不是对资本主义体制的挑战。[①]

社会主义者认为资本主义制度以及阶级冲突才是劳工问题的根源，而阶级冲突是社会变迁的根源，只有阶级斗争，社会才能进步。而现实的资本主义社会法律，包括劳动合同，都在支持管理部门的信念和地位，而不是支持平等的观念。它所允许的雇主可采用的强制行动既详细、又具体，然而允许工人可采取的强制行动，既含糊、又不清楚。所有法律上强调的雇佣关系的平等性，实际上是为雇主制定命令提供了权力，并要求雇员无条件的去遵守。因此只有工人阶级通过暴力革命控制国家政权，同时公有制替代私有制的生长方式，才能最终解决劳工问题。如果资本家都被消灭，并且工人阶级管理国家经济生活，这样就结束了利益的争夺，并保证工人享受他们完全的劳动果实，因为工人阶级控制了所有的生长方式，也只有这样，才能真正实现"工业民主"（Industrial Democracy）。

美国社会主义者尤金·德布兹（Eugene Debs）在解释马克思的理论时总结道："在工人阶级争取摆脱工资奴隶状况的斗争中，任何一件事都仰赖于工人阶级自身。这个问题再怎么强调也不为过。问题很简单，即工人们能否通过教育、组织、合作和自律，改造自己以至能担当这样的任务：根据人民利益和社会公益来控制生产力并且管理工业？这就是问题关键之所在。"[②]

---

①　杨体仁、李丽林：《市场经济国家劳动关系——理论、制度、政策》，中国劳动社会保障出版社 2000 年版，第 24 页。

②　Manwaring T. & S. Wood. *"The Ghost in the Labor Process"*，*Job Redesign: Critical Perspectives on the Labor Process*，England：Gower Publishing Company Limited，1985.

三　解决劳工问题的第三种途径

在无限制的追求利润以及废除资本主义制度这两个极端之间是第三种途径：产生于 19 世纪末，兴起于 20 世纪初，发生于进步时代（The Progressive Era）的资本主义改良运动。这个时期，城市中产阶级、技术人员以及管理人员人群不断壮大，他们的社会经济地位不断提高，并且深受社会福音（Social Gospel）的影响，他们是资本主义制度的受益者，同时也对劳工群体充满了同情。[①]

对于改良运动者来说，他们普遍看到市场失效的情形。其一，竞争的市场也具有外部性（Externality），即存在个体或组织行为有益于或有损于他人的例外。在这种情况下，个体的自利行为并非产生社会性的理性结果。其二，如果劳动力市场不是充分竞争性的，那么未加管制的经济活动并不必然产生高效率的结果。其三，市场往往低估劳动力人性的一面，因为加入心理和社会因素也可能有助于提高效率。指导竞争的"看不见的手"往往不是那么灵活的。此外，即便是通过竞争市场可以获得长期效率，放任主义的政策也无法补偿在短期调整中受伤的工人。更为重要的是，完全竞争的前提是雇主和工人在劳动力市场重视经济和法律上的平等主体。但是由于存在信息不对称、流动成本甚至倾斜的利益结构，公司往往拥有买家垄断权。更为普遍的是，由于存在流动成本以及缺乏家庭储蓄和其他资源，再加上劳动力供应过量，使得个体工人无法拥有与雇主平等的谈判权。这些因素

---

① Collinson. *"Strategies of Resistance: Power, Knowledge and Subjectivity in the Workplace"*, *Resistance and Power in Organizations*, London and New York: Routledge, 1994, p. 68.

会将完全竞争转变为过度竞争或破坏性竞争，使得工资和工作条件下降。

　　我们几乎没有听说过工人会利用其权力强迫雇主违反其法律义务或丧失其法定权利，从而滥用其任意辞职的权力。要发挥任意雇佣原则，就要进一步要求雇主和工人掌握完全信息，但工人不了解信息的情况似乎相当普遍。因为个体工人没有资源去购买同等专业知识，以成为与掌握专家知识的雇主在法律上地位平等的主体。①

　　但是，他们基本上仍旧认同资本主义社会的架构及其支撑的原理，认为必须提供处方解决自由市场经济可能带来的后遗症，他们企图改善社会的经济效益与公平正义，研究是否有较科学与人性化的管理方法，或是平衡劳资间的协商力量，以及在工作场所导入民主和制度化的程序等。改良运动的目标就是"对抗、强迫、抵制将被打破，需要建立一个新的秩序，以达到互相信任、真正的公平以及美好的建设"，从而最终"拯救资本主义制度"。

　　劳资关系之父康芒斯（Commons），在其《工业友善》（Industrial Goodwill）一书中提出雇佣管理的模式，分为市场、人力资源管理、工人控制、政府调节以及民主主义模式五种，而除了市场模式外，都是资本主义雇佣关系改良的具体模式。对于谁应该成为雇佣关系改良运动的主体，又产生了不同的理解和立场，并大致归为三类，分别是工人解决、政府解决以及雇主解决。

---

　　① Kaufman. *The Origins & Evolution of the Field of Industrial Relations in the United States*, Ithaca: ILR Press, 1993.

(一) 工人解决

在改良主义看来，工人并不充分拥有联合自由或者实际上的契约自由，而雇主们却联合了起来。"这二者之间的谈判力量不平等加重了商业流通的负担，并对其产生了影响，而且还会加剧反复出现的商业萧条，因为这会降低相应行业工薪阶层的工资率和购买力，而且还会损害行业内部以及行业之间的竞争性工资率以及工作条件的稳定"。[①]

1. 温和的工会主义

出于效率以及各种经济原因，工会应当成为重要的工作场所治理手段，以保护工人免受经济力量以及管理方的自我利益的影响，工会可以防止工人之间的恶性竞争，并起到制约管理方滥用权力、提高效率的作用；同时工会及其发起的劳工运动也是一种重要的缓和劳工问题的制度安排，并且能带来更好的经济稳定性以及促使工作场所的社会公平。[②]　(Webb，1897；Commons，1919；Freeman，1984)

在承认工会的作用后，剩下的问题就是如何让其剥离以前一直保有的激进因素，找到永久性的主流定位——做资本主义经济繁荣的合作伙伴。塞缪尔·冈珀斯 (Samuel Gompers) 是这个定位的坚定支持者。1886—1924 年间，他一直担任美国劳工联合会的主席 (AFL) (仅其中一年除外)。而那段时间，美国公众都认为工会激进，并怀有敌意。在冈珀斯的领导下，美国劳工运动避免了激进的政治纲领，不再从事阶级斗争来改变政府的形式

[①]　Weiler. *Promises to keep：Securing Workers' Right to Self-Organization under the NLRA*，Harvard Law Review，1983 (June)．

[②]　也有众多学者认为，工会属于垄断组织，它的存在将会扭曲市场，减少总体经济福利，并侵犯公司和个人自由签订契约的权利 (Wpstein，1983；Troy，1999)。

或推进社会主义，而把精力放在劳动者的经济改善方面。他宣称：（1）"在我们立宪政府范围里并在支持国家制度和传统的情况下，通过民主程序寻找实现工人希望的途径"；（2）工会希望得到的是"纯粹而单一的工会主义"，并主要体现在工人的经济和民主权利上，如"面包和黄油"和"我是一个人"；（3）集团谈判是实现这种"有限合理的"目标的经常性手段，参加议会斗争、影响议会立法是最高手段，而罢工则是最后的"杀手锏"；（4）工会奉行所谓"非党派政治"，宣称他们对权力并无窥探之心，只是从自我保护出发，"惩罚劳工的对手，犒赏劳动的朋友"。①

总之，从冈珀斯时代以来，美国的工会集中精力于提高工资、缩短劳动时数、更多的假期、更宽松的劳动规章制度以及为类似养老金和医疗保险这一类附加的福利而奋斗。AFL 的哲学变成了美国工人运动的主导哲学，美国工会的主导思想转变成商业工会主义，完全信奉资本主义，并需要雇主获得利润。不管在以职业为核心的职业工会还是以行业为核心的行业工会的背景下，工会都强调集体谈判的作用，以此来赢得合理的利润分享以及体面的工作条件。

2. 集体谈判

以共同的、双边的控制权取代单方面控制权，是平衡雇主权力的必然手段，同时也是工会发挥作用的基础机制。美国学者康芒斯（Commons）和伯尔曼提出：既然劳资双方在进行着无休止的竞争，那么社会就应该建立规则制度来缓和这种冲突。这种规则制度是双方都能接受的，应该由劳资双方来制定，而不是靠外来法律来强行制定。这种共同控制工作场所的治理机制就是集

① 周志成：《美国劳工运动的衍变》，《复旦学报》1992 年第 6 期。

体谈判。此外，伯尔曼还认为工会应有效地与资本主义社会共存，集体谈判是工会的中心工作。对于集体谈判，100 多年前，韦伯教授夫妇（Sidney and Beatrice Webb）在《工业民主》（*Industrial Democracy*）中就有论述：

> 如果没有工会组织，工人个人在申请工作时，只是接受或者拒绝雇主开出的雇佣条件。除非考虑自身的紧迫状况，他并没有机会与工人伙伴交流。为了出售自己的劳动力，他不得不同雇主进行完全的个体谈判，但如果工人们共同努力并推选代表以团体的名义进行谈判时，其弱势的地位就马上改变。雇主不需要与一个个工人签订一系列的合同，而只需要与工人代表签订一个协议，并在其中规定一系列雇佣原则。自签订之日起，任何特定群体、阶级或级别的人都要遵守这些原则。由于有了这种集体谈判方法，工头就不能再利用（工人之间的）竞争来打压工人的利益。[①]

集体谈判是工会和资方确定就业条件和待遇的交涉过程。由于劳资双方对集体谈判的理解认识不同，以及双方利益的差异，他们对集体谈判的描述也不同，通常最能为人们所普遍接受的一个中立的描述为：集体谈判这个概念有时意味着温和的解决共同的问题，以友好的协议为结果；有时意味着一种艰难的、相互猜忌的、不友好的关系，只有施加压力，采取经济威胁，罢工或闭厂之后，才能恢复理智。[②] 但显然，前者比后者的概率要大。邓洛普同样大力赞赏工会所提倡的集体谈判，认为应建立与资方平

---

① Sidney and Beatrice Webb. *Industrial Democracy*, London: Longmans, Green, and Co., 1897.

② 米尔斯：《劳工关系》，机械工业出版社 2000 年版，第 236 页。

等的产业关系制度，并且将劳资冲突转变为一种有规则的程序，而集体谈判是实现这种规则程序的基础。

集体谈判的双方除了对实体性条款进行谈判外，还要对程序性规则进行协商，从而将自身关系的调整与委托人之间的雇佣关系清楚地区别开，这些程序性规则，规范着解决争议的行为，包括第三方的调节、仲裁和程序。[①] 而这些程序也成为规范雇主行使权力的规则，虽然管理权仍在雇主手上，但毫无疑问集体谈判促使工会力量和雇主力量达到某种程度的平衡，从而最终保证了资本主义社会的稳定。

3. 工业民主

一些学者看到了代表工人的工会作为力量的一方，用以平衡雇主，强化自由民主，进而稳定资本主义制度的作用。康芒斯在1925 年出版的《集体行动的经济学》一书中认为，工会不是暴政和垄断的埋葬者，而是帮助在产业中建立宪政（Constitutional Government）的一种自由力量，它说明产业关系构成主体一方和其他主体的力量对比。工人只有政治平等是不够的，如果雇佣劳动者不能拥有他们能够与雇主处在平等地位的工业平等，那么就永远不可能实现真正意义上的自由和自由权，而这恰恰是一个共和政府所必不可少的。瓦格纳也表达了自己对工业民主的支持：

> 在没有工人参与进来的情况下，工业企业中就不会有真正的民主自治组织——正如在工人没有选举权的情况下，政治生活中就不会有民主政体——正是由于这个原因，集体谈判的权利称为工人争取社会公正的基础，并且也称为合理处

---

① 程延园：《员工关系管理》，复旦大学出版社 2004 年版，第 171 页。

理企业事务的基础。是否允许行使这一权利体现了专制制度与民主制度之间的差异。①

　　最早的工业民主思想由韦伯夫妇提出，其著作《工业民主》（1887）一书奠定了此学说的基础。韦伯夫妇所设计的工业民主是一种专职的"功能性"代表制的完整制度，包括从工业基层民主到与其相配合的政治宏观民主。韦伯教授夫妇是费边社（The Fabian Society）的成员，社会民主主义的信仰者，当然他们也是工会主义的信徒，支持以工会运动和集体谈判解决劳工问题的模式。他们强烈地认为传统的雇佣关系是违反民主概念的，因为工人的声音被遮蔽，无法参与关于工资和其他劳动条件的决定过程，工人也无法参与管理者在解雇、惩戒或其他关于工人权益事项上可能采取的歧视性决定。韦伯夫妇认为工会是能够将民主带进产业内的主要机制。②

　　工业民主得到了众多学者支持，并进行了扩展。克斯克尔（Keckscher）认为应该建立一种必须允许表达员工所关心之事的有效代表制度，不可或缺的四项基本权利：正当程序、信息、言论和结社。同样，德伯（Derber）从政治民主的标准出发，提出工业民主的九项原则，即代表权、参与权、平等权和机会均等、持异议的权利、正当程序、责任感、最低标准、信息和个人尊严。巴德（Bud）认为发言权是与效率和公平并列的第三种雇佣关系自决（Self-determination）因素，而工业民主是发言权的首要基础。

————————

　　①　［美］巴德：《人性化的雇佣关系——效率、公平和发言权之间的平衡》，解格先，马振英译，北京大学出版社 2007 年版，第 147 页。
　　②　潘世伟：《从工业关系到雇佣关系——劳动关系研究之变迁与发展》，2005年，国政研究报告，http://old.npf.org.tw/PUBLICATION/SS/094/SS－R－094－009.htm。

　　通过与雇主的集体谈判以及罢工威胁可以抑制雇主对工人过度剥削、血汗工厂、12 小时工作制以及任意解雇。而工业民主则给了工人在制定工作场所规则以及争议处理中的发言权，这样就建立起一个组织制度模式，通过相互否决促进相互妥协，从而最终减缓劳资矛盾的程度。从这个角度看，工会不是用来消灭阶级矛盾，而是通过妥协谈判，成为连接雇主和工人的桥梁。

（二）政府解决

　　显然，市场有成功的一面，也有失灵（市场失败）的一面。不管是公共物品、垄断还是外部性方面原因引发的市场失灵，都意味着有些经济行为无法由市场机制来加以有效调节，一旦市场处于无效率的状态，政府就成为弥补的重要手段。在一只"看不见的手"难以有效发挥作用的情况下，就需要发挥好一只"看得见的手"即政府干预的作用。

　　20 世纪初，由政府解决劳工问题的观点兴起。这种观点认为，雇主之间的竞争以及疯狂的追逐利润，在没有规制的劳动市场上会产生诸多严重的社会问题，解决劳工问题的责任应该在政府，政府应该通过法律和规章来解决劳工问题。其中，尤其应该实行劳工立法，如最低工资、禁止童工等，以及建立社会保障系统，如工伤保险、失业保险以及养老保险等。[①]

1. 劳工立法

　　20 世纪初，工会会员只占整个工人群体的 5%，为了增强这些弱势群体与雇主的谈判权力，美国社会兴起了保护劳工立法以及提供社会福利的运动。这场运动的发起者是美国争取劳工立法协会（AALL）以及工业、学校、社会工作和宗教团体中的支持

---

　　① Bruce E. Kaufman, *Managing the Human Factor*: *The early years of human resource management in American industry*, Ithaca: ILR Press, pp. 63 - 64.

者。美国威斯康星大学的托马斯·塞瓦尔·亚当斯（Thomas
Sewall Adams）与海伦·苏马尔（Helen L. Sumner）就在其共
同发表的《劳动问题》（*Labor problems*）一书中很好地阐释了这
种观点的目标："社会的终极理想是经济自由，但自由的父亲只
能是法律，而不是经济"。①

在劳工立法方面，美国各州走在了前面。1875 年，马萨诸
塞州规定了周薪制。1888 年，马萨诸塞州首先规定了伤亡事故
报告制度，随后俄亥俄州和密苏里州也颁布了类似法律。1895
年，纽约州通过了《面包坊法》，规定面包制作业必须为工人提
供卫生的工作环境并减少工时。1887—1897 年间，各州通过
1600 多项法律，对劳资关系、工时、童工的使用、工资、工厂
的安全等一系列问题作出了规定。

进入 20 世纪，各州的劳工立法进一步发展。1902 年，马里
兰州首先通过了工人工伤赔偿法。1903 年，俄勒冈州通过了第
一个 10 小时工作法。1911 年，伊利诺伊州第一个建立了向带孩
子的单身妇女提供补助的规定。1912 年，马萨诸塞州议会建立
了专门委员会，负责建立和监管妇女与童工的工资标准。1911
年，纽约州政府通过法律，要求各企业建立防火装置。至 1916
年，大约有 2/3 的州建立了工伤保险制度，有 25 个州实行了企
业主责任制法律。

20 世纪初，联邦政府出台的劳工立法开始成为主流。1898
年，国会通过了《厄尔德曼法》，禁止资方强迫工人签订"黄狗
协议"（Yellow-dog Contract），并禁止歧视工会会员工人。1901
年，国会为铁路工人制定了一项法律，规定州际铁路工人的日工
作时间为 8 小时。1906 年的《雇主责任法》要求从事州际运输

---

① Thomas Sewall Adams, Helen L. Sumner. *Labor problems*: *a text book*,
New York: Macmillan, 1905, p. 15.

的企业对工人因工伤亡的事件负责。1914 年的《克莱顿法》也涉及劳工问题。[1] 该法有关条款规定在联邦的司法管理范围内罢工、和平的组织罢工以及抵制活动将是合法的，法院只有在劳资纠纷将要对财产造成损害时才能使用罢工禁令。1916 年的《欧文—基廷童工法》严禁使用童工，规定凡是有雇佣 14 岁以下童工（或要求 14 岁至 16 岁的童工工作 8 小时以上）工厂生产的产品进入州际商业均为犯法。[2]

罗斯福新政期间由于特定的社会和经济环境使劳工立法达到了一个高潮。[3] 在此期间，罗斯福政府认识到经济收入较低的阶层和经济特惠较少的集团的消费力不足是造成萧条的首要原因，解决这一问题的办法就是通过劳工立法，使社会中具有各种经济地位的人们达到一种平衡，以取代过去那种由企业界一方独占优势的现象。因此，新政的劳工立法依据的基本原则是：只有使工资劳动者从他们生产的产品中取得较大的份额，只有增加生产利润中分给消费者的部分和减少分给投资者和投机者的部分才能恢复和保持消费的市场。罗斯福政府通过实施劳工立法来重新调整资产阶级的各阶层关系以及劳资关系，来提高劳工阶层的消费水

---

① 1890 年，谢尔曼反托拉斯法使得垄断对于贸易的限制成为非法。该法当时没有提到工会，但是，在以后的 20 年中，谢尔曼法不断被法院用来禁止工会的活动。如果一位法官认为工会所争取的目标是不好的，法院可以作出反对的裁决。并且，工会在传统上所使用的许多手段也被宣布为非法的。到 1914 年，工会成功地使克莱顿法在议会获得通过。

② 隋永舜：《刍议美国劳工立法的历史演进》，《工会论坛》2002 年第 4 期。

③ 瑞安的理论对罗斯福政府就产生了直接的影响。瑞安曾提出："增加收入的第一个办法是通过强大的工会和最低工资法提高货币工资，然后就可以用间接的措施把货币工资的增加变成实际工资的增加；第二个增加收入的直接办法是以法律确定每周 34 小时工资制，而不减少每周的工资；再有就是增加购买，通过政府大量开支兴办公共工程，直到失业者被私人企业再度吸收为止（［美］德怀特·L. 杜蒙德：《现代美国：1896—1946 年》，宋岳亭译，商务印书馆 1984 年版）。

平，缓和矛盾。①

从 20 世纪 30 年代起，联邦国会通过了一系列劳工立法。1926 年，通过了《铁路工人法》，该法接受了集体协议的基本前提。1932 年通过了《诺里斯·拉瓜迪亚法》，在美国历史上首次给予全国范围的工人以签订集体合同的权利，禁止法院对工会使用反托拉斯法，实际上消除了联邦法院对劳资纠纷的强制性干预。1933 年通过了《全国工业复兴法》，承认劳工的权利，并允许劳工组织起来要求集体签约，总统有权对劳工和雇主签约时，就最低工资和最高工时以及工作环境等问题进行干预。②

1935 年，国会通过了具有里程碑意义的法案：《全国劳工关系法》（又称《瓦格纳法》）。该法规定了雇员组织和参加工会的具体权利，集体谈判及雇员代表问题、劳动争议处理问题，并明确阐释了雇主的五种不良行为。该法的出台使劳资冲突的解决有法可依，有组织劳工的正当权益也找到了不受侵犯的法理依据。政府过去明显偏袒资方的立场发生了扭转（或者至少有所收敛）。此外，该法还建立了全国劳工关系局（NLRB），以保证雇主们不从事"不公道的对待劳工的活动"。该机构被授权主持各地工会选举，禁止并纠正雇主反工会的不公正行为等。NLRB 具有了调节劳资纠纷的权力，作为政府的职能部门，其将劳资冲突作为社会问题加以解决，降低了罢工等抗议方式给劳资双方带来的巨额经济损失，对缓和两大阶级之间的对立关系也起到了一定的作用。可以说，这些立法的出台与机构的设立标志着政府等权力机

---

①　韩冰：《有关罗斯福新政时期劳工立法的研究综述》，《廊坊师范学院学报》2007 年第 10 期。

②　该法被最高法院判为违宪后，促使罗斯福支持偏劳工立场的瓦格纳法案的出台。

关开始发生角色转换，逐渐发展成为劳资关系不可或缺的调节者。①

在工资和工时方面，1938 年国会通过了《公平劳动标准法》，建立了最低工资制（当时规定每小时不得低于 40 美分）与最高工时制（每周不超过 44 小时），并禁止雇用 16 岁以下的童工；对每周 40 小时以外的工作给予原有工资一倍半的报酬；保护未成年人受教育的机会，禁止在有害于他们健康和福利的条件下加以雇佣；还开列了危害性职业的清单。1942 年，国会又通过了一项法令，规定每周的最高工时不超过 40 小时，建立有工资的休假制度，改善居住条件等。

2. 建立社会保障体系

工业化生产的社会化和规模化促使越来越多的劳动者从乡村进入城镇工作与生活，并构成一个日益庞大的无产者阶层。以往作为家庭或个人风险的年老、疾病、工伤、失业等特定事件，开始演变为一种具有典型社会性的群体风险，因为每一个工业劳动者只要发生这种风险，便意味着失去收入来源和生活保障，进而成为社会不稳定的因素。而如果不控制这种因素，任其恣意发展，工人群体势必联合形成工人阶级群体性力量，并以劳工运动方式进行暴动革命，推翻资本主义制度。在这种背景下，社会保障作为资本主义缓解社会矛盾、对付工人运动的一种怀柔政策被推上历史舞台。建立社会保障制度的根本目的，正如德皇在1881 年《黄金诏书》宣称："社会弊病的医治，一定不能仅仅依靠对社会民主党进行过火行为的镇压，而且同时要积极促进工人阶级的福利，一个期待养老金的人是最守本分的，也是最容易统

---

① ［美］霍华德·津恩：《美国人民的历史》，许先春、蒲国良等译，上海人民出版社 2000 年版。

治的，社会保险是一种消灭革命的投资”。①

社会保障制度起源德国。19世纪末的德国，劳资冲突日益尖锐，大量工人失业，工人阶级为了维护自身利益和基本生存权利而斗争，社会民主运动此起彼伏，工人运动空前高涨。这个时期，德国盛行以鼓吹劳资合作、实行社会政策的“新历史学派”（New Historical School）。为了对抗马克思主义，缓和阶级矛盾，新历史学派一方面继承了旧历史学派的遗产，另一方面提出了各式各样的社会改良主义。他们认为只要求工人克制和节约，不能解决问题，还必须从意识形态上批判“经济人”的利己心和古典学派的“唯物主义”。在施穆勒等人的发起下，1873年，由德国新历史学派成立的“社会政策协会”主张实行“社会政策”，强调通过建立社会保障、缩短劳动时间、改善劳动条件等手段缓和阶级矛盾。②

“新历史学派”的社会改良政策有两个支撑点：一是他们从伦理道德出发，认为劳资冲突不是经济利益上的对立，而是感情、教养和思想上存在差距引起的对立。因此，在他们看来，劳资问题是一个伦理道德问题，不需要通过社会革命来解决，而只要对工人进行教育，改变其心理和伦理道德的观点，便可以解决。二是他们的国家观。该学派主张国家至上，国家直接干预经济生活，负起“文明和福利”的职责。③

“新历史学派”也得到德国天主教的支持，这其中最大的支持者就是一直有着君主社会主义传统的德国皇帝威廉一世。他在1879年国会的开幕式上致词说，“根据基督教的伦理观念，国家

---

① 郑功成：《社会保障学》，中国劳动社会保障出版社2005年版。
② 吴必康：《英美现代社会调控机制》，人民出版社2001年版。
③ 徐丙奎：《西方社会保障三大理论流派述评》，《华东理工大学学报》2006年第3期。

以保障现有的权利为己任，此外，它尤应借助于司法制度和利用那些由它分配的社会资源，为增进所有的福利恪尽其义务"，"必须把那些工人阶级直接感受到的、不言而喻的实惠，用法律的手段固定下来，才能使工人阶级感知到，国家并不是力图保障社会上富有阶级的工具"，"对于那些无力自谋生计的劳动者的关怀是头等重要的，为了他们的利益，皇帝已经敦促向联邦国会提交一项有关劳动者工伤事故保险的议案，并希望它将符合劳动者和雇主双方已经理解到的需要。"①

　　"新历史学派"的政策主张被俾斯麦政府所接受，从而成为德国率先实施社会保险制度的理论依据。正是在这种背景下，德国 1883—1889 年间先后颁布《疾病保险法》、《工业伤害保险法》、《老年与残疾保障法》、《孤儿寡妇保险法》等社会保险法典。并以此为基础建立了德国的社会保障制度，为世界其他工业国家建立社会保障制度提供了示范。在德国经验的基础上，同时吸收凯恩斯的国家干预主义思想，美国总统罗斯福于 1935 年签署了《社会保障法》，明确提出"社会保障"概念，宣告社会保障制度在美国的确立。②

（三）雇主解决

　　解决劳工问题的第三种改良主义就是雇主解决。美国工业初期的劳工管理充满了独裁和漠不关心，劳工只是被当作商品，只是积累资本的手，大部分雇主普遍认为他们和工人之间的关系纯粹是经济关系，购买劳动力只是出于机器和材料的需要，他们尽

量压低工资并尽可能地开除他们。① 然而劳工问题的日益严重以及罢工破坏力的日益增强，促使雇主们开始反思自己对待工人的态度，"在这样的条件下，老的大棒政策只能驱使工人离职和罢工，结果雇主们忽然对获取工人的友好变得感兴趣起来"。②

1. 管理变革

当劳工问题被认为是广泛的社会问题的同时，一些工程师、进步雇主和经济学家倾向于从工厂管理制度变革方面寻找答案。他们注意到工厂生产效率普遍低下，工人对生产没有热情，怠工和产量限制的情况非常普遍。康芒斯解释了产量限制现象：③

> 什么是产量限制？每个人都知道，在景气的日子里，工人就会犯懒，不管是工会的还是非工会的都一样。在好日子里，人们不像在艰难日子里那样尽力了。我们有一个离奇的悖论，在景气的时候，本来应该增加生产，工人却节制产出；等坏日子来了，我们不需要工人拼命地干活增加产量了，他们却干得最欢。

最初，雇主们通过解雇手段来整治此种现象，但发现工人流动率的增加反而增加了生产成本，因为新手更容易毁坏昂贵的材料和设备，即使他们并不是故意的。因此，保持工人队伍的稳定，获得工人们的合作态度，必须寻求一种新的方法，于是雇主们尝试建立一种根据劳动表现付酬的激励制度，刺激他们对提高

---

① Kaufman. *the practice and theory of strategic HRM and participative management：Antecedents in Early Industrial Relations*，Human Resource Management Review，2001（Winter）.

② Slichter. *Current Labor Polices*，p. 395.

③ ［美］拉佐尼克：《车间的竞争优势》，徐华、黄虹译，中国人民大学出版社2007年版，第251页。

产出做出反应。

1) 高工资观点的提出。首先，雇主们和经济学家已经认识到传统重商主义"最饥饿的工人是最好的工人"观点并不正确，相反，高工资反而能促进工人更加积极、勤劳和迅速。[①] 货币的诱因会激发人们发挥最大的能量，人们越是努力工作，所获得的报酬就越多。爱德华·阿特金森认为，最廉价的劳动力是得到最好报酬的劳动力，正是得到最好报酬的劳动力去操作机器，才保证了相对于资本投入的最多产品。雷蒙德认为，高工资反映了高生产率而不是高生产成本，劳动、资本和土地它们三者之间不仅存在自身竞争，而且相互竞争，产品市场价格主要不是由廉价劳动力而是由技术所决定的。舍恩霍夫比较了各个国家之后，发现支付工资最高的国家成本最低，匹兹堡制钉工人的工资收入是英国同类工人的 10 倍，而前者铁钉的成本只有后者的一半。[②]

1914 年，福特公司实行 5 美元工作日，即工人每天至少得到 5 美元的报酬，这个水平是其他企业的两倍，同时还将工时由一天 9 小时降到 8 小时。5 美元工作日政策实施的当年，劳动纪律就在车间确立起来，即使没有严密的监控，工人也比过去工作更努力，工人们愿意与生产线保持步调一致，甚至原意向工头道歉，物耗的单位成本也下降了。就在 1913 年，福特公司还在经历工人 370% 流失率以及每天 10.5% 缺勤率的痛苦，而现在成千上万的工人等在公司门口申请应聘。结果福特大幅降低了 T 型车的价格，只用 6 年时间占领了 40% 的美国汽车市场，成为了行业领袖。正如亨利·福特所宣称的："5 美元工作日和每工作

---

① 重商主义认为收入以及提供的劳动之间的关系是负相关的，工资增加时，工人宁可去花掉他们的钱，等钱花光以后，需要更多的钱时，再去工作，鼓励以低工资来保证一支资源丰富、受激励驱动的劳动力队伍。

② ［美］雷恩：《管理思想的演变》，李柱流等译，中国社会科学出版社 1997 年版，第 110 页。

日 8 小时工时政策，是我们所实行过的最好的降低成本策略。"①

2）收益分享制度和奖金方案。雇主们也在开始试验不同的工资激励方式，计件工资首先被提出。当时普遍认为提高生产率的关键在于激励工人，而激励工人最重要也最有效的办法就是按他们的生产率付给报酬，实现的生产率越高，工人的收入也就越高。计件工资推出后，确实取得了不错的效果。然而随着生产率的不断提高，当工人们得到工资太多的时候，雇主们便降低工资标准，因此工人们为了保护自身利益就不让管理部门知道他们使用的简便省力的方法和改进措施。工人在多次经历了每当他们的收入超过一定数目便遭裁减的教训后，便在每一个工人应生产多少和收入多少的问题上取得了一致意见，进一步加深了工人对雇主的不信任感，加剧了产量限制和磨洋工的程度。

美国工程师亨利・R. 汤（Henry R. Towne）提出了一种收益分享制度，与利润分享不同，当成本下降而不是利润上升时，工人的工资可以增长②。他提议，为每一个工作单元或部门确定生产成本和定额，然后根据他们自己的表现，把赢利返还给他们。具体做法是：职工有一个最低保证工资，其定额由科学方法测定，每一部门超过定额而生产出来的收益，由职工和雇主各得一半。定额应保持三五年不变，以免降低工资，挫伤职工的积极性。

然而收益分享制度并没有反映出工人生产以外的收益增长因

---

① Stephen Meyer Ⅲ. *The Five-dollar Day*：*Labor*，*Management and Social Control in the Ford Motor Company 1908 － 1921*，Albany：State University of New York Press，1981，pp. 91 - 119.
② 在他之前也有人提出用利润分享的办法来缓和劳资矛盾，但他认为利润分享既不是一种公正的措施，也不是一种正确解决问题的方法。因为一个部门职工努力节省下来的利润，会被另一些部门职工的失误所抵消，使得整个企业的利润减少或没有利润。

素，工人不分勤惰同样地分享收益，工人只分享收益而不分担损失，工资增加以后的受益时间过长。另一位美国工程师弗雷德里克·哈尔西（Frederick Halsey）提出了一种"奖金方案"，以工人目前的产量作为标准产量，工人如果提前完成了工作，则把节省时间而增加产量的收益按一定比率（约为正常工资率的 1/3 到 1/2）发给工人作为奖金。哈尔西的工资和奖金方案简便易行，工人的基本工资有保证，奖金多少随各人的勤惰而异，提高生产的利益由工人同雇主共享，而且雇主能得到一半以上，使得雇主不会急于降低工资率，从而减少了劳资纠纷。[1]

收益分享制度和奖金方案得到了普及，并得到了较好的效果，然而随着时间的推进，很少有企业继续坚持下去，究其原因，汤和哈尔西只是简单地记录下完成一项工作实际所耗的最快时间，并把这个时间定为标准，但最终还是由工人来设定工作的节奏，而工人从来都不会完全信任雇主。

3）泰勒的科学管理。美国工程师泰勒对解决劳工问题充满了兴趣。他在费城的米德维尔钢厂工作期间，仔细研究了产量限制和磨洋工问题，[2] 并总结了原因：第一，工人们认为，加速工作会使批量工人失去工作；第二，当时袭用的不完善的管理制度迫使工人磨洋工，以便保护自身的利益；第三，袭用了一代一代传下去的单凭经验的工作方法。泰勒认为，磨洋工的问题不是工人的问题，而是管理者的问题，管理工作就是要设计好工作，并

---

① ［美］雷恩：《管理思想的演变》，李柱流等译，中国社会科学出版社 1997 年版，第 122—123 页。

② 泰罗把磨洋工分为两种情况："无意的磨洋工"和"有意的磨洋工"。前者是因为"人的懒散的天性和脾性"，可以通过管理人员迫使的方式解决。泰罗关注的是后者的解决。

提出适当的激励办法，以克服磨洋工现象。[1]

在汤和哈尔西的基础上，他进行了时间研究，通过"计划部"来设定"科学的"时间标准，通过这种方式，雇主可以准确知道完成一项任务需要多长时间，在此基础上，制定出一个有科学依据的定额或标准。同时采用一种叫做"差别计件制"的薪酬制度，即计件工资率按完成定额的程度而浮动，例如，如果工人只完成定额的80％，就按80％工资率付酬；如果超过了定额的120％，则按120％工资率付酬。他认为自己的制度可以实现三个结果：在实行科学管理的工厂里，工人可以挣得比其他工厂更多的工资；实行科学管理的工厂可以获得更高的产量和更多的利润；实行科学管理的工厂对工人更有吸引力，因为这些工厂不仅能够提供更高的工资，而且可以提供安全保障。

他通过铁锹试验证实，每个工人每天的平均搬运量从16吨提高到59吨，工人每日的工资从1.15美元提高到1.88美元，而每吨的搬运费从7.5美分降到3.3美分。对雇主来说，关心的是成本的降低，而对工人来说，关心的则是工资的提高，所以泰勒认为这就是劳资双方进行"精神革命"，从事协调与合作的基础，劳资双方都能获益，劳工问题也就迎刃而解了。泰勒总结了科学管理为什么能够解决劳工问题的哲学思想：[2]

> 科学管理是一场心理革命，在科学管理下，双方心理态度发生的这场伟大的革命，就是双方把注意力从被视为最重要的分配剩余的问题上移开，而共同把注意力转向增加剩余

---

[1]　Sheldarke. *Management Theory*：*From Taylorism to Japanization*，International Thomason Business Press，1996.

[2]　[美]泰勒：《科学管理原理》，马凤才译，机械工业出版社2007年版，第23页。

上，一直到剩余大大增加，以致没有必要就如何分配剩余的问题进行争吵为止。他们会看到，当他们双方不再相互敌视，而是肩并肩地向同一方迈进时，通过他们共同的努力所创造的剩余额将多得令人目瞪口呆。他们双方都会认识到，当他们以友好合作和互相帮助来代替对抗和斗争时，他们就能共同使剩余额猛增，以致工人工资就有大大增加的充分余地，制造商的利润也会大大增加。

科学管理制度的成功取决于两个因素：工人具有高水平的技能；减少更换工人的频率，保持工人队伍的相对稳定，这样可以相应削减花费在培训和招聘新工人上的成本费用。科学管理需要高水平的劳动力管理。

2. 企业福利资本主义

企业福利资本主义是指美国企业为了应对19世纪末出现的劳资关系危机而建立，并在此后延续下来的一种解决雇员社会福利问题的体制。1919年，美国劳工统计局将之定义为"为雇员提供的除工资外的所有福利或服务，用以满足并改善雇员的物质或精神生活，它并不是企业的一项必需品，法律也并没有强制性的要求"。许多企业在这个时期采用了福利资本主义计划，并在20世纪初形成了一场颇具规模的福利资本主义运动，并影响至今。[①]

1）福利资本主义的产生。福利资本主义最早的实践起源于1881年普尔曼公司的普尔曼城计划。该公司当时频繁遭受罢工的影响，公司创始人普尔曼认为冷冰冰的现代工业给工人带来了痛苦，才造成了工人的罢工，雇主应该努力为工人提供体面的

---

① 李月娥：《美国企业福利资本主义》，博士学位论文，南开大学，2006年，第2页。

家、良好的教育以及美观安全的工作环境。因此他决定建造一座
"能够消除所有不利影响的城市",打造一个劳资和谐的工业理想
国,并开始福利资本主义的实验。

1880 年,普尔曼选定普尔曼工厂作为公司的主要生产基地,
购置了工厂周围 4000 英亩土地,并集中财力和人力动工修建了
普尔曼城,称之为"模范城"。大约用了五六年的时间,模范城
基本完工。1885 年,这里为雇员建好了 1400 套住房,同时还有
教堂、公园、图书馆、旅馆、剧院、商店等建筑,所有建设共耗
资 800 万美元。普尔曼城的建立,轰动了美国社会,顿时成为人
们注意的目标,尤其是在 1893 年芝加哥的哥伦比亚展览会期间,
来访者更是络绎不绝。美国学者斯图尔特(Stuart)评价道"它
是美国福利资本主义发展的里程碑,在这样一个让人愉快的宏伟
建筑中,它既可以获得利润,也为企业家们提供治愈纠纷的万灵
药"。

19 世纪末,随着劳工骚乱的继续增加,企业雇主们开始普
遍模仿普尔曼城试验。宝洁公司、卡耐基钢铁公司、科罗拉多石
油和铁矿公司、国际收割机公司、标准石油公司等工业巨头纷纷
建立了自己的公司城,为雇员普遍提供住房、娱乐及教育设施。
到 20 世纪初,福利资本主义的试验在美国已经比比皆是。[①]

2)福利资本主义的主要措施。[②]雇主们把关心工人的工作
统称为福利工作(Welfare Work),这包括为雇员实施教育计划、
住房计划、工厂环境改善计划、娱乐计划等。针对移民工人不了
解美国习俗及语言上的障碍,雇主们为他们提供教师、聘请老师
教授英语课程,同时为女工开设烹饪、缝纫课程,帮助她们适应

---

    ① 李月娥:《美国企业福利资本主义》,博士学位论文,南开大学,2006 年,
第 28—30 页。

    ② 同上书,第 44—46 页。

美国生活，此外有一些公司还为雇员建立了图书馆，为他们提供各种书籍，同时利用图书馆为雇员开设夜校，课程包括语言、艺术、文学、技术之类。柯克兰（Kirkland）指出："雇主们这样做，是因为他们相信有教养的、受过培训的工人将持久的工作，教育可以解决工业社会问题，这才实施雇员教育计划。"

除了教育计划外，为雇员提供娱乐计划也是福利资本主义实践初期的一项主要内容。20世纪初，企业家们已经投入了大量资金鼓励雇员参加广泛的娱乐活动。1916年，劳工署对431家公司所做的一项调查数据显示，有一半公司为其雇员提供了室外娱乐活动，有1/3的公司为雇员提供了室内娱乐活动。大公司更是为工人们提供范围广阔的娱乐计划和设施，如最早实施娱乐计划的普尔曼公司早在1881年就成立了竞技俱乐部。后来又建立了公司运动队、国际象棋和桥牌俱乐部、合唱团和普尔曼军乐队。美国钢铁公司建立了125个儿童游乐场，柯达公司也为雇员实施了一系列福利计划，包括建立餐厅、吸烟室、阅览室以及举行音乐会和舞会的场所。

雇员股权购买计划也是重要的福利资本主义手段，通过员工持股计划，重建雇主和工人共同利益，工人除了工资外，收入可以随着公司整体利润的增加而增加，从而刺激工人和雇主共同努力去争取获利，而不是以牺牲一方的利益来增加另一方的利润。美国钢铁公司前董事长盖瑞（Elbert Gary）强调，拥有股权使雇员成为一个真正的资本所有者，从而使雇主与雇员的利益更加紧密永久地联系在一起。到1920年，一项对315家公司的调查表明，大约有1/3的雇员拥有公司的股票，总额至少达10亿美元。

3）福利秘书。①随着福利工作的普及，一批专门从事企业福

---

① 李月娥：《美国企业福利资本主义》，博士学位论文，南开大学，2006年，第48—49页。

利工作的人员开始形成，这些人全身心为雇员服务，提高他们的普遍福利；努力改善卫生环境，改进雇员的整体文化水平，鼓励健康的社会生活，努力提高普遍的道德水平。1894年，全国收银机公司聘用专职福利秘书，专门负责该公司福利计划，该计划包括雇员可以自由地提建议和进行申述、对有效率的部门进行奖赏、各种健康、卫生及娱乐和教育计划。不久，该公司专门成立劳工部，负责劳工的福利工作。

到1906年，已经有许多企业聘用了福利秘书。女性福利秘书常常从事过老师、护士或慈善与宗教工作。男性福利秘书也往往从事过类似职业，如做过医生或牧师。他们的共同特征就是愿意以一种与雇主经济目标一致的方法来改善工人阶级的生活状况。除了负责福利计划外，他们还需要调节雇主与雇员之间的各种纠纷。福利秘书以及管理福利的部门也就成为日后人事管理群体和部门的重要起源。

3. 人事管理的出现 ①

美国20世纪初兴起了人事管理运动，其基本目标是，通过向那些表现好的工人以高工资和稳定就业的形式提供一个现实的经济保障前景，来换取他们的"友好"。因此，雇主们纷纷对工头独断的管理权力以及粗暴的管理作风进行限制，建立专门的雇佣管理部门，制定和执行一系列公平、规范、以员工为导向的人事管理政策，形成职业的人事管理群体，促使企业内部组织变革并使企业赢得工人的忠诚和合作。

1）人事部门和群体的大量产生。之前，工厂通常没有专门的人事管理部门，也没有专门的人员从事人事及员工政策的制定。雇主一般授权工厂总管（Plant Superintendent）来制定劳

---

①   这里的人事管理是雇佣管理和人事管理的统称，其实雇佣管理出现在人事管理之前，关于两者的区别，我们在后面章节详细阐述。

工政策并管理劳工。但大多数工厂主管把这项任务授权给工头来做，比如每天的招聘、开除以及日工资的结算。这种体系让公司管理者以及工厂总管把精力集中在资金和产品这些他们认为更重要的方面，但也使他们注意不到生产一线发生的事情。这种管理方法仅仅基于过去的经验或者个人异想天开的想法，随意性极强，加之工头粗暴无情的管理态度，引发了劳资矛盾并损失了生产率。因此，一些公司将科学管理引入雇佣实践之中，建立有序的步骤、精确的记录和部门化的功能规范，成立雇佣管理部门，对表现好的员工以及表现不好的员工进行分析，由此来确定部门用工需求。[1]

1900 年，固特异公司最早建立了"雇佣管理部门"。随后一些大的企业也开始设立专门的人事部门，尤其是福特公司在工业领域内为如何建立人事部门树立了典范。雇主们开始相信加强对人事工作的关心，可以稳定劳动力队伍，获取稳定利润。在一战期间，美国联邦政府致力开展人事管理来改善劳资关系，保障战时生产的顺利进行。陆军部下属的各种工业生产部门纷纷建立了人事部门。美国造船业被纳入人事管理的主攻方向，联邦政府举办许多人事培训班，鼓励各造船厂派人员参加，宣传人事管理的价值和作用。70 家造船厂到战争结束时，已经建立了 34 个人事部门。1915—1920 年，雇佣人数超过 250 人的工业企业中，有人事部的企业数量从 5％增长到 25％，到 1929 年，这个比例变成了 34％。雇主们已经普遍认为，人事管理将有效降低劳工流动率，减少培训和生产成本，同时也为员工提供更加稳定的就业机会。尤其是那些大公司的雇员，公司规模越大，流动率越低，因为大公司能够提供更高的报酬、更好的工作条件、稳定的就业

---

[1] Kaufman. *The Origins & Evolution of the Field of Industrial Relations in the United States.* Ithaca: ILR Press, 1993, pp. 35 - 40.

以及照顾职工福利的部门。1918—1919 年，伯利恒钢铁公司、新泽西标准石油公司、西联公司、美国电话电报公司、杜邦公司、美国橡胶公司以及西联公司这些工业巨头纷纷建立了人事部。1929 年，雇佣人数在 550 人以上的企业中有 55％设立了人事部。①

人事部门的建立也促使了人事管理者群体的大批产生，并在雇佣管理方面发挥越来越重要的作用。1917 年，美国有 500 名人事工作者参加了第一届全国人事管理者会议，到 1920 年，有将近 3000 人参加了同类会议。1917 年，10 个城市建立了人事经理协会，到 1920 年，50 个城市建立了人事经理协会。这些人事管理者以前大多是社会工作者或教师，具有大学学历并接受过专业培训，随后，诸如公司福利秘书、安全专家、销售代表以及律师等也都纷纷进入人事管理职业。

人事部门的建立和人事管理者给公司带来了变化。他们制定了标准的车间纪律，规定了解雇工人的标准，对雇佣过程和工资发放进行记录，更加系统地开展培训、绩效评估和晋升，引进正式的工作分析系统来帮助甄选员工，同时把人员工资结构化和合理化。作为人事活动的结果，雇主们发现，他们能够更好地保留员工，控制成本以及提升员工的忠诚度。而工人则感觉更加贴近公司了，他们的工作也像一个体面的职业了。②

2）与工头的争权。人事管理运动之初，人事管理者认为工头在雇佣、奖励和解雇方面的权力过于专断，这种专断权力造成了离职和罢工而不是努力工作，对生产效率的提高起了反作用。

---

① Jacoby. *Employing Bureaucracy—Managers, Union, and the Transformation of Work in the 20th Century*, London: Lawrence Erlbaum associates publishers, 2004, pp. 99 - 109.

② Scott, Deadrick, and Taylor. *The evolution of personnel research*, Personnel Journal, 1983（62）.

工头本身粗鲁的工作作风加之可能通过制造怨恨和激起冲突，获取个人的好处，并且倾向把权力和好处归于自己，而把责任和牢骚归于公司。这样的结果显然会造成离职和产量限制，而且还会驱使工人投奔工会，到那里去寻找更加有效的解决手段。[1]

要结束这种状态，就必须从工头手中收回其对雇佣的决定性权威，改由人事部门掌握雇佣、解雇、派工、定工资等方面的权力，并使工头变成多余的人，因为只有那些有技巧、有判断能力、有远见及接受正规培训的人事管理者，才能担当起这些权力，才能有效解决工人流失问题。他们通过专业的心理测评和态度甄别等科学手段，而不是个人喜好，来招聘合适的工人并给他们分派合适的工作，同时制定和执行科学的雇佣和工资政策，鼓励好员工留在企业里，安抚他们的不满，激发他们的工作热情，以最终实现企业目标。[2]

然而在具体的人事管理中，人事经理们还是倚重这些一线的工头，让他们监管生产线，并向上提供有关工人表现和业绩的信息。他们认为，有效的人事管理并不排除工头或他们在车间里的权威，而是将他们的权威整合到一个有规划、有协调力、能够让工人感到公平的人事政策中去。工头在行使其在车间中的监督权力的时候，必须有一个界线，同时又不至于损害它激发工人劳动的效力。人事部必须建立一个制度化的雇佣关系来解决传统的管理问题：授权给工头以确保高产出所必须的权威，而同时又不放任他们来把持对车间的控制。

到了 20 世纪 20 年代，人事部基本掌握了管理结构中的人事

---

[1]　Nelson. *Managers and workers: origins of the twentieth-century factory System in the United States*，1880—1920，The Antioch Review，June 22，1997.

[2]　Jacoby. *Employing Bureaucracy—Managers, Union, and the Transformation of Work in the American Industry*，1900—1945，New York：Columbia University Press，1985，p. 78.

安排，负责制定企业的雇佣政策，但给予工头在生产线上的管理权威，由其负责政策的执行。到 1929 年，雇佣人数在 250 人以上的工业企业近 1/4 都对调动和晋升权进行了集中，由人事经理根据工人自身价值建立晋升机制，从而避免由于工头随意解雇造成的对抗，也使工人感觉到不仅仅有了一份工作，而且还具有提升、获得终生就业的机会。为了确保工头对其权限的行使与企业的产出目标相一致，企业对他们进行了培训。培训的目标是将其培养成"中间人"，他们能够起到"上情下达和下情上达的作用"。①

3）公司工会的建立。为了进一步监督工头的权利和消解工作场所的冲突，人力资源管理的另一功能就是建立赋予工人发言权的"车间工业民主计划"，和工人及工人代表共同协商制定公司政策，改善工人福利，建立工人发泄不满的正式渠道，并及时解决工作场所中的劳资矛盾，从而稳固雇主管理权力。不同于跨企业、跨行业以及跨地域联合的联合工会，这种发言权只能局限在企业范围内，我们称之为公司工会（Company Unions）。②

公司工会的设置促使雇主管理方式向人性化管理转变，强调雇主与工人之间拥有一致的利益；雇主必须公正地处理工资、工时及工作环境相关事宜；雇主以及管理方必须与公司工会保持持续的联系并共同处理问题；工人拥有亲自或是通过代表与雇主交涉的权力；支持以车间、工厂或部门作为基本的谈判单位。

---

① ［美］拉佐尼克：《车间的竞争优势》，徐华、黄虹译，中国人民大学出版社 2007 年版，第 260 页。

② 关于公司工会同时期还有许多别的称谓，如员工代表计划（employee representation plans）、劳动议会（works councils）、谈判委员会（conference）、车间委员会（shop committee）等，本质上都是企业内的员工代表组织和制度。

　　公司工会成为人力资源管理治理劳工问题有效的工具，为雇主和工人提供了一个协商的场所和机会，使他们能公开讨论工厂内部的不平之事，共同解决问题，从而确保在管理者与工人之间建立更加紧密和更加随意的联系，使雇主了解雇员的个人问题，雇员也可以更加清楚的理解企业管理的政策与原则。"高级人事管理的顶峰，为横亘在白领和蓝领之间的传统鸿沟提供了一个沟通的桥梁，尽管还不是一个很完美的桥梁"。[①] 通过公司工会，雇主及管理方知道工人所认为的不平等的工作条件和待遇是什么，并成为人事部制定雇佣政策的信息参考，这可避免车间冲突的爆发，激发工人付出更有效的劳动。

　　在 1917 年，只有 12 家企业建立公司工会；两年以后，145家企业设立了 196 个公司工会，每个企业平均覆盖了将近 2800名工人。到 1922 年，在 385 家企业中有 726 个公司工会，每家企业平均拥有 1800 名会员（见表 2.1）。在这些年中，对公司工会运动起到稳定作用的是那些大企业，[②] 拥有至少一个公司工会的企业平均会员数量，在 1922 年是 1800 人，到 1924 年快速超过 2900 人，而到 1928 年持续增加到 3900 人。那些付出相当大投入来发展人事管理部的企业，通过公司工会有效的限制工头权力并获得应对工人不满所必要的信息，而同时又促进了企业发展。

---

　　① Nelson. *The company union movement*，1900 — 1937：*A reexamination*，Business History Review 56，Autumn 1982，pp. 335 - 357.
　　② 资料显示，20 世纪 20 年代早期，一些小企业也设立了公司工会，但很多都维持不久，1922 年，自 1919 年就设立公司工会的企业有将近一半维持不下去，不过后来成立的小企业中，也有不少设立公司工会，从而整体数量是在增长的。但到了瓦尔纳法案颁布时，公司工会成为违法做法。

表 2.1   1919—1932 年美国企业设置企业工会情况

时间	拥有公司工会的企业总数	公司工会总数	公司工会覆盖的员工总数	工会会员数	公司工会覆盖员工占工会会员比例
1919	145	196	403765	4125200	9.8%
1922	385	725	690000	4027400	17.1%
1924	421	814	1240704	3536100	35.1%
1926	432	913	1369078	3502400	39.1%
1928	399	869	1547766	3479800	44.5%
1932	313	767	1263194	3144300	40.2%

资料来源：Chiaki Moriguchi implicit contracts，"the great depression, and institutional change: a comprarative analysis of U.S and Japanese employment relations, 1920—1940"。

第三章

人事管理的萌芽（1880—1915）

    19 世纪末 20 世纪初，美国已经成为世界上政治和工业的领导力量，经济进入空前高速发展阶段，并且建立了完整的工业体系。1884 年美国工业化比重在国民经济中第一次超过农业，美国由农业国发展成工业国，成为世界主要的工业资本主义国家，1894 年美国工业产值跃居世界首位。与此同时，垄断组织形成并迅速发展，金融业兴起，制造业和铁路业在国民经济中影响巨大。钱德勒（Alfred D. Chndler）把美国在这个时期的工业发展划分为两个阶段：1879—1893 年的横向发展阶段和 1898—1904 年的纵向发展阶段；横向发展指同一领域的制造商通过合并形成大规模组织，纵向发展是指公司进行产业价值链上下游的控制。① 工业革命为火车和轮船带来了蒸汽动力，迅速扩大了市场，促使美国工业企业横向和纵向运动，从而形成大批量生产和大批量销售的特征，工业投资持续增长，城市化水平不断提高。美国学者查尔斯·卡尔洪认为这一时期"美国人生活中的中心事件是国家从一个巨大的、农业的、乡村的、孤立的、地方的和传统的社会转变为一个工业的、城市的、一体的、全国的和现代的

---

    ①　［美］钱德勒：《战略与结构——美国工商企业成长的若干篇章》，孟昕译，云南人民出版社 2002 年版，第 5—10 页。

社会。[①]

一　劳动力市场

　　这段时期，美国工业，尤其制造业得到不断壮大和发展。制造业投资从 1880 年的 20 亿美元上升到 1900 年的 80 亿美元，到 1914 年投资猛增到近 400 亿美元；制造业公司由 1869 年的 25.2 万家增加到 1899 年的 51.2 万家，增长了 103％。工业的迅速增长也自然形成了对劳动力的强大需求（见表 3.1）。1860 年，美国劳工数量为 150 万人，到了 1900 年增长到 550 万，多数受雇于制造业、采矿业和公用交通运输业。[②]

表 3.1　　　　　1860—1900 年美国工厂雇佣人数的变化　　（单位：万人）

行业	1860 年	1900 年
地毯业	31	214
棉织品业	112	287
玻璃业	81	149
造纸业	15	65
钢铁业	65	333
丝制品业	39	135

　　资料来源：David M, Gordon, Richard Edwards, Michael Reich: *Segmented Work*, *Divided Workers*: *The historical transformation of labor in the United States*, Cambridge University Press, 1982, p. 117.

---

　　① Calfom, Charles W. *The Gilded Age*, Sholarly Resources Inc, 1996.
　　② 〔美〕丹尼斯·吉尔伯特：《美国阶级结构》，彭华民等译，中国社会科学出版社 1992 年版，第 75 页。

　　尽管劳动力需求得到了增加，但劳动力供给的规模和速度似乎远远超过了需求。这段时期，美国的劳动力供给增长主要来自于三个方面：（1）西部淘金增加的劳工。大量的人口涌入西部追寻所谓的"美国梦"，然而由于土地开发所需的成本过高，大多数农场开发者破产，成为农业劳工。（2）从奴隶制解放出来的黑人劳工。美国内战结束后，随着奴隶制的废除，400万黑人奴隶成为自由劳动者，并大批涌入北方工业区。据统计，南方的黑人农业雇工日工资仅为75美分，而北部工厂工人的工资达到每天3—4美元；南方城市黑人家佣的周工资仅为1.5—3美元，而北部城市黑人家佣日工资为每天2.5美元。[1]（3）海外移民劳工。美国200多年的历史就是一部不断移民、不断适应、不断成为一个新的种族的历史。从19世纪20年代到20世纪20年代，3700万外国人移民美国（见表3.2）[2]。移民的大量涌入壮大了产业劳工队伍。1870年，移民劳工占全国劳工总数的1/3，在马萨诸塞州的毛纺和棉纺织业中，移民劳工人数超过了土生美国劳工。[3]1900年，全国44.3％的矿工都是在外国出生的，而61.2％的矿工有外国血统；36％的钢铁工人在国外出生，而63％的钢铁工人具有外国血统。尽管工资待遇非常低，生活条件也很艰苦，但在1901—1920年间还是有14531000位移民潮水般涌向美国。[4]

　　[1]　Fonder, Philp Sheldon. *Organized Labor and the Black Worker*, New York：International Pub, 1974, p. 5.

　　[2]　朱世达：《美国市民社会研究》，中国社会科学出版社2005年版，第3页。

　　[3]　Edward, Machines, Markets, and Labor. "The Carriage and Wagon Industry in Late-Nineteenth-Century Cincinnati", *The Business History Review*, Vol. 51, No. 3, Autumn 1977, p. 310.

　　[4]　Boyer, Owen and Morais. *Labor's untold Story*, New York：Cameran Associates, 1955, p. 222.

表 3.2   1854—1900 年美国移民数量变化   （单位：人）

来源地	1854 年	1882 年	1900 年
大不列颠	58647	102991	12509
爱尔兰	101606	76432	35730
斯堪的纳维亚	4222	105326	31151
其他西北欧地区	23070	27796	5822
德国	215009	250630	18507
中欧	208	33822	114847
沙俄	2	16918	90787
其他东欧地区	7	134	6852
意大利	1263	32159	100135
其他南欧地区	1508	1978	8360

资料来源：Thernstrom Stephan：A History of the America People，San Diege Harcourt Brace Jovanovich Inc，1984，p. 416.

二 工会及工人运动

劳动力市场到处充斥着低技能的劳工，并且还在源源不断的增长，终于在 19 世纪末经济危机的笼罩下，失业成为社会普遍现象。1873 年 9 月开始的经济恐慌更是给劳工阶层带来了灾难。1877 年全国有 1/5 的人失业，2/5 的劳工每年工作时间不超过 7 个月。1877 年冬—1878 年冬，失业劳工总数达 300 万人。[①]

（一）工人运动
为了抵制物价的迅速上涨和实际工资的下降，工人运动明显

_____

① 刘淑云：《19 世纪后期美国劳工阶层结构变化探析》，硕士学位论文，东北师范大学，2008 年，第 24 页。

增多，并且劳工们已经意识到为了维护自身利益，必须形成自己的集体组织，也即工会，并将这种组织力量上升到产业、地区乃至国家层面，以增强与雇主的谈判能力。美国工会会员人数从1870年的30万上升到1900年的86.8万。到一战前夕的1914年为止，有将近16%的美国工人加入工会，而在1880年只有大约3%的工业工人是工会会员。在此背景下，全国性的工会组织劳工骑士团（the Knights of Labor）于1869年成立，并在1886年拥有了75万会员。他们主张8小时工作制、建立劳工统计局、保护童工、实行合作制以取消工资制等。然而，该组织在1886年的芝加哥干草市场（Haymarket Square）事件中，制造了爆炸事件，造成数人死亡，此后在政府的镇压和公众恐惧中，骑士团人数迅速减少，不久，美国劳工联合会（AFL）取代了骑士团。

不同于骑士团，AFL的活动目标集中于追求提高在职工人的直接经济收入，而不是远期政治改革，他们集中力量对付没有力量和工会较量的相对较小的公司，并致力于从一些雇主那里获得书面合同，并为以后集体谈判打下基础。在塞缪尔·冈珀斯（Samuel Gompers）的领导下，AFL的会员人数从1886年的不足20万，上升到1900年的50万，并在一战结束的时候达到了400万人，在许多年里成为了美国工人运动的主角。

然而，19世纪80年代到90年代，美国劳工运动还是被赋予了暴力色彩，1892年的霍姆斯特德罢工和1894年的普尔曼罢工都引发了劳资双方的暴力事件，从而使公众十分害怕激进分子和无政府分子，常把这些人等同于合法的工会组织者，这种恐惧心理使工会运动在劳工力量增长的百分比方面相对停滞。[①]

工人以及工会除了组织罢工外，也没有放弃议会斗争。从

---

① ［美］丹尼尔·A.雷恩：《管理思想的演变》，李柱流等译，中国社会科学出版社1997年版，第131页。

1880 年的詹姆斯·B. 韦弗代表绿背劳工党角逐总统以来，就有人代表劳工从政。1880 年韦弗获得 308578 张选票，而 1884 年该党的候选人本杰明·F. 巴特勒获得 175370 票，占总选票的 1.8%。1888 年联邦劳工党获得 146935 票。1892 年社会主义工党仅获得 21164 票，这与他所代表的劳工总人数极不匹配，票数只占上次联邦劳工党的 1/7。1896 年选举，社会主义工党获得 36274 票，1900 年获得 39739 票，1904 年获得 31249 票。[①] 从这近 50 年的总统选举来看，声称代表劳工的政党获得的选票仅占很小的一部分。

（二）雇主反应

工会的快速发展以及规模的不断扩大给雇主带来了威胁，尤其工会推出的"车间封闭"（Closed Shop）运动直接导致了雇主的反抗。所谓"车间封闭"就是指雇主只能雇佣工会会员，而不能雇佣不参加工会的工人，这不但限制了雇主的管理权力，而且还可能导致更大范围的车间对抗，这对于效率至上的雇主，是绝对不能接受的，于是他们联合起来发起了针对性的"车间开放"运动（Open Shop），即不雇佣工会会员。在他们采取的具体工会避免（Union Avoidance）实践中，包含了工会镇压（Union Suppression）和工会替代（Union Substitution）两种做法。[②]

工会镇压的领军人物当属美国钢铁公司，该公司采取了各种方法避免工会在公司的产生，如拒绝投资建立工会的矿山企业，雇用侦探窃听工会组织信息，解雇工会支持者，列出工会同情者的黑名单，保持工作场所的高压态势，买通地方政府对所有工会

---

①   李道揆：《美国政府和美国政治》，商务印书馆 1999 年版，附录。

②   Kaufman. *The Origins & Evolution of the Field of Industrial Relations in the United States*, Ithaca: ILR Press, 199, pp. 99 – 102.

活动进行限制和镇压。该公司的一位工人描述："我们不能写下关于任何过长工作时间以及不公正待遇的抱怨,我可以负责任地告诉大家（但绝不会告诉你我的名字）：我们不会失去工作,但仅此而已。"①

一些竞争强度高的行业,由于利润微薄,该行业的雇主更加惧怕工会带来的劳动力成本的上升,因此他们联合起来对工会实施镇压政策,其中最著名的协会是国家制造业雇主协会（NAM）,他们对工会的仇视态度往往打着爱国主义旗号。以下是该协会主席的一番话：

> 有组织的劳工只知道一个法则,就是使用暴力,这是野蛮人的法则,是奴隶社会的法则,这种法则从不考虑合理和公平,而只喜欢罢工、联合和破坏……他们否定个人任意处置自身劳动的权力,而这种权力却是美国自由精神中最神圣和最基本的权力……他们在雇主头上戴上枷锁,雇主做生意需要看他们眼色行事……有组织劳工的原则和需要是与个人自由的社会秩序相冲突的。②

在 NAM 等协会的攻击下,工会被视为美国价值观以及地方经济的威胁。他们鼓励已成立工会的企业撵走和驱除工会会员,并提供资金等扶持措施。他们率先利用法院颁布罢工禁令,来阻止工会罢工和联合,并成功地把一些工会领导人（如冈珀斯）关进监狱。与此同时,他们还招募大批专职从事破坏工会的员工,

---

① Fitch. *The Steel Workers*, Philadelphia: Press of Wm. F. Fell Co. , 1911, p. 214.

② David Parry. *President's Report to National Association of Manufacturers* (*1903, Unions, Management, and the Public*), New York: Harcourt Brace, 1967, pp. 213 - 216.

派遣到各个工厂和车间，并使用工业间谍来窃取工会信息。

当然，有部分雇主意识到镇压可能导致的冲突升级，因此更愿意采用工会替代策略，一方面努力减少那些导致工人加入工会的不满意来源；另一方面，致力于发展人事职能和活动，为员工提供一系列的待遇和福利。这个时期，最著名的工会替代手段当属福利运动，为工人提供食堂、培训、良好的工作环境、工厂医生等一系列福利措施，来获取工人的满意和忠诚。随后，如股票购买计划、雇员代表计划、工厂安全生产计划、解除工头招工和解雇的权力、提供标准和正规的薪酬和晋升程序等人事活动也得到发展，这也成为人力资源管理发展的重要源泉。

三　政府立法

从历史上看，美国法律对于工人通过工会组织起来并进行集体利益诉求的行为是不支持的，认为这不但是自私自利的行为，而且还对没有参加工人组织的人造成了伤害。[①] 工会运动和工人要求提高工资和改善工作条件的行为常常被认定为刑事共谋罪。[②]

（一）对工会的敌视

在 19 世纪末，随着美国工业化的蓬勃发展，资本对劳工的压榨大行其道，劳资冲突的规模、频率和持续的时间都达到了前

---

①　Archibald Cox, Derek Curtis Bok, Robert A. Gorman. *Cases and Materials of Labor Law*, New York: Foundation Press, 1986, p. 37.

②　按美国米尔斯教授的观点，美国有关工会法律的形成和发展有三大阶段：反对工会阶段，中立、合法阶段，监控工会阶段。而其中反对工会阶段由以下四个时期组成：工会是阴谋集团的时期，劳工禁令时期，黄狗契约时期，反托斯法时期。（Daniel Quinn Mills, *Labor Management Relations*, p. 185.）

所未有的水平。一方面，劳工的境遇得到了社会大众的广泛同情，工人维护自身利益的群体举动得到了社会舆论的支持，因此刑事共谋罪不再适用于工会；但另一方面，美国法院并没有从实质上改变对工会的看法，仍然认为其是对社会安宁和其他社会成员权力的威胁，并重新寻找压制工人运动的手段。

　　这个时期，民事禁令成为美国法院用来阻止工会以及群体性利益诉求的新方法。美国法院通过禁令认为工人利益诉求是普通法规定的"明显的侵权行为"原则，即一方故意向另一方当事人施加经济损害是一种侵权行为。这种禁令被大量用来禁止工会罢工等活动，也被称为劳工禁令，从 1880 年到 1930 年，美国法院总共发出了至少 4300 个禁令。[①] 禁令禁止范围一般有三种：一是本质上具有威胁性的、预示了暴力的行为，如罢工和设置纠察；二是要求实现工会经济目标的行为，如提高工资额度等；三是禁止雇主雇用非工会会员的行为，法院认为这种行为是反社会或不公平地限制了他人自由的行为。[②]

　　美国法律对劳工组织的恐惧在对 1890 年的《谢尔曼法》(Erdman Act) 解释中得到进一步体现。该法规定："凡以托拉斯形式订立契约、实行合并或阴谋限制贸易的行为，均属违法，旨在垄断州际商业和贸易的任何一部分的垄断或试图垄断、联合或共谋犯罪。违反该法的个人或组织，将受到民事的或刑事的制裁。"

　　若按通常的说法，反托拉斯法应该是维护弱势群体劳动者的法，但实际上，这部谢尔曼法却是一部反工会法。谢尔曼认为，

---

　　① 　William E. Forbath, *Law and the Shaping of the American Labor Movement*, Massachusetts：Harvard University Press，1991，p. 61.

　　② 　周剑云：《略论美国劳资关系管理模式的演变》，《烟台大学学报》2007 年第 2 期。

在托拉斯威胁到美国民主和自由传统的时候，国会应该立法以保护"个人在反对联合起来的法人集团的财富和权力方面的权利"——这种思想同样也适用于反工会原则。1908 年，在"勒韦诉劳乐"一案的判决中，最高法院认为：根据《谢尔曼法》，帽子制造商工会对与帽子制造商做生意的零售商店的间接联合抵制行为违法，并裁决帽子制造商工会对雇主所遭受的损害予以 3 倍赔偿。[①]

然而劳工广泛的利益诉求还是取得了一定成效，如 1898 年，美国国会通过了《厄尔德曼法》，这部为铁路工人制定的法律，禁止资方强迫工人签定"黄狗合同"，宣布雇员在其雇佣期限内不得加入工会为非法契约，并禁止对工会会员工人进行歧视，保护雇员不因其工会会员身份而遭解雇。然而好景不长，在 1908 年阿达尔诉美国一案中，《厄尔德曼法》被判为违宪。一位雇主因解雇了参加工会的雇员而被起诉，他在法庭上指控厄尔德曼法侵犯了宪法关于私人财产权保护的规定。法院裁决支持了该雇主，认为该法律不恰当的侵犯了个人自由和私人财产权，违反了宪章，从而否定了厄尔德曼法。[②] 美国法律对劳工组织的恐惧和压制，成为这个时期政府立法的主要特征。

（二）劳工立法和 AALL

随着政府职能的日益扩大以及劳工问题的日益严重，公众和学者开始呼吁政府干预劳动关系。这其中最著名的团体是成立于 1906 的美国劳工立法协会（American Association of Labor Leg-

---

① ［美］道格拉斯·L. 莱斯利：《劳动法概要》，张强等译，中国社会科学出版社 1997 年版，第 2 页。

② 周剑云：《论美国劳资关系调控体制的变迁（1887—1947）》，博士学位论文，中国人民大学，2008 年，第 78 页。

islation，AALL)。该协会最初只有 21 名成员，大多是来自慈善、社会工作、劳工组织、企业及专业领域的知名人士，著名学者依莱（Ely）和康芒斯是协会的早期领导人。1909 年，其成员已扩大到 903 名，如洛克菲勒和冈珀斯等有影响力的人物都是其成员。从组建之日起，该协会就通过研究报告、大众教育以及政府游说来推动劳工立法。[1]

劳工立法的支持者认为，劳动力市场是有缺陷的，劳工并不是如煤炭、钢铁般的商品，劳工的社会成本往往被古典经济学所忽略，而如剥削工资、超长工作时间、童工、工伤事故等社会成本已经破坏了国家经济运行效率。自由主义下的劳动管理正在浪费和损害国家最重要的资源——人力资源（Human Resource），这种损害就与采矿和伐木过度开发对国家的损害一样，因此他们认为政府应该在解决劳工问题上负起责任，应该通过法律和规章来解决劳工问题。其中，尤其应该实行劳工立法，如最低工资、禁止童工等，以及建立社会保障系统，如工伤保险、失业保险以及养老保险等。

工伤赔偿成为这个时期劳动立法运动的重要内容。以往工伤赔偿沿用传统的过失责任原则，也就是受伤工人只有在法庭上证明是雇主的过失导致了自己的受伤才能获得赔偿。然而，这种原则一方面要分辨"雇主过失"和"原告过失"、"同事过失"和"自担风险"的区别；另一方面，昂贵的举证成本也迫使工人放弃控告而改为庭外和解。据调查，当时 70％的工业事故都是由于工作原因和雇主过失造成的，但仅有 15％的工人能够获得伤害赔偿。

工伤事故日益成为社会的焦点，工人们的悲惨待遇也获得社

---

① E. H. Fish. *Human Engineering*，Journal of Applied Psychology，1917，p. 161.

会的同情，激起公众对工业事故的愤慨，政府被迫开始进行了相关立法。1902 年，马里兰州制定工伤赔偿法（1904 年被法院判违宪）。1910 年，纽约州的工伤赔偿立法在 AALL 的帮助下制定（不过随后就被法院判违宪）。到了 1911 年，加利福尼亚、新泽西、华盛顿和威斯康星等州通过了工伤赔偿立法。工伤赔偿法采用了"无过错雇主责任"原则，雇主要对所有因为工作导致的工伤事故负责，并成立州级专项基金对受伤工人进行赔偿。基金来源于对雇主的征税，而税收的高低则与雇主工业事故率挂钩，因此雇主开始关注工厂的安全生产。①

四　人力资源管理的发展

工头以粗暴的方式对待工人的"驱打方式"（Drive System）成为这个时期工厂雇佣管理的现状，工头可以随心所欲和独断专行地决定招工、工人的工资以及工作条件。雇主也认为在到处都充斥着失业工人的环境下，任何提高雇佣条件以赢取工人合作的行为都是没有意义的。然而，这种方式也并不是没有成本。首先，随着企业组织规模的不断扩大，合作和协调变得非常重要，并直接决定了管理成本。其次，磨洋工、产量限制以及激进的工会运动都是对雇主和工头粗暴管理方式的反抗，由此引来的社会不安以及社会舆论也使雇主增加了成本。于是，关注和研究工业中人的因素、实施福利项目、建立劳工管理部门、进行职业指导和培训、科学管理等成为这个时期管理思潮的主要内容，并为人力资源管理的发展提供土壤。

---

① Weiss. *"Employer's Liability and Workmen's Compensation"*, *In History of Labor in the United States*, *1896—1932*, *John R. Commons*, *et al.*, New York: The Macmillan Company, 1966.

(一) 系统管理

19世纪末期，美国企业的规模迅速扩大，大批生产机器投入，生产速度显著加快。然而规模的扩张以及生产的复杂性也加大了管理难度。大多数雇主脱离日常生产或将雇佣决策交给一线主管手中，甚至将某一运营活动或部门的所有管理职责都承包给这些工头，随着技术和组织变得更加复杂，这种权力下放开始产生问题①。生产流程由于各部门缺乏协调而障碍重重，由于缺乏沟通和管理，大量的劳动时间被浪费。要知道不同产品线之间的盈利状况也是不可能的，因为无法收集收入和成本数据。因此，雇主们开始意识到重视车间生产而忽视车间组织的重要性，关心机器的运行而忽略人的协调和规范是不行的。1880年至1920年，系统管理运动兴起，新的协调和控制工业的方法被引入。②这个运动的标志是亨利·R.汤（Henry R. Towne）发表的一篇题为《作为经济学家的工程师》的论文。

> 有许多优秀的机械工程师，也有许多优秀的生意人；但是，这两类人的特质极难集中在同一个人身上。而这两种素质的结合对于工业管理极其重要，如果这些素质集中在一人身上，那将产生最高的效益。车间管理与工程管理同等重要，乃至也会被当作一门现代艺术而确立其自身的地位。③

---

① ［美］钱德勒：《看得见的手——美国企业的管理革命》，重武译，商务印书馆1987年版，第56页。

② Joseph Litter. *Systematic Management：The Search for Order and Integration*, Business History Review, Winter 1961, 35：p. 473.

③ W. Jack Duncan. *Great Ideas in Management：Lessons From The Founders and Foundations of Managerial Practice*, San Francisco：Jossey Bass, 1989, p. 3.

　　这篇发表在《美国机械师》上的文章具有划时代意义，工程师们从关注机械效率转而关注经济效率，他们也在向工厂管理者转变。系统管理者认为大规模的生产需要最有效的制度，各生产单元以及不同管理层级协调以及达到产品的低成本和标准的每个细节，都需要这种制度。因此，制度这个词意味着建立规章、建立标准和程序，以掌握生产车间中增长的活动总量。制度化管理还包括这样一些课题，即建立工具的标准、工作的质量和数量、通过选择工艺和制定时间表来协调工作流程、工资的激励、成本核算、确立岗位职责以及妥善处理诸如怠工之类的劳动力问题等。

　　1. 部门分工

　　系统管理者吸收了亚当·斯密的专业分工思想，使管理功能化，把散乱在雇主以及工头工作中的管理任务和职责进行集中，建立专门的部门以及雇佣专门的管理人员，19 世纪末的企业纷纷建立财务、会计以及采购等专门部门，当然也建立了专门的劳动管理部门。

　　最早建立专门劳动管理部门的公司是美国收银机公司（National Cash Register），当时这个部门主要负责招工、解雇以及相应的雇佣管理事务。该部分负责人卡朋特尔（Carpenter）在 1903 年的《工程师》杂志上发表了题为《工业管理中劳动部门的运行》的文章，宣传劳动管理部门化，认为工厂正在面临越来越普遍和严重的劳工问题，因此有必要成立专门解决劳工问题的专业组织来负责工厂雇佣事务，这样才能有效减少劳资冲突，并列出劳工管理部门的运行职责：[1]

---

　　[1]　Carpenter. *The Working of A Labor Department in Industrial Establishment*，Engineering Magazine，April 1903.

- 友好解决争议，为工人提供发声的渠道
- 建立和管理既有效率又有公平感的工资体系
- 通过更好的招聘、培训和绩效评估提升工人群体的工作效率
- 改善工人工作条件
- 跟踪和学习劳工立法的变化
- 每周举行工头会议
- 建立和工会之间的良好关系

2. 强调人的因素

工程师们慢慢意识到，任何产品的生产过程都不能离开人的因素，同样的材料，不同的人来生产也会有不同的产出。那些应用于物料和机器上的效率最大化的生产流程和准则不能在工人身上适用。工人的情感和心理因素是无法掌控的。因此系统管理者开始审视人在生产过程中的作用，并认为"人是生产过程中最重要的因素"。[1]

雇主的目标就是如何从购买的劳动力身上榨取最大的产出，因此他们尽量减少冲突，这个时期管理用词常常是"合作"（co-operation），而合作也成为人力资源管理萌芽阶段的主旋律。合作成为雇主提高效率的前提，工人合作态度甚至成为工厂竞争的关键。为了工人合作，雇主们寻找各种方法重新分配雇主和工人的利益、减少摩擦以及建立集体荣誉感。系统管理者们发表各种文章，宣称"为了取得工人的合作，工人应该被给予公平的待遇、适当的尊重以及基于绩效的报酬"。[2] 当然，一旦劳资双方

---

[1]　Tecumseh Smith. *The Human Element in Production*, American Machinist, January 1899, p. 33.

[2]　Norris Briscoe. *Wage Systems and Their Bearing Upon Output*, Engineering Magazine, July 1904, 27: p. 490.

都陷入了竞争残酷的商业环境之中时，这种宣传也仅仅成为一种口号。

与此同时，系统管理也意识到驱赶性的管理政策对工人的影响，工人的抱怨常常来自工头的野蛮和专横，工头已经成为影响劳资合作的主要障碍。因此系统管理通过设立专门的劳动管理部门，减少工头在聘用、解聘、培训、支付工人工资方面的控制权，工头只是被告知生产什么产品、使用什么方法以及执行相关命令。

3. 改革工资体系

系统管理者们注意到传统计时工资制正在产生雇主和工人之间的离心力。一方面，雇主要求在尽可能短的时间内生产更多的产品；另一方面，工人尽可能在最长的时间生产最少的产品。因此，雇主会寻求驱赶制管理以及严厉的惩罚机制，然而这反而加大了工人的敌视，他们通过组成工会、产量限制以及毁坏机器来对抗雇主。因此有必要改革传统工资体系，建立一种能促使"双方合作意识"并且根据劳动表现付酬的新工资体系。

系统管理的工程师们设计了多种激励工资计划，希望通过充分提高工资来提高生产率并且阻止任何早期的工人动荡。美国工业最早引入的激励工资体系是计件工资制。计件工资开始确实取得了不错的效果，然而随着生产率的不断提高，以及雇主不断削减工资，又加剧了产量限制和工人磨洋工的程度。为了解决这个问题，收益分享制度、哈尔西计划以及泰勒的差别计件工资体系等激励工资制度随后都被设计出来并得到了应用。

（二）福利工作

几乎所有的学者都认为，19 世纪末的福利工作（Welfare Work）是人力资源管理产生的重要推动力。所谓福利工作，是指当时的企业为工人提供的包括饮水室、储衣柜、公司医生、干净和明亮的工厂环境、装饰、娱乐项目、英语学习班、烹饪课程、工伤和健康保险、带薪假日、家庭拜访等多种多样活动。[①]

雇主推行福利工作的目的与系统管理是一样的，希望形成与工人之间友好的关系，以达到更好的合作、更高的效率以及更和平的劳资环境。但与系统管理不同的是，福利工作并没有在工资上做变革，而是致力于在公司内营造一种家庭文化，通过管理者与工人更广泛和更深入的接触，公司管理政策更加人性化，不断提升工人及其家庭的物理条件以及各种强调工人是企业伙伴的口号和标语，来换取工人的合作态度。

可以看出，解决劳工问题也是福利工作的主要目的。吉尔曼在其著作《劳动利息：雇主福利制度研究》中认为：劳资之间的疏远是劳工问题产生的重要原因，而为了获取工业和平及工人合作，雇主应该"道德化"（moralized），工人不能被认为只是商品，雇佣关系不能被认为只是金钱交易，工人的公平感和忠诚感同等重要。因此，吉尔曼（Gilman）向雇主建议应该积极投资福利工作，以换取工人的好感，让工人变成雇主的"活机器"（Living Machinery）。[②]

另外一个推动福利工作的动力则来源于 19 世纪末 20 世纪初美国兴起的社会福音运动，该运动强调以基督教精神对待劳工，雇主应该有利他主义精神。1889 年，卡耐基发表了题为《财富福音》（Gospel of Wealth）的文章，鼓励拥有巨大财富的雇主为社会造福，这是他们的责任和义务。他本人身体力行，捐出了数

[①]　Edwin Shuey. *Factory People and Their Employers*, *How Their Relations are Made Pleasant and Profitable*, Albany: lentilhon, 1900.

[②]　Gilman. *A Dividend to Labor*: *A Study of Employers' Welfare Institutions*, New York: Houghton-Mifflin, 1899.

百万美元用于全国各地图书馆的建设。洛克菲勒等人都受其影响，开启了企业慈善事业运动。① 同时，各种宗教组织也纷纷被建立以推动并帮助工人表达自己的诉求。

1. 社会服务协会（Institute of Social Service，ISS）

1898 年，斯特朗（Strong）在纽约成立社会服务协会。斯特朗是个基督教徒，并且是 19 世纪末社会福音运动的领导者。社会福音运动站在社会达尔文主义的对立面，反对弱肉强食、倚强凌弱，主张一种自由的、具有社会意识的新教主义，它要求人们为改善社会条件（包括工业在内）而行动起来。这一运动的发展过程中，社会福音派试图借助工业化的巨大力量推进社会改革，照顾穷人，唤起弱势群体，战胜工业化过程中产生的种种社会丑恶，实现社会正义，并由此而构成美国"进步运动"的一个重要组成部分。ISS 认为，关爱精神和努力工作是提高社会道德水平的保障，而社会的不公正和不公平是罪恶和受苦的源泉。②

该组织是推广福利工作的三大组织之一，他们常常举办各种会议，出版周刊宣传成功的福利工作，并为客户提供福利工作咨询服务。该组织后期领导人托尔曼（Tolman）还提倡雇主应该设立专门的"社会秘书"（Social Secretary）岗位来管理和推广福利工作。他在书中写到：

> 现代商业几乎没有为情感留下任何空间，一些普通的雇主还在就每一美元的付出，尽量获取更多的回报，还在遵守"商业就是商业"格言。然而，现在已有雇主开始投资工人

---

① R. Magat. *Unlikely Partners：Philanthropic Foundations and The Labor Movement*, Ithaca：Cornell University Press, 1999.

② Fine. *Laissez Faire and the General Welfare State*, the University of Michigan Press, 1964, p. 173.

的"男人气概"，被投资的工人就像被投资的机器一样，拥有大的经济价值，因为更有精力的工人可以做更多的工作，更有智慧的工人可以做更智慧的工作，更加关心自己的工人可以更加关心工作。无论什么样的方法，只要促进工人更加人性、认同感增强、技能水平提高，它就是现代商业的宝贵资产并且是决定工业稳定最重要的因素。①

2. 国家公民联合会（National Civic Federation，NCF）

推广福利工作的第二股力量来自于 1900 年成立的国家公民联合会。NCF 是一个包含雇主、工人和政府力量的三方组织，并且关注的首要问题就是劳工问题。1901 年，其召开的首个会议，主题都是"工业安抚"（Industrial Conciliation），每一位参会者都被告知"财富的基础存在于雇主和工人之间，工业中的任何事情的起点和终点都在这里"。协会中有很多雇主代表和工会代表，且都认同合作和相互妥协的协会理念，因此 NCF 提倡解决劳工问题的方法是集体谈判和集体合同。

为了推广福利工作，协会专门成立了一个新部门，该部门的目标就是：教育大众了解福利工作的价值；强调雇主应该负起工人福利的道德责任；建立交换福利工作信息的中央平台。NCF 成立之初，有 125 家企业会员，到 1911 年，协会拥有了超过 500 家的会员，其中有不少大牌企业。NCF 还建立了一个委员会用于在政府等公共部门推广福利工作。

NCF 的秘书长彼格斯（Beeks）是一个风云人物，他因为在麦考密克（McCormick）公司负责福利工作项目而著名。在他的

---

① Tloman. *Social Engineering: A Record of Things Done by American Industrialists Employing Upwards of One and One-half Million of People*, New York: McGraw-Hill, 1909, p. 44.

推动下，NCF 出版了大量书籍，举办了大量会议，花费大量公司会费来推广福利工作。更为重要的是，彼格斯认为福利工作需要受过专业训练的人才能管理，福利工作应该成为一种新职业，她写道："在大型企业设立专人来对福利工作进行监督和管理是非常必要的，福利工作者不仅需要老练的工作能力以及怜悯意识，还需要懂得有关劳资关系的所有知识。"① 她始终认为"社会秘书"一词不能涵盖福利工作的所有内涵，而应该用"福利管理者"（Welfare Manager）来代替。

3. 基督教青年会（Young Men's Christian Association, YMCA）

1870 年成立的基督教青年会是推动福利工作的第三股重要力量。最早他们发现铁路工人常常离家工作时间较长，于是在全国 19 个大的火车站专门建立活动室以便铁路工人聚会和休息，同时鼓励工人读圣经和祈祷。1888 年，铁路大王范德比尔特（Cornelius Vanderbilt）为 YMCA 建造了专门的大楼，大楼包含了游戏厅、图书馆、餐厅、保龄球场、健身房和教堂。YMCA 要求虔诚的工人努力工作并增强忠诚感。参加 YMCA 的工人身心愉悦，生产效率明显提高。这一思想迅速蔓延，到 1901 年，已经有大概 90 座这样的铁路大楼在不同的路线上建造起来，而每一大楼都由 YMCA 派专人来管理，这些人也就成为铁路企业最早的福利管理者。到了 1911 年，230 条铁路上建立了数百个 YMCA 大楼。1902 年，YMCA 专门成立部门用于在非铁路行业推广福利工作。到 1915 年，将近 100 个 YMCA 大楼被用来为不同行业的公司提供福利项目，包括钢铁和冶炼厂、木材和棉花

---

① Beeks. *The New Profession*, *National Civic Federation Review*, February 1905, pp. 12 – 13.

厂以及采矿厂等。①

4. 帕特森和美国收银机公司

20 世纪初，引领福利工作运动的企业当属美国收银机公司
(NCR)，该公司总裁帕特森（Patterson）也成为当时最有影响
力的雇主之一。1894 年，他经历了一件几乎让公司破产的事，
一船价值 5 万美元的货物因为手工质量问题被退货。他认为原因
完全在于"工人的态度，他们对工作没有任何责任心，他们不关
心结果的好坏"，并意识到获取工人的合作态度和工作责任心对
于企业的重要性。帕特森列出了 5 条员工管理的原则：②

• 你对工人好，工人就会对你好，请对工人慷慨些；

• 千万不要尝试在工人身上榨取最后一美分的价值；

• 支付高的工资，高工资不但使工人生活改变，还会提高
工人道德修养，使他们不断进步；

• 企业好的产品其实是劳动——一个拥有热情和责任心工
作的工人群体；

• 让每一个工人都有机会为了改进工作而抱怨和建议，应
该对他们充分奖励，保证工人不会因为与工头起争执而被解雇。

NCR 成为了福利工作的身体力行者。帕特森重新设计了工
厂，不但拥有良好的温度和通风系统，墙和机器都被涂上鲜亮的
颜色，而且还拥有充足的室外照明和风景如画的环境。他建立了
可以容纳 1300 人的"福利礼堂"，定期举办戏剧和音乐会；同时
还建立托儿所和医务室。到了 1904 年，公司的 3800 名员工可以
享受众多福利项目，包括图书馆，电影，体育健身，幼儿园，有

---

① C. Howard Hopkins. *History of the YMCA in North America*, New York：
Association Press，1951，p. 475.

② Samuel Growther. *John H. Patterson：Pioneer in Industrial Welfare*, New
York：Doubleday，Page and Company，1923，pp. 195 - 196.

关舞蹈、历史、音乐和英语的课程以及在著名设计师设计的花园中散步。帕特森还花费大量时间和资金扶持工厂周围社区的发展，出版了员工杂志，并且建立了雇佣管理部门。曾经在一段时间内，他还同代表不同工人群体的 29 个工会组织接触并谈判。尽管福利工作的收益很难衡量，但帕特森估计，工资总额的 3％用于福利工作，能换取公司利润 5％—10％的增长。[1]

与此同时，更多的企业看到了福利工作的好处，并不断发展和完善。福利工作的运作领域从金钱奖励，比如分红制、退休金和股份红利，到更直接的针对员工本身特性的工作，比如节俭俱乐部、公民教育、公司娱乐活动、住房、医药设施等。更常见的是，雇主雇佣具有社会工作、调解、新闻或政府工作背景的人做福利工作。这些人更容易理解和尊重工人，并尽量帮助工人和调节雇主与工人之间的矛盾，早期的福利工作者大多由充满同情心的妇女担任。[2]

福利工作者很少参与招工、解聘、支付工人工资等活动，他们的重点放在工人工作以外的场所，尤其是工人们的家庭。福利工作促使雇主们更愿意采用开明的家长制，他们认为"福利工作并不是宣传自己的公司，而是我们觉得有义务为雇员提供持续的帮助，以改善其经济和精神状况，尽我们所能确保他们过上有意义的生活，而不是勉强糊口"。福利工作者也关心失业率，他们认为工头粗俗的动机和雇佣方法会导致很高的工人流动率和失业率，他们主张将工头的权利转移给人事部门，以便分配给员工合适的工作。他们还主张选择更先进的方法，例如心理测试，来确

[1] Samuel Growther. *John H. Patterson: Pioneer in Industrial Welfare*, New York: Doubleday, Page and Company, 1923, pp. 194-195.

[2] Nelson, Daniel, and Stuart Campbell. *Taylorism Versus Welfare Work in American Industry*, Business History Review, 1972, 46: pp. 1-16.

定员工的技能和能力。[①]

(三)科学管理

科学管理作为西方最重要的管理理论，具有里程碑的意义，是各种管理思想和管理理论的基础，并影响了整个工业体系的发展进程。科学管理之父泰勒（Frederick W. Taylor）对科学管理作了这样的定义：“诸种要素——不是个别要素的结合，构成了科学管理，它可以概括如下：科学，不是单凭经验的方法。协调，不是不和别人合作，不是个人主义。最高的产量，取代有限的产量。发挥每个人最高的效率，实现最大的富裕。”

科学管理理论并不是泰勒一个人的天才发明，“泰勒所做的工作并不是发明某种全新的东西，而是把整个19世纪在英美两国产生、发展起来的东西加以综合而成的一整套思想。他使一系列无条理的首创事物和试验有了一个哲学体系”，称之为“科学管理”[②]。事实上，“科学管理”这个名称也不是泰勒提出来的，而是泰勒学说的一个拥护者路易斯·布兰代斯于1910年10月在一次工程师会议上提出来的，之后得到了广泛地承认和宣传。

1. 科学管理内容 [③]

泰勒及其追随者所倡导的科学管理，主要是以科学化标准化的方法，代替过去主观经验式的管理模式，纵观泰勒的科学管理思想，他的每个主张都已成为人力资源管理的理论基础。工时研究、挑选头等工人、差别计件工资成为工作分析、招聘、薪酬等

---

① Strart Brandes. *American Welfare Capitalism, 1880－1940*, Chicago: University of Chicago Press, 1976.

② ［英］林德尔·厄威尔编：《管理备要》，孙耀君等译，中国社会科学出版社1994年版。

③ ［美］F. W. 泰罗：《科学管理原理》，胡隆昶译，中国社会科学出版社1984年版。

人事技术的前身；计划和执行的分离以及职能工长制更是为人事部门的职能化以及人事群体的形成奠定理论基础。

1）管理的根本目的在于提高效率。泰勒以纺织品为例，若干年前，一件棉布衬衫对于普通工人是一种奢侈品，而现在则成了每一个工人家庭中每一个男人、妇女和小孩的绝对生活必需品。奢侈品到必需品转变是靠劳动生产率的极大增长作为基础，而这也是标志不文明国家向文明国家的转变，是人类百年社会的巨大进步。因此，科学管理"如同节省劳动的机器一样，其目的在于提高每一单位劳动的产量"。

而当时的技术工人控制显然阻碍了劳动生产率的提升，泰勒描述了 19 世纪 80 年代在米德维尔钢厂所遇到的情形。"这个厂几乎所有工作都是以两三年为单位的计件工资的形式完成。正如当时的情况一样，实际上那也是 19 世纪的几乎所有工厂的情况，企业实际上是由工人而不是老板来运作的。工人一起仔细地制定每件工作的进度，他们为工厂的每台机器都设定了节奏，节奏限定在一个饱满工作日的大约 1/3 的工作量。新进厂的每一个工人都会马上被老工人清楚地告知，每件工作他应该干多少，如果他不听劝告，那要不了多久他就混不下去了。"

针对磨洋工现象①，对于信奉清教和贵格教的泰勒来说，不竭尽全力工作是一种罪恶，是一种道德败坏的表现，必须发起一次彻底的管理革命，因为"所有的日常活动中不注意效率的行为都在使整个国家资源遭受巨大损失，而补救低效能的办法不在于寻求某些出众或是非凡的人，而在于科学的管理"。

2）通过工时研究制定工作定额。当时的企业由于普遍实行

---

① 泰勒把磨洋工分为两种情况："无意的磨洋工"和"有意的磨洋工"。前者是因为"人的懒散的天性和脾性"，可以通过管理人员迫使的方式解决。泰勒关注的是后者的解决。

经验管理，不论是雇主或是工人，对于一个工人一天应该干多少活，心中都没数。雇主或管理人员对工人一天应做的工作量也没有客观依据，只是凭一般印象或根据不完全的记录来确定一个标准。如果工人的产出增多导致收入增多，则标准就趁机提高或者降低工资率，以榨取更多剩余价值。工人由于对雇主的剥削普遍不满，而且多劳不能多得，工资微薄，所以普遍采用"磨洋工"的斗争形式，不发挥真正的劳动能力，影响劳动生产率的提高，并常常引起劳动纠纷。

因此泰勒认为，要解决这种困境就需要制定出有科学依据的"合理的日工作量"。这个标准是预先通过对工作进行科学调查得出的结果。如果工人们看到标准定得合理，他们会认为这是按实际而不是凭主观想象定出来的，就会减少他们磨洋工的动机。

关键就是如何为每一项任务制定出完善而又公正的日标准，工时研究就成为了制定工作定额的核心方法。泰勒的工时研究将每一件工作都分成尽可能多的简单的基本动作，然后把无用的动作去掉，并且通过对最熟练工人的每一个操作动作的观察，选择出每一个基本动作的最快和最好的方法，然后把每一个动作的时间测量记录下来，把这些时间相加，再加上必要的休息时间和其他延误时间，就得出完成该项工作所需要的总时间，据此制定出一个工人的"合理的日工作量"。泰勒也在书中明确了工时研究的概念："工时研究，顾名思义，就是对完成一件工作应该用的时间进行精心的研究，而不是对完成工作的实际时间进行研究"。

3）挑选"头等"的工人。为了提高劳动生产率，泰勒认为，每一个职位都要安排上该职位的头等工人。其标准是，在不损害健康的情况下他完全胜任该职务的工作；他有工作的积极性并愿意从事该项工作；具有坚强的意志力。每个岗位的定额，都是按头等工人安排确定的，而非头等工人的人，则要进行调换。管理部门的任务就是为每个雇员寻找最适合的工作，使之成为头等工人[①]。

在伯利恒生铁搬运试验中，泰勒就如何挑选了一位人称"斯密特"的头等工人作了以下描述："我们用了三四天时间仔细观察和研究了这 75 个人，从中挑选了四个人，他们的体力看来每天足能搬运 47 吨生铁。之后，我们又仔细研究了这四个人中的每一个。我们查了他们尽可能远的历史，打听了他们每一个人的性格、习惯和抱负。最后，从四个人中挑出了一个，作为我们对之开始研究的最恰当的人选。我们观察到，他每天晚上干完活后快步走回离厂一英里左右的家。人还显得很精神，就像他早上快步走来上工时一模一样。我们发现，他在每天挣 1.15 美元的工资时，仍能买一小块地，于每天清早上工前和晚上下工后，为自己盖幢小房，并赶着垒墙。他还以十分'吝啬'而闻名，也就是说他爱钱如命。"

泰勒强调，对工人的选择必须由管理者进行，让工人自己选择是不理性的，管理者在选择工人时，必须注意以下三点：第一，适应某一岗位的工人并不难找，各个行业也是如此；第二，被某一岗位选择排除在外的工人，只要他努力，就肯定能找到另外的适当领域，在那里他可以成为"头等"工人；第三，科学管理不能照顾"二等"工人，所谓二等工人，是那些"会唱歌而不愿唱歌的鸟"，照顾他们就是鼓励懒汉。

---

　　①　泰勒对头等工人做出了详细解释：每个工人只要他愿意努力工作，并选择出适合于他的工作领域，他就能够在其岗位上成为"头等"工人。只有两类人属于"二等"工人：一类是在身体条件上能够工作但却拒绝工作的人；另一类是所选择的工作领域不当，在体力上和精神上都不适宜做那种工作的人。因而，选择工人是极为重要的。

4) 实施标准化管理。① 所谓标准化，是指工作流程和工作方法的统一性和普适性。在此之前，工人的操作方法和使用的工具往往是根据自己的或师傅的经验来确定的，工人劳动和休息的时间以及机器设备等也是由管理人员根据自己的判断或过去的记录确定的，不但缺乏科学依据，而且五花八门。因此需将工人的操作方法、使用工具、劳动和休息时间、作业环境等因素结合起来，形成一种标准的方法。"有意识地把企业中工作的所有二十种不同工匠的经验知识搜拢来，加以分类，并制成表格，在绝大多数情况下归纳成法则和规矩，制定出一些数学法则。当企业管理当局把这些应用到工人的工作中去之后，将会大大提高工人的产量……由此发展出一种科学，用来代替工人原来的经验知识。"

泰勒的标准化管理抛弃了传统的个人自由主义的工作作风，而要求整个工厂都遵循标准化的工作流程。"任何一个砌砖工人都不能比挨着他的同伴砌的更快，也没有哪一个砌砖工有权力让其他人与其协作更快地干活"，只有通过实施"强制性"的标准方法，"强制性"地采用最好工具和操作条件并实施"强制性"的协作，才能保证以更快的速度来操作。泰勒也同时强调实施各项标准和协作的职责完全在管理者自己。

泰勒对标准化的要求贯穿于工厂的各个角落，"在整个工厂和办公室里，工具、装置和用具，直到一件最小的东西，都应是合乎标准的，并应按时加以维修；所有重复进行的操作，都应使它的操作方法规范化。这是至关重要的。这样，遇到发生同样情况时，整个工厂就会使用同样的器具和方法来解决"。再进一步，"不但所有工厂和办公室里的一切工具、用具和设备需要标准化，就连天天要重复做的大量小动作的工作，同样也应该使其方法规

---

① 弗雷德里克·温斯洛·泰勒，百度百科（http：//baike.baidu.com/view/1498733.htm）。

范化"。

5）实施刺激性的付酬制度。① 泰勒对当时流行的企业工资制度进行了研究，包括广为流行的计件工资制以及美国管理学家亨利·汤提出的劳资双方收益共享制度和弗雷德里克·哈尔西提出的工资加超产奖金的制度。泰勒认为这些制度都不能达到理想的激励效果，计件工资实际是按职务或岗位发放，这样在同一职务和岗位上的人不免产生平均主义，尤其汤和哈尔西的计划试图通过同管理部门分享工人额外劳动带来的收益以诱使工人生产，在这种制度中，不管人们的贡献大小，每个人都可以分享利润，因此最后工人的积极性会不断降低，从而"不能促进个人抱负"。

因此，泰勒提出差别计件工资方案，内容包括：（1）通过工时研究和分析，管理当局制定出一个定额或标准。由定额制定部门来设计各种工作，并把工作分解为各项要素，为每一要素制定出定额。这样，就把定额的制定，从以估计和经验为基础，变成以科学为基础。（2）制定差别计件工资率。按照工人是否完成其定额而采取不同的工资率。如果工人达到或超过了定额，就按"高"工资率付薪水，为正常工资率的125％。而且，不仅是超额部分按高工资率计算，全部工作量都按这个高工资率计算。如果工人的生产没有达到定额，就按低工资率付给，为正常工资率的80％。以此来督促和鼓励工人完成和超过定额。（3）工资支付的对象是工人而不是职位，即根据工人的实际工作表现而不是根据工作类别来支付工资。其目的是克服工人"磨洋工"现象，同时也是为了调动工人的积极性。要对每个人在准时上班、出勤率、诚实、快捷、技能及准确程度方面做出系统和细微的记录，然后根据这些记录不断调整他的工资。

---

① Taylor. *Piece-rate System*, New York：Harper and Bros，1903.

差别计件工资的优点：（1）有利于充分发挥个人积极性，有利于提高劳动生产率，能够真正实现"高工资和低劳动成本"。（2）由于制定计件工资制与日工资率是经过正确观察和科学测定的，又能真正做到多劳多得，因此这种制度就能更加公平地对待工人。（3）能够迅速地清除所有低能的工人，吸收适合的工人来工作。因为只有真正好的工人，才能做到又快又准确，可以取得高工资率。泰勒认为这是实行差别计件工资制最大的优点。

6）主张计划职能与执行职能分开。泰勒认为在过去的工厂管理中，工人承担了几乎全面的职责，包括总体计划、具体工作，直到工作任务完成，此外还必须从事实际的体力劳动。因此需要"均分"管理者与工人之间的职责，不能再要求工人既在机器上从事操作又在办公桌上拟定计划，管理者的职能是按照科学规律建立规章制度和操作规程，需要设立专门的计划部门，配置专门的计划员，进行合理数据的整理和使用。"多数情况下，由一种人预先制定计划，而由别的一些人去实施计划是必要的，计划职能和执行职能应该分离"。

具体说来，管理者通过计划部门从事全部的计划工作并对工人发布命令，每个工人的工作至少要在一天前由管理者通过计划形式完全确定下来。在大多数情况下，每个工人会收到书面的作业指南，详细说明了要完成的任务及作业方法。每项任务详细说明了要做什么，如何做以及何时完成。在现场，工人或工头则从事执行的职能，按照计划部门制定的操作方法的指示，使用规定的标准工具，从事实际操作，不能自作主张、自行其是。"在很大程度上，科学管理就是要预先制定任务计划并实施这些计划"。

7）实行职能工长制。随着计划和执行职能的分离，计划部

门的管理人员会碰到一个组织问题，就是他们不但必须详细地为
工作做好计划，并且还要指导完成各项工作，而这些工作都需要
通过工长来完成，指导工人干活的工长需要具有特殊的素质。泰
勒理想中的工长应该受过教育、拥有专门知识或技术知识、机
智、精力充沛、有毅力、诚实、有判断力或常识、健康情况良好
等。但同时拥有这9项素质"几乎不可能"，因此，为了使工长
职能有效地发挥，就要进行更进一步细分，使每个工长只承担一
种管理的职能。为此，泰勒设计出8种职能工长，来代替原来的
一个工长。这8个工长4个在车间、4个在计划部门，在其职责
范围内，每个工长可以直接向工人发布命令。在这种情况下，工
人不再听一个工长的指挥，而是每天从8个不同头头那里接受指
示和帮助（见下图）。

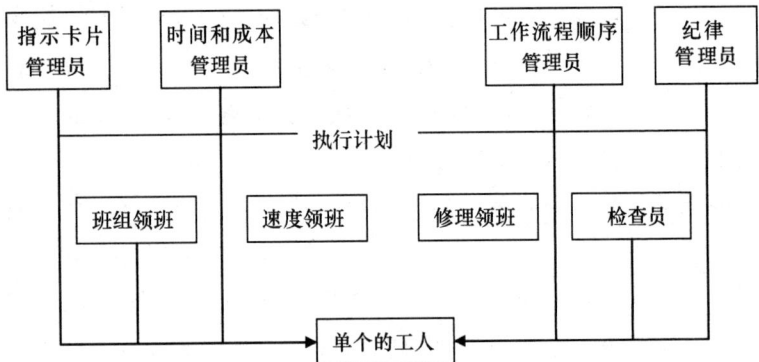

泰勒的职能工长

　　值得一提的是，科学管理所设立的计划部门（the planning
department）中，有三项职能——雇佣办事处、工资、车间纪律
[计划部门有一个岗位叫"车间纪律管理员"（shop disciplinari-
an）记录每个工人的"优缺点"，充当"调节人"并执行挑选和

解雇雇员的雇佣职能〕，成为了日后实行科学管理的企业成立人事管理部门的思想起源。

2. 泰勒对工人和工会的态度

我们只记住泰勒冷冰冰的"经济人"假设，总是攻击他把工人当作机器。然而，德鲁克曾经评价道，"泰勒虽然明显的是以一个 19 世纪的人来对待工人的，但他却是从社会的观点，而不是从工程或获利的观点出发的。使泰勒从事其工作并激励他坚持下去的，首先是一种要把工人从繁重的劳动和身心的伤害中解脱出来的愿望。此外，他还希望能打破古典经济学家的工资铁律。这种工资铁律宣称工人在经济上的没有保证和长期的贫困是不可避免的。泰勒的希望是，通过提高劳动的生产率，能够使工人享有更好的生活。而泰勒的这一希望在各个发达国家已大致成为事实。"[①]

1) 雇员财富最大化是科学管理的主要目标。泰勒坚持宣称，雇主和雇员的真正利益是一致的，除非实现了雇员的财富最大化，否则不可能永久地实现雇主的财富最大化，然而财富最大化一定是建立在生产率最大化的基础上的。泰勒关于如何实现财富最大化的逻辑总体可以描述为：只有工人的劳动生产率达到最大化，企业才能比竞争对手生产出更多的产品，工人也才可能得到更多的工资。

在铁锹试验中，每个工人每天的平均搬运量从原来的 16 吨提高到 59 吨；工人每日的工资从 1.15 美元提高到 1.88 美元。而每吨的搬运费从 7.5 美分降到 3.3 美分，对雇主来说，关心的是成本的降低；而工人关心的则是工资的提高。因此只有劳动生

---

① 〔美〕彼得·德鲁克：《管理：任务、责任和实践（第一部）》，陈小百译，华夏出版社 2008 年版。

产率的提高才是造福工人的唯一途径。①

　　泰勒驳斥了有关"劳动总额"的理论，即如果每个人或每台机器的产出增加了，那么最终将导致大量工人的失业。这种理论假设世界上的工作量是有限的，今天干的多一点，明天的工作量就会减少，也就是说一个工人如果提高劳动生产率，就可能使他本人或他的同伴失去工作。泰勒以各行业发展的历史证明，无论机器的引进还是工作方法的改进，都会带来工人生产能力的提高和成本的降低，同时也带来了更多的工作计划，需要更多的工人投入工作。他以制鞋业为例进行具体说明：

　　　　由于机器的引入，使得每一部分原来必须手工进行的工作都可以用机器来加工，结果工时费用只是原来的一小部分，出售价格也就非常低。因而，如今在工人阶级家庭，几乎每个男人、妇女和孩子每年都可以买一两双鞋，常年都有鞋可穿。而以前每位工人可能每五年才买一双鞋，大部分时间都赤脚，穿鞋可是一种华贵和奢求！尽管由于使用机器后每位制鞋工人的产量大大增加了，但是，对鞋的需求也增加了，结果是与以前相比，有更多的工人工作在制鞋工业。②

　　泰勒同时警告雇主不要采取尽可能少的支付工资和最便宜价格购买劳动力的做法，因为雇主的利益同样是建立在雇员利益的基础上的，双方利益具有一致性。他主张给工人以高工资从而激

---

　　①　一位名叫厄普顿·辛克莱的年轻人写信给《美国杂志》主编，对泰勒提出抗议，说："他（泰勒）把工资提高了61％，而工作量却增加了362％。"而泰勒在回答这一批评时，认为辛克莱的批评不是地方，他指出，在他的管理办法下，施密特挣到了更多的钱，但是力气花得并不比过去多。

　　②　[美]泰勒：《科学管理原理》，马风才译，机械工业出版社2008年版，第8页。

励他们在标准的和高效率的条件下花同过去一样的力气而生产更多的产品。这样做的结果会使生产率提高，雇主花在每个单位劳动力上的成本便降低了，而工人则可获得高工资，从而使交易的双方都得到满足。

历史证明，科学管理也达到了提高工人福利的目的，1890—1921年，美国劳工的工资增长了一倍。在实际工资增长的同时，劳动时间却开始缩短：1890年产业工人每周的劳动时间平均为60小时，1910年为55小时，1920年为50小时。从劳动生产率来看，每单位人时的投入指数，如果以1899年为100，到1919年下降为74，到1929年下降为42。1919—1929年的10年间，劳动效率提高了43%。以至于到20世纪20年代后期，出现了在美国史上十分有名的"柯立芝繁荣"。这一时期美国经济的飞速发展，泰勒制功不可没。[①] 泰勒自己也认为，"从我的判断来看，实行科学管理得益最大的是工人。他们的工资收入比未实行科学管理之前增加30%—100%。而且在我的记忆里，工人从未延长过工作时间。反之，我记得有许多例子表明工人的工作时间是缩短了。"

2) 对工人的尊重和关心。除了劝说工人接受科学管理思想实现生产率的增长，泰勒也不忘劝说管理者要更加尊重和关心工人，激发其积极性，从而使生产率得到顺利提高，实现劳资双赢。他认为，为了让工人充分发挥其积极性，管理者必须给予工人以一般企业所没有的"特殊激励"。这种特殊激励可以有若干种形式，例如快速提升和晋级，提高薪酬，工作环境和条件改善等等。更为重要的是，这种特殊激励应该与管理者对工人的亲切

---

① 刘文瑞：《边缘琐语——人文与管理的对话》，朝华出版社2006年版（刘文瑞在其《泰勒制和阶级合作》中认为美国经济飞速发展并非是发一战的"战争财"，而主要是由于泰勒制带来的劳动生产率的大幅度提高）。

关怀和友好结合在一起实施，而只有管理者真心实意的关心工人的福利才能取得效果。管理人员和工人亲密无间的、个人之间的协作是科学管理的精髓。

泰勒反对把工人看成是贪心、自私、贪婪，甚至更坏的人，认为这是社会上散布的污蔑工人的谎言，工人同社会上的人没有什么不同，他们并不比其他阶层的人更加贪婪、更加自私，工人们也同样和社会其他人一样守信用。工人与管理者之间的对抗多半是管理者自身的失误。"工人们宁可受到上级的斥责，只要在'大发雷霆'之中带点人性和人情味，也不愿他每天从身边走过而不理不睬，把自己等同于机器的零件。给每个工人把心里话发泄出来的机会，而且可以对雇主吐露真情，可以说是一种安全阀。如果车间主任是个讲理的人，肯耐心听取并尊重工人们的话，那就根本不需要工会和罢工。"

在具体工作场所中，泰勒强调管理者与工人之间的平等和良好沟通，"作为雇主，手上戴着一副小山羊皮的柔软手套；穿过车间时，从不弄脏自己的手和衣服。有时也同工人谈谈话，可是摆出一副假仁假义或赏面子的态度，否则就干脆一言不发。这样，他永远不能弄清工人的思想或感情"。因此，管理者与工人之间应该尽量多沟通，"谈话无疑是极为有用的，事实上也是必不可少的。要不失时机地、耐心地把事实讲清楚；要进行个别谈话，并给工人以表达自己看法的种种机会"。"工人们所需要和感激的，不在于大量的施予（不管多么慷慨），而只要管理者在小的地方对人和蔼可亲，并富于同情心。正是这些小事，就可以在工人和雇主之间建立起友善的纽带。"①

当工人提出改进建议时，应受到各种形式的鼓励。同时，管

---

① ［美］F.W. 泰勒：《科学管理原理》，胡隆昶译，中国社会科学出版社 1984年版，第 26、137 页。

理者应对建议进行仔细的分析，如有必要还应进行一系列的实验，以准确判断新建议的优点。"对提出建议的工人给予足够的荣誉，还应发给一笔现金作为其发挥聪明才智的酬劳。这样，在科学管理制度下，工人的积极性会得到更好的发挥"。

可以说，泰勒力图改变管理者把工人看作是机器的附属品、会说话的工具的思想，改善企业劳动关系是管理者必须履行的责任。"这个制度对工人产生的精神上的效果是显著的。使他们有正在受到公平合理的对待这样的感觉，使他们在大体上更能挺起腰杆，胸怀坦荡，有啥说啥，因此会更加兴致勃勃地工作，他们相互之间以及对雇主也更愿意出力相助。他们不再像在旧制度下那样念念不忘所受到的不公平待遇，并因而唉声叹气，也不再一有空暇就像过去那样严厉批评雇主了"。与此同时，这也意味着劳动者从血肉机器终于获得"人"的地位。①

3）工会是科学管理的阻碍。泰勒对工会本身并没有什么个人的怨恨，相反他认为工会的存在减轻了工资劳动者的困苦并改善了他们的条件，这不仅大大帮助了工会的会员，而且也大大有利于全世界。然而，工会通过集体谈判的方式为各级别工人确立统一工资和条件标准的方法，远远不如按个人的劳动所值支付工资，差额计件工资制完全可以提高工人的工资水平，多干活就可以多挣钱，工人挣多少钱，主宰在他们自己手中，"并且不受他那个级别的平均劳动定额和工资限制"。②

享受个人化的待遇对工会是一个威胁，因为工会为了维护他们的集体团结必须坚持对所有的人都具有一个"共同的法则"和有关工资及其他条件的统一标准。而这妨碍了每一个工

① 刘译阳：《浅议泰罗科学管理中的人本管理思想》，《光明日报》2005年9月23日。

② 雷恩：《管理思想的演变》，中国社会科学出版社1997年版，第147页。

人去实现他的个人愿望，因为他被看成是群众的一分子。这又回到了"多干不多得"历史状态，与磨洋工的集体产量限制无异，工人丧失提高劳动生产率的积极性，雇主和工人的财富最大化都受到影响，最终妨碍以效率为核心的科学管理的实行。

科学管理在推广过程中遇到很大阻力，其中最大的反对者就是工会。①泰勒认为，工会的哲理和科学管理的哲理是水火不相容的，因为工会通过制造工人和管理部门不和，加强对抗和鼓励对抗，使工人丧失对管理者的信任，转而更加支持工会组织，从而最大地保护了工会组织利益。而科学管理则鼓励提倡利益的一致性，科学管理本身就是实现雇员财富最大化和雇主财富最大化这一双重目标。工会的"更多、更多、更多"意味着工人的更多的利益来自雇主的口袋，而在泰勒看来，"更多"意味着通过提高生产率而给双方带来"更多"的东西。

（四）职业指导

20世纪之交的贫困生活状况以及工业化快速发展导致人们大量涌向城市。美国的职业指导作为社会变革运动的一部分，产生的背景具有如下特点：农业部门就业机会减少；重工业不断增加对工人的需要量；家庭农场上不再有永久性职业，农场原有职业让位给新出现的技术产品类职业；服务业大量兴起等。以工厂经济为主的社会生产模式需要大批的熟练技术工人。但其教育相对落后，百万移民还不能适应美国价值观，教育只是识字和写

---

①　工会反对泰勒的理由是因为工人并没有获得更多的保障和工资，雇主引进泰勒式的计件工资制度后，仍然像以往一样，只要达到更高水平的劳动生产率，就立刻削减单位产品的工资含量。沃茨讯讽道：泰勒的解决方法不幸地使工人的自觉性和主动性出现衰退，他的方法建立在这样的哲学基础上——似乎整个世界是由几个超人和一群被天神指派来做苦役的畜生组成（威策尔：《管理的历史》，中信出版社2002年版）。

字，大众教育还处于空白。20 世纪初，美国 18—21 岁人口大学入学率不足 5％，14—17 岁人口中学入学率约为 15％。[1] 19 世纪末 20 世纪初，作为社会改革运动的一部分，欧美各国兴起了教育革新运动。西欧的教育革新运动被称为"新教育运动"，而在美国被称为"进步教育运动"。

1. 职业教育

19 世纪末美国兴起"手工训练"运动，后来称之为"工业艺术"（Industrial arts）。手工训练就是模拟真实的工作环境，用脑动手来解决实际的工作问题。手工训练中，男孩被培训熟练使用工具、木头、金属以及机器的技能，而女孩则被培训护理、烹饪、缝纫、幼儿照顾等领域技能。不久，美国开始在国家教育体系中实施"职业（工业）教育"。[2]

1905 年马萨诸塞州州长道格拉斯（William Douglas）成立了州职业教育委员会（Douglas Commission），由刚从德国学习职业教育模式的汉纳斯（Paul. H. Hanus）任主席。次年委员会提出职业教育或由普通中学设置职业科进行，或另行设置职业学校进行。在推进职业教育过程中，1906 年成立的"全国工业教育促进协会"（National Society for the Promotion of Industrial Education）发挥了主导作用。该协会在题为《职业训练与普通教育体制的关系》的报告中建议联邦政府对职业教育问题进行调查，并联合一些国会议员向国会提供职业教育立法的方案。特别是，他们在普通中学外另设公立职业学校的建议获得了广泛的支持。[3] 职业教育的对象是 14 周岁的孩子，通过两年的职业教育，

---

① ［美］艾伦·C. 奥恩斯坦、费朗西斯·P. 汉金斯：《课程：基础、原理和问题》，柯森译，江苏教育出版社 2002 年版，第 82 页。

② Mays. *Introduction to Vocational Education.*

③ 翟海魂：《19 世纪末、20 世纪初美国中等职业教育的发展与论争》，《河北大学学报》2007 年第 4 期。

培养其从事专门职业的技能和知识，从而使他们成为"有效率的生产者"。

2. 职业指导

职业教育促使了职业指导的产生。许多职业教育者发现，大量在学校成功接受技能培训的孩子，到了社会却无法找到合适的工作。许多孩子进入职业学校是盲目的，缺乏对职业的了解，不知道自己学习的技能是否是工厂所需要的，正因为如此，职业指导成为了职业教育不可或缺的关键前提。

1908年美国职业指导之父帕森斯（Parsons）在波士顿建立了第一个职业局，它不仅服务于已获得工作的年轻人，而且服务于在激烈的社会变革中失业的年轻人，为他们提供职业选择咨询。他告知年轻人"选择职业和选择丈夫或妻子一样重要"，并为职业指导建立了系统框架："选择一种职业的时候，有3个明显的因素：准确地了解自己；懂得在不同的领域获得成功所需要的条件和环境；对于这两部分事实相互关系的准确认知。"帕森斯去世一年后出版的《职业选择》（*Choosing A Vocation*）一书在全美产生广泛的影响，尤其是在波士顿地区。① 当时，波士顿学区的督学布鲁克斯（S. Brooks）专门指派了117名中小学教师作为"职业咨询者"。由于学校认识到职业计划的重要意义以及学生的实际需要，"波士顿现象"在美国其他主要城市迅速蔓延。到1910年，全美已有35个城市开始效仿波士顿。1913年，美国"国家职业指导学会"（NVGA）成立，并从1915年开始不定期发行专业刊物。

3. 工作分析和员工甄选技术

当职业指导在工业领域内开始发展时，马上被赋予管理色

---

① Frank Parsons. *Choosing A Vocation*，Boston：Houghtou Mifflin，1910，pp. 3 - 4.

彩，并把职业指导定义为"科学甄选、调整、引导、培训和保护员工"，而这些概念都和人事管理有关。与此同时，职业指导非常强调工作分析和招聘技术的应用。在学生们被指引从事合适的岗位或者职业之前，岗位和职业的工作内容以及所需要的任职特征就已经被分析出来。这个时期，一位著名职业指导专家威廉·西尔斯（William Sears）观察到，"为了建立合适的课程和培训项目，对于工业场所真实情况的广泛调查是非常必要的，岗位的需求是需要描述出来的，而工作分析就是决定这些需求的主要方法"。[①]

为了更好地实现岗位要求与员工能力兴趣之间的匹配，职业指导还推动了员工甄选技术的发展。当时，许多企业要求职业指导专家为不同的岗位挑选最合适的工人，因此这些专家开始研究和发展员工甄选技术，并作为"工业咨询师"为企业提供建议。一战前最常用的甄选技术就是对员工进行态度和智商测试。

4. 工业培训

职业指导的另外一个贡献就是促进了工业培训体系的建立。传统的"学徒制"的培训体系在日新月异的机械化大生产时代逐渐消亡，由于工人流动率极高，企业又不愿意对工人的培训进行投资，工人们只有靠"偷技艺"（Stealing A Trade）的方法，掌握生产技术。当时的一位工人回忆到：

　　我走进一个工厂并要求一份工作。我告诉老板我是一个机械师，他随即给了我一份工作。他花了两天的时间终于明白我对机械一窍不通，并立即解雇了我，但是在这两天内，我还是对机械有了一些了解。于是我又走进了另一家工厂，

---

① William Sears. *The Roots of Vocational Education*, New York: Chapman & Hall, 1931, p. 193.

还是要求一份机械师的工作，这次我坚持了一个星期。当我再次被解雇后，我又获取了另外一份坚持了一个月的工作。过不了多久，我就会寻找到一份稳定的工作，并且成为真正的机械师。[①]

显然这种方式效率低下并且成本巨大。工业化革命后的美国企业开始大量引入新设备和新工艺，愈发需要工人掌握足够的技术并且足够稳定。于是许多雇主开始资助职业学校，开展工业培训课程和项目，为本企业培养高技术人才。1913 年，在大企业的资助下，成立了美国职业学校协会（National Association of Corporation Schools，NACS），在更大范围内推广工业培训，到了 1918 年，NACS 已经拥有 140 个职业学校成员。工业培训突出了"人力资源"的作用，那些高技术人才是企业宝贵的财富，对他们的投资取得了双赢的结果，雇主获得了产出和效率，工人获得了高工资和稳定。[②]

（五）工业心理学

在科学管理之前，心理学还只是哲学体系内的分支，心理学的希腊语是"灵魂之科学"。直到冯特（Wilhelm Wundt，1832—1920）于 1879 在德国莱比锡大学建立了世界上第一个心理实验室，用自然科学的方法研究各种最基本的心理现象，使心理学开始从哲学中脱离出来，成为一门独立的科学，冯特因此也被称为心理学的始祖。他注意到化学把物质分解成各种元素，那

---

① Arthur Mays. *The Problem of Industrial Education*，New York：Ronald Press，1920，p. 127.

② William Lange. *The American Management Association and Its Predecessors*，New York：American Management Association，1927，pp. 4 - 6.

么心理学应该也可以同样地通过实验方法分解出心理的基本元素。根据这一思路，冯特用实验的方法来分析人的心理结构，他的理论取向被称为结构主义（Structuralism）。[①]

随着科学管理的兴起，心理学研究开始进入工业生产领域，并形成工业心理学分支。工程师关心机器效率而工业心理学家关注人的效率，后者希望能提炼出影响工人行为和提升工人工作效率的心理原则。当时，两本著作标志着工业心理学的诞生，一本是 1911 年由斯托特（Scott）著的《商业中不断增长的行为效率》（*Increasing Human Efficiency In Business*），另一本则是 1913 年由闵斯特伯格（Münsterberg）著的《心理学和工业效率》（Psychology and Industrial Efficiency）。

1. 闵斯特伯格和工业心理学

雨果·闵斯特伯格（Münsterberg Hugo，1863—1916）是工业心理学的主要创始人，被尊称为"工业心理学之父"。他出生于德国，在冯特心理学实验室中受到了正统的学术教育和训练，于 1885 年获得心理学博士学位。后来他移居美国，应美国著名心理学家詹姆斯（Wilhelm James）的邀请来到哈佛大学。1892 年，闵斯特伯格受聘于哈佛大学，建立了心理学实验室并担任主任。在那里，他应用实验心理学的方法研究大量的问题，包括知觉和注意等方面的问题，他对用传统的心理学研究方法研究实际的工业中的问题十分感兴趣，于是他的心理学实验室就成为了工业心理学活动的基地，成为后来的工业心理学运动的奠基石。

闵斯特伯格对泰勒推崇备至，认为其科学管理是"最伟大的创始"。但是他也注意到，当时的工业中，人们对物质和设备问

---

① 《认知心理学的起源》，http：//www. nlpu. com. cn/6998. html。

题关怀备至，而对于如疲劳、单调、兴趣、学习、对工作的乐趣、报酬等问题以及许多类似的心理状态的问题，却没有任何科学的研究。为此他拜访了包括总统在内的各类政府官员，希望创建一个政府部门，专门把心理学应用于工业进行科学研究，从而使科学管理运动拥有更为广泛的基础。

虽然建立政府部门的愿望没有实现，但却没有阻止他在提高工人的适应能力与工作效率上做出贡献。工业生产中人的行为成为他的研究重点：如何根据个体的素质以及心理特点把他们安置到最适合的工作岗位上；在什么样的心理条件下可以让工人发挥最大的干劲和积极性，从而能够从每个工人身上得到最大的、最令人满意的产量；怎样的情绪能使工人工作产生最佳的效果。

1912 年，闵斯特伯格出版了《*Psychology and Industrial Efficiency*》一书。他对人类行为进行科学研究后发现人类行为的一般模式，并致力于解释个人之间的差异。该书包括三大部分内容：（1）最合适的人，即研究工作对人们的要求，辨识具备最适合从事某种工作的人的心理品质，将心理学的实验方法应用在人员选拔、职业指导和工作安排方面。（2）最合适的工作，确定在什么样的"心理条件"下才能够从每一个人那里获得最大的、最令人满意的产量。研究和设计适合人们工作的方法、手段与环境，以提高工作效率，他发现，学习和训练是最经济的提高工作效率的方法和手段，物理的和社会的因素对工作效率有较强的影响，特别是创造工作中适宜的"心理条件"极为重要。（3）最理想的效果，研究对人的需要施加符合组织利益的影响的必要性，即用合理的方法在工业中也同样确保人力资源的合理利用。该书在人员测试方法、工业人员培训以及对增加工人干劲和减少疲劳的心理方法等方面都提出了明确的建议。①

闵斯特伯格进行了大量的工业中实际问题的研究。他最著名的一个研究是探明安全驾驶的无轨电车司机应具备的特征。他系统地研究了这项工作的各个方面，并且设计了模拟电车的实验室实验，结果发现一个好的司机应该能够在驾驶的过程中同时理解所有的影响电车行驶的因素。他认为研究疲劳问题对提高工业生产效率非常重要。他和他的继承者研究了许多工厂每天和每周的工作曲线。典型的日产记录表示出，每天上午九十点钟产量有轻度的增加，而中午饭前产量下降，午饭之后产量又上升，但不如上午九十点钟的情况，下午下班前，产量急速下降。一周的产量也表示出类似的情形，星期一的产量平常，星期二和星期三是最好的记录，然后逐渐下降，直到星期六为止。这些研究为工业心理学开辟了新的研究领域，并为后续的研究奠定了基础。

2. 工业心理学在雇佣管理的应用

工业心理学的目的就是"追求个人在工业中的最高效率和最适宜的环境条件。人们相信，归根到底，个人在工业环境中的最高效率，只有确保他在那种环境中获得最满意的适应时才能实现"。工业心理学研究成果被广泛地应用于工厂的雇佣管理方面，包括职业选择、劳动合理化以及改进工作方法、建立最佳工作条件等方面。选择适应于工人体力、心理特征的工作条件，在当时不仅是生产力增长的重要因素，也是减少工人同企业主矛盾冲突的重要条件。闵斯特伯格指出，"我们绝不要忘记，通过将来的心理上的适应和通过改善心理条件来提高工作效率，不仅符合工厂主的利益，而且更符合工人的利益，他

① ［美］雷恩：《管理思想的演变》，李柱流等译，中国社会科学出版社1997年版，第118页。

们的劳动时间可以缩短，工资可以增加，生活水平可以
提高。"①

1914 年，吉尔布雷斯（Gilbreth）出版了《管理心理学》，
介绍了工厂在招聘、激励、培训以及工业福利方面如何应用心理
学原则；② 1915 年，卡耐基技术协会在匹兹堡成立首家心理学咨
询机构，该机构的主要营运内容就是向雇主提供如何挑选工人的
咨询服务；1917 年，梯蒂（Tead）出版《工业本能》，从心理学
角度，提出如果雇主给予工人适当的渠道来发泄不满和表达意
见，可以提高工人的工作动机，而这个研究结果显然早于梅奥的
霍桑实验。③

值得一提的是，一战前，工业心理学在雇佣管理方面的应用
主要还是招聘，那时的招聘过于随意、过于依靠工头的"好眼
力"，甚至一些雇主挑选工人，要根据工人面貌和头发色调、鼻
子形状、脸部表情、笔迹和诸如"凸脸和凹脸"这样的头颅比例
及其他"心理物理学的"变动因素。而工业心理学不但提供了科
学原则和方法，还进一步拓展了应用空间。

（六）公共部门改革

1880 年，美国联邦政府雇佣了 13000 名雇员，成为美国最
大的雇主，到 1920 年，雇员总数突破 60 万。1883 年，美国颁
布国内服务法案（Civil Service Act），从而保证政府雇员免受政
党更替带来的职位更替，保持了公务员退伍的稳定，这样也促进

---

① Münsterberg. *Psychology and Industrial Efficiency*，New York：Arno Press，1973.

② Lilian Gilbreth. *The Psychology of Management*，New York：Sturgis and Walton，1914.

③ Ordway Tead. *Instincts in Industry*，New York：Arno Press，1969.

了政府雇员管理体系的建立和发展。①

　　然而随着雇员队伍的不断扩大，机构臃肿的现象日益突出，受泰勒科学管理思想的影响，20世纪初，美国政府兴起了"效率和经济"运动，其核心思想就是通过找寻公共管理中的科学理性原则，并通过贯彻和实施这些原则提升政府的运行效率。泰勒通过工作岗位标准化，分析岗位所需技能和职责，找寻合适的人选进行人岗匹配。在企业中，泰勒思想促进了岗位评估和工作分析的兴起，而职位分类（Position Classification）则成为泰勒思想在公共部门的应用。各级政府把原来名目繁多的岗位名称重新进行了核定，统一了名称，详细规定了岗位所承担的任务、职责以及所需要的技能，制定标准的职位描述体系，用以指导政府雇员的甄选和招聘。

　　当时的政府部门还推动了一系列的人事改革。其中最著名的就是"公平理由"（Just-Cause）解雇政策。1897年，总统颁布法令，除非有正当公平的理由，禁止政府随意解雇雇员，这项政策对当时普遍存在任意解雇行为的企业界形成非常大的触动，并间接影响了雇主的人事政策；1907年，政府建立了工资分级制度，确立六个工资等级；1908年，联邦政府颁布雇员赔偿法令；1910年，引入绩效评价体系；1912年，政府规定了政府雇员八小时工作制。②

---

　　①　Richard Loverd and Thomas Pavlak. "*Analyzing the Historical Development of The American Civil Service*", in *Handbook of Public Personnel Administration*, ed J. Rabinetal, New York: Marcel Dekker, 1995, pp. 1 - 19.

　　②　Johnson and Libeca. *The Federal Civil Service System*, pp. 82 - 84.

第四章

人事部门的出现(1916—1920)

第一次世界大战极大地繁荣了美国经济。1917年，随着美国的参战，国防开支占GDP的比例从1915年的1.5%激增到1918年的24.4%，因此也带来了战时经济的繁荣。大战期间，美国工业总产值由239亿美元增加到620亿美元。国民生产总值从1913年的390亿美元增长到1918的771亿美元。盟国以及美国对军火、机械、食品以及日用品的需求随着一战的爆发和美国的参战而激增，并为美国企业带来了丰厚利润，1913—1917年间，美国制造业产量增加了40%，1916—1921年间美国大公司获得净利380亿美元。[①]然而繁荣的过程背后却存在两个隐忧，一方面，劳动力需求的迅速增长以及移民的减少造成了劳动力的短缺以及工人流动率的提高，战时生产面临威胁；另一方面，美国政府如果不能保证战时生产的顺利，将影响美国在一战中的成败。

战争带来的强劲产品需求使传统的劳工管理的低效率弊端显露无遗，大批的雇主开始关注生意中的劳工成分。当然这种关注也受吃紧的劳动力市场、高涨的工人运动、频繁的政府规制以及

---

① Bureau of the Census. *The statistical history of the United States*, *from colonial times to the present*, New York：Cambridge University Press, 1960, p. 640.

布尔什维克的威胁的影响。劳工问题在这种局面下成为雇主考虑的头号战略问题。无论如何，这场战争给社会带来了应该更好对待工人的政治和思想意识。劳工经济学家格登·沃特森（Gordon Watson）描述了一战期间的场景：

> 这场战争带来了数不清的变化和调整，他贯穿在国家的经济、社会和政治中，尤其给工业关系带来了深远影响。恐怕没有一场战争能像今天这样史无前例地提高工人的地位以及加强工人的团结。同时工人对于国家的重要性以及国家应该对工人应尽义务的观念也没有像今天这样被充分认识。①

一　劳动力市场

一战期间美国的劳动力市场呈现严重供不应求的特征，劳工短缺是非常普遍的现象，并由于以下四个方面的原因不断恶化：（1）移民劳工数量减少。交通的断裂、战争引发的贫穷以及各国征兵都导致了美国移民劳工数量的急剧减少。移民净流入量由1913年的85100人急剧下降到了1915年的50000人，而到了1916年，只有19000人。（2）美国战时征兵。随着美国的参战，许多劳工被征召进军队。战争期间，有2400万年龄在18—45岁的男子在军队服役，另有280万人已被征召入伍，这些都进一步减少了劳动力供给。（3）劳工流动率增加。吃紧的劳动力市场改变了劳资力量平衡，劳工流动率也达到了惊人的水平。工人平均年流动率在200％—300％，甚至有的工厂每个月的流动率都在100％，许多工人每周都在换工作。导致流动率高的原因，一部

---

① Gordon Watson. *Labor Problems and Labor Administration in the United States during the World War*, Urbana：University of Illinois，1920，p. 50.

分是由于长期较低的工资和恶劣的工作条件，一部分是由于雇主之间的争夺，还有一部分是由于工人群体普遍认为雇主们通过战争获得了大笔订单，他们可以通过工作流动来寻找更高的工资出价者。（4）劳动生产率下降。由于找工作的容易，并且劳工工资得到增长，使得许多工人更愿意处在摩擦性失业的乐趣之中，劳动生产率不断下降。加之 8 小时工作制的推广和 3 班制的实行，造成了劳动力的进一步短缺。到战争结束的时候，美国制造业流动率比 1914 年增加了 1 倍，而失业率下降到 1.4%。[①]

为了应付劳动力紧张，雇主们采用了多种补充劳动力的途径，一些对传统劳动力市场的偏见和歧视也得到了巨大改变：（1）大量使用女工。以前，女性是受到工业歧视的，女性被限定在传统且狭隘的职业范围内，而到了战争期间，在爱国主义的感召下，大批女工进入到原本不对她们开放的新职业，替代了男性工人。制造业女工的比例从 1914 年的 6% 急速上升到 1918 年的将近 14%，女工的工资水平也在不断提高。（2）引入非欧洲移民。雇主们开始使用从亚洲以及南美洲过来的移民，尤其是墨西哥，1910—1920 年间墨西哥移民数量翻了 5 倍。（3）农业劳工的增加。这段时期，位于美国中东部以及东部地区战时生产中心的生产制造工厂的工人大多来自离开土地来到城市的农业劳工，1915—1920 年，美国从事农业生产的人数少了 50 万。（4）黑人劳工增加。以往黑人从事的都是白人不愿意干的职业，不仅脏累而且危险，而战时的生产为黑人就业打开了大门。在钢铁生产和食品包装等大规模需要劳动力的生产行业，黑人劳工数量急剧增长，1910—1920 年，美国黑人劳工的数量平均增长了 40%，其

---

① Sumner Slichter. "the Current Labor Policies of American Industry", *Quarterly Journal of Economics 43*, May, 1929, p. 395.

中一战期间的增长达到了顶峰。①

　　即使有各种劳动力供给渠道，但雇主缺工现象依然严重，各种劳动力机构充满了大街小巷。面对如此紧张的劳动力供给，雇主们纷纷使用各种手段争抢工人。美国专门成立了美国雇佣服务协会（US Employment Service）来为美国工业调配劳动力，但显然它已经失去了控制力。一位该协会的官员在一份报告中记载，"本来美国陆军部将迎来一批建筑工人，然而，第二天早晨，一个拿着政府合同的雇主，以每小时多给3分钱工资的承诺，把工人全部带走了"。

二　工会及工人运动

　　这个时期，雇主们发现工人们已经不再惧怕工头的"驱赶式"管理，工厂纪律在劳工短缺以及高流动中遭到破坏，随之而来的是劳动生产率的不断下降以及矿工和怠工的普遍流行（见表4.1）。在印第安纳州，砌砖工人每天8小时的垒砖量由1909年的1100块下降到1916年的900块；到1920年时，工人平均每天只有540块。旷工和怠工率剧增，每天20%的旷工率是正常现象。阿克轮城的一位经理抱怨数千名工人闲荡在赌博场所。密苏里州的一位经理则说，"如果你能告诉我们如何才能吸引那些每天上午11点钟还在排队等候看电影的工人，那就帮助我们解决了劳动力短缺的问题。"西屋电器公司的一位经理也认为，工人的努力程度已经减少了20%—30%，这种情况甚至比罢工、

---

① Sanford M. Jacoby. *Employing Bureaucracy*, London：Lawrence Erlbaum associates publishers，2004，p. 100.

工资、价格等问题更严重。^①

表 4.1　　　　　　劳动生产率的年平均变化率　　　　（单位：%）

	1899—1909 年	1909—1919 年
制造业	1.1	0.8
冶炼业	3.8	−0.4
金属加工业	2.9	2.0
机械制造业	1.8	0.7
电机制造业	1.3	0.0

　　资料来源：John W. Kendrick，*Productivity Trends in the United States*，*National Bureau of Economic Research Study*，1961，p. 71.

　　工人罢工似乎也成为这个时期的常态，罢工席卷整个国家，工人们利用劳动力市场优势发泄对雇主的任何不满。战争的头一个月，发生了 438 次罢工；头六个月，发生了超过 3000 次的罢工，造成 600 万工作日的损失。1916 年的 4450 次罢工记录直到 1937 年才被打破，1916—1920 年期间每年平均有 3700 次罢工。^②许多罢工都不是工会统一组织和领导的，而是随时发生在工作场所之中，与此同时，令雇主和公众感到不安的是，工人运动越来越呈现激进和阶级斗争的特征。1919 年受苏俄十月革命的影响，美国出现了历史上第一次罢工高潮，有人称之为"工人暴动"（General Revolt of Labor）。1919 年 1 月美国纽约码头工人举行罢工；2 月，西雅图发生总罢工；7、8 月间，芝加哥、波士顿和费城等铁路工人罢工；8 月底，以约翰·里德为首的美国共产主

────────────

　　① 李月娥：《企业福利资本主义》，博士学位论文，南开大学，2006 年版，第 87 页。

　　② U. S. *Bureau of the census. Historical Statistics*，pp. 178 – 179.

义工人党成立；9 月 1 日，以鲁登堡为首的美国共产党成立；9 月份，在共产党人福斯特领导下，美国钢铁工人大罢工，36.5 万钢铁工人的罢工斗争席卷了宾夕法尼亚、印第安纳等 10 个州 50 个城市；到 11 月份，矿工又举行了罢工，引起了美国各地各行业的波澜壮阔的罢工斗争。① 当时，先后参加这次罢工的工人达 400 多万，出现了美国工人运动史上空前未有的罢工高潮。

与此同时，工会会员数量在迅速增加，工会会员由 1917 年的 300 万人一下子增加到 1919 年的 400 万人，而后一年又增加了 100 万人。工会遍及整个制造业部门，甚至进入到一些大规模生产的行业，如汽车、电机及橡胶业。在工人阶级内部，社会主义者和工会主义者产生着越来越大的影响，这些发展变化对美国雇主的冲击远远大于其对工人的影响。②

三 劳工立法

如何保证战时生产的顺利以及战略物资的及时供应成为美国政府压倒一切的首要目标，这也促使美国政府开始介入市场运行，尤其是劳动力市场，并制定了一系列法律和规章制度。值得注意的是，这个时期美国政府对待工人和工会的态度发生了比较大的变化，从恐惧压制变成了妥协合作，这也成为美国一系列战时劳工政策的出发点。

其实，美国政府的合作态度从 1914 年颁布的《克莱顿法》中就可见端倪。鉴于法院过多地使用《谢尔曼法》干涉劳工活

---

① H. B. Davis. *Labor and Steel*, New York：International Publisher，1933，p. 247.

② Sanford M. Jacoby. *Modern Manors*：*Welfare Capitalism since the New Deal*，Princeton University Press，1997.

动,《克莱顿法》明确宣布工会和农民组织不在反托拉斯法禁止的"限制贸易和商业"的范围之内。该法第六款规定:"属于人类的劳工不是一种商品或商业物品。反托拉斯法律中所包含的任何条款均不得被解释为禁止以互助为目的而建立的没有股本或不以赢利为目标的劳工、农民或园艺组织的存在及活动;亦不得被解释为禁止或限制此类组织的成员依法实现其合法的目标;此类组织及其成员亦不得被认为或解释为是反托拉斯法律中所指的限制贸易的非法联合组织或阴谋。"该法第 20 条禁止任何法官在劳资纠纷中颁发禁令,"除非为防止财产或财产权遭受不可弥补的损害"宣布罢工与罢工福利金为合法。显然,这一法律保护有组织劳工为争取自己利益而采取一致行动,如罢工、设置纠察以及联合抵制,并宣布这些活动是不能禁止的,也没有违反《谢尔曼法》。① 劳联主席冈波斯称其为"劳工的自由宪章"。

随着美国正式参加第一次世界大战,由于高涨的工人运动以及劳工极度短缺,政府意识到要保证战时生产的顺利有赖于对劳工的高度关注以及劳工政策的严格执行。1918 年 1 月,威尔逊总统成立了以劳工部长威廉·威尔逊为首的战时劳工署,并根据该署建议,分别于 4 月 8 日和 6 月 8 日成立了战时劳工委员会(NWLB)和战时劳工政策委员会,作为国家解决劳工冲突的最高机构。② 委员会是包含雇主、工会和政府代表的三方架构,也即意味着雇主必须给予工会于承认和尊重,同时工会也获得了以前必须通过罢工才能进入企业的"入场券"。委员会的战时劳工政策确立了下列原则:(1) 承认劳工有组织工会的权力以及集体

---

① Archibald Cox, Derek Curtis Bok, Robert A. Gorman. *Cases and Materials of Labor Law*, New York: Foundation Press, 1986, p. 40.

② 胡国成:《塑造美国现代经济制度之路》,中国经济出版社 1995 年版,第 105—107 页。

谈判的权力；　（2）雇主可以为了保护共同利益而进行联合；
（3）规定在任何情况下，雇主都不能否认、削减或干涉这些权
力；（4）工会也不能通过组织工人来强迫雇主。NWLB 鼓励劳
资双方用谈判的方式来达成妥协，从而避免工业冲突。战时劳工
政策得到了严格执行，到一战末期，主要战时工业部门中已有
125 家企业建立了工厂委员会。在这些企业中，雇主不得不与工
人选出的车间委员会代表进行谈判，而不再像以前那样只是处理
单个工人的问题。美国政府还对拒不遵守战时劳工政策的公司实
行政府惩戒，由政府代为管理。在战时特殊的社会条件下，劳工
权利在美国历史上首次得到了政府有效的保护。①

四　人力资源管理的发展

劳工的短缺、劳动生产率的下降以及工人的不稳定，促使雇
主们开始重新思考自己的雇佣政策。在这样的条件下，大棒政策
只能驱使工人离职和罢工，于是雇主们忽然对获取工人的友好变
得很感兴趣了。随着罢工和流动率在一战期间达到前所未有的水
平，1916—1920 年也成为人力资源管理的繁荣时期，企业都忙
于建立雇佣管理/人事部门以便招募和留住员工，人事管理群体
产生并发展起来，他们促使企业内部组织的变革并使企业赢得工
人的忠诚和合作。

（一）建立雇佣管理部门

历史表明，战争的胜利实质取决于谁能更快更多地生产出食
品、弹药、枪支、舰艇和飞机，因此战争的爆发使效率成为唯一

---

　　①　周剑云：《略论美国劳资关系管理模式的演变》，《烟台大学学报》2007 年第
2 期。

的关键词。但如何在短时间内通过工人的合作取得效率呢？答案是：建立雇佣管理部门来专门管理工人。①

1. 高劳工流动率带来高成本

随着战争的到来，员工对雇主的抵制情绪开始集中迸发，并采取各种不合作手段，劳工流动率之高也达到惊人的水平。雇主发现自己总是在培训新员工，并且还要不断承担新员工由于技能不足而带来的损失。亚历山大（Alexander）是研究劳工流动率的先驱，他是 GE 的西里里（West Lynn）工厂的雇佣和培训主管。在 GE 工作的时候，他意识到劳工流动的严重性，但是这方面的研究成果却非常少，为了得到第一手信息，他在 1913 年对欧洲进行了实地调研，并与工厂管理者访谈、收集数据和生产计划等。1915 年，他通过分布在 6 个州的 12 家金属制造工厂提供的数据，并结合自己在欧洲的调研，计算出劳工流动的成本。

亚历山大认为，任何一个不必要的解雇，都会为雇主、雇员以及社会带来一定的成本。在他的实例中，12 家金属工厂，1915 年初总共有 37274 名员工，年底有 43971 名员工，净增加 6697 人。然而，这一年招聘的人数却是 42571 人，是净增加人数的 6.35 倍。为了计算的准确，他估计出因为死亡、疾病、工作调动以及正当解雇等原因离职的人数，为 20540 人，而剩下的 22031 人就是主动离职的人数，劳工流动率超过了 50%。根据从工厂管理者收集到的信息，亚历山大也估算出劳工流动率的成本，其中包括雇佣、培训和人事调配成本，高达 50—200 美元/人。以此为基础，他估算出不必要的劳工流动造成雇主的

---

① 实际上，一战期间德国工厂生产效率的大幅提升很大程度得益于建立了专门的雇佣管理部门，而这一点对美国建立雇佣管理部门有重要启发。

损失每年在 80 万—100 万美元。①

　　2. 雇佣管理部门的出现

　　关于劳工流动率的问题，成为一战时期热议的话题，出版的专著和文章显著增加，劳工统计局以及大学教授也开始深入研究，比如保罗·道格拉斯（Paul Douglas）的《劳工流动率问题》（1918）以及斯利科特（Sumner Slichter）的《工厂劳工流动研究》（1919），相应的解决劳工流动率问题也成为大家讨论的焦点，并形成以下共识：（1）建立专门的雇佣管理部门，统一对雇佣和解雇进行管理；（2）采用科学的招聘方法；（3）工作分析以及正规的薪酬结构和体系；（4）公平工资、合适的工作时间以及体面劳动；（5）工头培训以及人际关系实践；（6）劳动记录以及离职谈话。②

　　成立专门的雇佣管理部门成为最终的实践，一战前，只有少数的先进雇主会建立专门的雇佣管理部门。1917 年，400—500家企业建立了雇佣管理部门，而到 1918 年，则有超过 700 家的企业建立了雇佣管理部门，占整个美国工业企业总数的 10%。1915—1920 年，250 人以上的企业建有雇佣管理部门的比例从5%激增到 25%。如果不是战争的推动，这个数量可能需要 10年才能达到。

　　随着雇佣管理部门的迅速建立，部门职能的层次也不断升高。以前的雇佣管理职能仅仅是招聘、交接、劳动记录，雇佣管理者一般也只是低级管理者。1916 年，波士顿雇佣管理者协会召开会议，主题就是"雇佣和解雇的组织方法"。会议宣称，雇

---

　　①　Alexander. *Hiring and Firing*：*its Economic Waste and How to Avoid it*，The Annals，May，1916，65：pp. 128 - 144.

　　②　Paul Douglas. The Problem of Labor Turnover，*American Economic Review*，June 1918，9，pp. 306 - 316；Slichter，*The Turnover of Factory Labor*，kessing publishing，1919.

佣管理部门的职能和范围应该和企业的采购部门一样，并建议雇
佣管理部门应该拥有的职能：（1）雇佣管理，负责工人招募、甄
选、解雇、调配以及晋升，进行工作分析，计算和发放工资以及
劳动记录；（2）培训管理，负责培训新员工，对在职员工进行工
作技能培训，提供一般和专业的教育课程，进行美国文化教育；
（3）福利管理，负责员工的福利项目；（4）健康管理，负责身体
检查，员工健康管理，工作劳动保护。①

3. 限制工头权力

早期的雇佣管理者们认为，工厂劳工问题很大原因来源于工
头的"驱打方式"（Drive System）。工头在雇佣、奖励和解雇方
面的权力过于专断，这种专断权力造成了离职和罢工而不是努力
工作，对生产效率起了反作用。这样的结果显然会造成离职和产
量限制，而且还会驱使工人投奔工会，到那里去寻找更加有效的
解决手段。② 要结束这种状态，就必须从工头手中收回其对雇佣
的根本决定性权威，应该由人事部门来夺取工头在雇佣、解雇、
派工、定工资等方面的权力，解决工人流失问题。

然而在执行中，雇佣管理者们还是意识到获取工头合作的重
要性，有效的雇佣管理并不是清除工头或他们在车间里的权威，
而是将他们的权威整合到一个有规划、有协调力、能够让工人感
到公平的人事政策中去。工头在行使其在车间中的监督权力的时
候，必须有一个界线，同时又不至于损害它激发工人劳动的效
率。费舍尔（Fisher）和琼斯（Jones）写道：

① H. Gardner. *The Employment Department: Its Functions and Scope*, *Proceedings of The Conference of The Employment Managers*, Association of Boston, Bulletin 202: p. 55.

② Sanford M. Jacoby. *Employing Bureaucracy*, London: Lawrence Erlbaum associates publishers, 2004, p. 104.

雇佣管理者必须寻求工头的热情合作……建立雇佣管理部的第一步需要安抚工头,并不是要剥夺他们管理的权力。他们只是被要求停止独裁和不负责任的管理作风,他们依然要向工人下命令,依然可以处罚那些低效率和不守纪律的工人……因此工头和雇佣管理者的界限应该是工头拥有雇佣的建议权,而雇佣管理者作为中立的仲裁者,拥有最终的裁决权。从长远看,工头会慢慢学会雇佣管理者要求的管理方式,从而对工人拥有更大的管理权威。①

4. 雇佣管理者协会 (NAEM)

美国最早的雇佣管理者组织是 1912 年成立的波士顿雇佣管理者协会。该协会在波士顿职业局的支持下成立,发起者也是职业局的局长梅尔·布隆菲尔德 (Meyer Bloomfield)。布隆菲尔德是美国著名的律师和社会活动家,他积极鼓吹雇佣管理对于企业和社会的重要性,他和波士顿职业局被认为是"雇佣管理活动的直接推动者"。1911 年,波士顿职业局举办会议,讨论工作安置以及其他雇佣问题,参会者大部分是企业招聘人员,布隆菲尔德认为这些只从事招聘的人并不是"管理员工"的雇佣管理者,于是会议决定成立波士顿雇佣管理者协会。②

波士顿雇佣管理者协会带来了一系列的跟随者,纽约、费城、芝加哥、底特律、明尼阿波利斯、旧金山等城市纷纷成立雇佣管理者协会。协会在人事理论和实践的普及上发挥了重要作用。他们定期召开会议,成员们相互讨论雇佣管理技巧,分析面临的人事问题,同时通过参观先进企业获取经验,协会还经常交

---

① Fisher and Jones. *Employment management: its rise and scope*, p. 19.

② Edmund Lynch. *Meyer Bloomfield and Employment management*, Austin: *Bureau of Business Research*, University of Texas, 1970, pp. 16 – 18.

换关于雇佣方法以及当地劳动市场状况的信息。1914 年和 1916
年在明尼阿波利斯举办了两次全国范围的雇佣管理者会议。与此
同时，社会对于雇佣管理领域的兴趣越来越浓。美国政治和社会
科学学会出版的 1916 年的年鉴上，五月期命名为"工业管理中
的人事和雇佣问题"，主编就是布隆菲尔德，该期包含了三十二
篇文章，分为四个主题，分别为"工业管理中人的因素处理"，
"雇佣管理部门的功能"，"雇员的稳定、挑选和分配"，"工作中
的雇员"。①

　　1917 年 5 月，在明尼阿波利斯第三次举办雇佣管理者会议，
有近 800 人参加。会议决定成立一个全国性的雇佣管理者组织，
并取名美国雇佣管理者协会（National Association of Employ-
ment Managers，NAEM）。波士顿雇佣管理协会的秘书长，同
时也是布隆菲尔德在波士顿职业局的同事劳伦·威尔斯（Rslph
Wells）当选为首任会长。该组织章程公布了 NAEM 的使命：
（1）提高全国范围内研究雇佣和人事问题的兴趣和水平；（2）支
持城市雇佣管理者协会的发展；（3）鼓励雇佣管理部门的建立和
发展；（4）提供解决雇佣问题的最佳示范；（5）获取政府在雇佣
问题上的支持。②

（二）福特的雇佣管理实践

　　1913 年，福特汽车的员工流动率达到惊人的 370%，是其他
汽车企业的两倍。这个时期，福特必须通过雇佣 52000 人才能保
持 13600 人的工作队伍，福特的招聘部门一度拥有 500 名工作人

　　① Meyer Bloomfield and Joseph Willits, eds. *Personnel and Employment Prob-
lems in Industrial Management*, The Annals, May 1916, 65: pp. 117 - 127.

　　② *Historical Sketch of The National Association of Employment Managers*,
Proceedings of The First Annual Convention of Employment Managers, Cleveland:
NAEM, 1918.

员。曾有人估算福特每年要损失大约 180 万美元的成本。与此同时，福特的缺工情况也非常严重。1913 年，每天的缺工率达到10％，也就意味着每天福特有 1300—1400 个岗位是没有人工作的。流动率和缺工率对于引入流水线生产的福特带来了巨大的成本。然而，不仅如此，即使引入新的生产线技术，工人们还是成功地限制了产量并进行联合，进行着一场"持续且无组织的罢工"。

1. 雇佣改革 ①

为了应对日益恶化的雇佣关系，避免进一步造成损失，1913年，亨利·福特任命约翰·李（John R. Lee）改革福特的雇佣体系。李成为福特公司第一个雇佣管理者，他游历了全国范围内的制造业工厂，学习和吸收了最新的实践做法，并提出一揽子的福特雇佣改革方案。

第一，招聘部门升格为雇佣管理部门，全权负责招聘以及劳动过程管理。该部门由管理者、秘书、翻译、记录员以及打字员组成。雇佣管理部门制定了 11 个标准人事流程，覆盖招聘、绩效管理、调配及晋升、解雇等方面。比如，工头需要向雇佣管理部门提交招聘书面申请，写明要招的人数以及工作类型，雇佣管理部门负责组织招聘和筛选候选人，并负责匹配给合适的工头。每一次招聘，雇佣管理部门都会完整地记录整个过程。雇佣管理部门也会制定关于工人调配、晋升以及解雇的书面建议。同时，该部门还会时常检查工人的工资发放和签到情况，一旦发现有异常，就会马上约谈工头。在新部门成立的六个月内，已经建立了108000 名工人的人事记录。

---

① Bruce E. Kaufman. *Managing the Human Factor: The early years of human resource management in American industry*, Cornell University Press, 2008, pp. 157 - 159.

第二，推出"技能工资分类系统"（Skill-wage Classification System）。该系统让公司的薪酬结构建立在客观标准的基础上，激励工人长时间留在公司并提升自己的技能，同时也是为了分化和瓦解工人团结。该系统在工作评估的基础上，建立了六个工人等级（Grade），每个等级中又分出三个技能层次（Skill Position）。薪酬水平随着等级和技能层次的升高而增长，雇佣管理部门掌控每一个人的工资增长，如果发现某个高等级没有人或者增长缓慢，就会找来工头要求解释并提出整改方案。如果确实是落后者，先不采用的解雇的方式，而是通过培训和转岗来加以调整，如果还是不行，才最终解雇。

第三，建立福特培训学校。招收年轻工人，把他们培养成为机械师和机械工，成为公司的技术骨干。学生们将在课堂上接受一个星期的理论学习，并在车间接受两个星期的实践学习。与此同时，针对福特公司工人群体中移民较多的特征，培训学校举办大规模的"美国化"培训项目，教授新移民语言和文化课程，以帮助他们快速适应和融入美国社会。

第四，发起新的福利项目。福特曾经承诺干净和安全的工作环境，但雇佣改革还是进一步发展和强化了这个承诺，使福特的工作环境成为了美国工业的标杆。为了稳定工人队伍，减少流动率和缺工率，公司不但发行了工人杂志《福特时间》（Ford times），营造良好企业文化，还成立了工人储蓄和贷款委员会，为急需钱的工人提供低息贷款，并鼓励工人长期存钱以获得可观的利息收入，委员会甚至把贷款的利息部分所得当作额外分红发给储户。另外一个令人瞩目的福利项目是福特雇佣残疾的工人。雇佣管理部门仔细梳理工厂所有的岗位，找出可以容纳残疾工人工作的岗位。1917年，公司雇佣了5700—6700名残疾工人，福特在黑人工人的雇佣和升迁方面也比同行更加开放和自由。

最后一项改革指向了工头。取消了工头雇佣和解雇的自主权，给予工人更大发言权并建立争议处理机制。李成立了一个委员会调查每一起工头解雇工人的事件。他认为，对工人进行调配比直接解雇要节省成本。1913 年的时候，1 个月内，工头要解雇1276 名工人，而 3 年后，6 个月才只有 7 名工人被解雇。

2. 5 美元/工作日

作为雇佣改革的结果，福特意识到高工资可以带来员工工作积极性的提高以及流动率的降低。1914 年 1 月 5 日，福特汽车董事会通过决议，郑重宣布："本公司将实现 5 美元/工作日，任何合格的福特汽车厂的工人不论年纪，不分工种都能领到他自己的一份。"工人每天至少得到 5 美元的报酬，这个水平是其他企业的两倍，同时，公司废除了每天工作 9 小时的制度，而代之以每天 8 小时的三班倒制度。①

结果 1 月 6 日凌晨 2 点起，就有上万名求职者聚集在工厂的大门口，等待得到新的工作。一连几天的情况都是如此，而且人群越聚越多。前来求职的人来自全国各地，而且每天还有大批的求职者乘货车来到底特律。一位记者评述道："福特汽车公司引起了一场全国性的人口大迁移。"

5 美元/工作日政策实施的当年，劳动纪律就在车间确立起来，即使没有严密的监控，工人也比过去工作更努力，工人们愿意与生产线保持步调一致，甚至愿意向工头道歉，物耗的单位成本也下降了。而就在 1913 年，福特公司还在经历工人 370% 流失率以及每天 10.5% 缺勤率的痛苦，到 1916 年，流动率只有16%，每天无故旷工的工人比重从原先的 10% 下降到 3‰，同时成千上万的工人等在公司门口申请应聘。1914—1916 年，福特

---

① ［美］拉佐尼克：《车间的竞争优势》，徐华、黄虹译，中国人民大学出版社2007 年版，第 189 页。

公司的税后纯利分别为 3000 万、2400 万和 6000 万美元，同时极大地降低了 T 型车的价格，只用了 6 年的时间就占领了 40％的美国汽车市场，成为了行业领袖。正如亨利·福特所宣称的："5 美元/工作日和每工作日 8 小时工时政策，是我们所实行过的最好的降低成本策略。"①

5 美元工作制为福特工人带来收入的同时，也增加了作为福特工人的自豪感，一位工人回忆道：

> 那时在底特律城，作为一名福特工人是一件光荣的事……福特汽车公司发给每个工人的厂牌是一块铜牌，形状有点像玫瑰花的花蕾，上面刻着鲜明的"FORD"字样，还有每个工人的编号……要知道，在当时的底特律，有了这块牌子就有了信誉，就有了生活的保障。这是一种骄傲，所以许多工人即使是在星期天上街，也把它擦得锃亮，戴在胸前，其他工厂的工人则投来羡慕的眼光。②

3. 社会工作部

为了能更好地发挥 5 美元的激励作用，更好地管理利润分享项目，李成立了社会工作部（The Sociological Department），任务就是建立享受 5 美元工资制度的资质条件，并对工人进行调查和审查。资质条件分为客观和主观标准。客观标准包括：已婚，如果未婚要达到 22 周岁、在密歇根至少居住 6 个月以上、新工人要满 6 个月的试用期，不能有离婚诉讼等。而主观标准就是依

---

① Stephen Meyer Ⅲ. *The Five-dollar Day*：*labor*，*Management and Social Control in the Ford Motor Company 1908－1921*，Albany：State University of New York Press，1981，pp. 101－102.

② 解力夫、张光勤：《福特家族》，社会科学文献出版社 1996 年版。

据亨利·福特的名言："不喝酒！不吸烟！发奋劳动！就是人生无上的快乐"，那些"生活方式有问题"的工人都拿不到 5 美元。[①]

社会工作部成立之初，该部门雇佣了 30 名员工，不到一年，便扩充到 150 人，部门人员工资每月 200 美元，他们的任务就是取证以确认 5 美元的资质。社会部常常深入工人社区与工人家庭成员以及邻居访谈，调查工人是否"对妻子和家庭支持""家庭条件良好""好的习惯""节俭"，同时还会收集恶习的证据，如酗酒、赌博以及不道德的行为，同时检查工人的财政状况。根据公司统计，1914—1919 年，总共约有 5%—10% 的工人没能得到他们向往的 5 美元工资。[②]

除了审查资质外，社会工作部还积极投身困难工人家庭帮助。1914 年初用于帮助福特工人家庭生活的费用为 325 万美元，2 年后这一数字增加到 2000 多万美元。当地贫困户的比例从 20% 降到了 2%，工人在银行的人均存款额从 196 美元增加到 750 美元。

(三)　政府对雇佣管理的推动

劳动力市场的吃紧、罢工的频繁、高的工人流动率都严重影响到战时工业的生产，进而威胁战争的进程，政府被迫干预劳动关系。而政府注意到来自高生产效率和低流动率企业的关于雇佣管理的最佳实践（Best Practice），可以有效减少劳资冲突，保证生产，并形成现代工业意识（Modern Industry's Conscience）。

1. 政府的推动

一战期间，美国新开办的工厂大多用于弹药、武器装备以

---

① 亨利·福特自传：《我的生活和事业》，中国城市出版社 2005 年版。
② Stephen Meyer Ⅲ. *The Five-dollar Day*, p. 119.

及其他军需产品的生产。弹药工厂的雇佣人数从 1910 年的
3000 人激增到 1918 年的 10 万人，而造船业的变化则更为巨
大。一战之初，美国的造船业规模很小，生产落后，效益惨
淡，仅有 6 万名工人。然而对于需要横跨大西洋进入欧洲战场
作战的美国来说，船是至关重要的保障因素。随着战争进程的
深入，轮船需求快速增长，造船业工人数量从 1917 年的 8.8
万人激增到 1918 年的 38.5 万人。这种急速的增长带来了劳资
冲突的泛滥，1916 年造船工人罢工 27 次，1917 年罢工 107
次，1918 年增加到 137 次。为了应对这种情况，政府成立了造
船业劳工协调委员会（The Shipbuilding Labor Adjustment
Board，SLAB），积极宣传雇佣管理的方法，举办专门的雇佣经
理培训班，让雇主们认识到雇佣管理的价值。委员会还亲自帮
助工厂建立雇佣管理部门，提供专业的招工、晋升和解雇的人
事程序，并给予经费支持，同时对企业的雇佣管理政策进行评
级。就这样，造船业企业的雇佣管理部门从 1917 年一个没有，
变成了战争结束时的 34 个。[①]

政府意识到完全靠自己亲自建立雇佣部门并不现实，而应该
培养一批专业的雇佣管理经理，通过他们带动企业建立雇佣管理
部门。NWLB 资助美国雇佣管理者协会（NAEM）开办了大量
的雇佣管理课程，涉及招聘、雇佣部门组织、培训以及福利工
作。1918 年 3 月，NAEM 在罗切斯特大学开办了首届雇佣管理
培训班，学员大多是雇主指派并在毕业后回到企业从事人事管理
工作的雇员，他们大多来自造船厂、兵工厂、化工厂等不同企
业。一位政府官员在该班毕业典礼表述了雇佣管理美好的未来：

---

① Paul Douglas and F. E. Wolfe. *Labor Administration in The Shipbuilding
Industry During War Time* Ⅰ，Journal of Political Economy，March，1919，27，
pp. 145 – 187.

　　雇佣管理将成为一种职业，这是可以预见的，就如工程师这个职业一样，也是关于工业实践的……这样的时刻离我们不远了，那时候，美国商会或其他大的机构会列出一批大企业的名字，并问他们"你们建立了雇佣管理部门吗"，那时，社会舆论将对那些还没有建立雇佣管理部门的企业施压，因为他们是社会文明的威胁。①

　　政府推动培训计划进一步扩展，哈佛大学、哥伦比亚大学、卡耐基理工大学、西北大学以及加州大学伯克利分校纷纷开设了类似的培训课程，并由管理专业学者执教。这些大学项目中，雇主在课程委员会中任职，NWLB 则管理教学方法以及课程设计。其课程不但包括课堂雇佣管理政策宣讲，还包括去建立雇佣管理部门的企业进行实地考察。几乎 80% 的课程都是关于雇佣管理部门实践的，10% 的课程学习劳动经济学，余下的课程学习基础统计学以及工业组织与管理。课程内容涉及雇佣管理部门的建立、工人的招聘和合理分配、工作轮换和晋升、工资支付方法、车间纪律、流失率以及福利管理等。②

　　2. 军队的应用

　　1914 年，英国参战时，采取自愿的征兵原则，许多富有工作经验的工人应征入伍，并战死在前线。后来，这种做法被认为是一个战略错误，因为英国工业生产体系的损失要远远大于军队的损失。因此 1917 年，美国参战时，吸取了这个教训，实行征

----

　　① Roy Kelly. *War Emergency Courses in Employment Department Practice*, *Industrial Management*, May 1918, pp. 416 – 418.

　　② Sanford M. Jacoby. *Employing Bureaucracy*, London: Lawrence Erlbaum Associates Publishers, 2004, p. 108.

兵挑选原则，在 400 万条件合格的应征者挑选合适的新兵，并求助于著名的工业心理学家沃尔特·迪尔·斯科特（Walter Dill Scott）。1917 年 8 月，军方成立人事分类委员会（Committee on the Classification of Personnel），该委员会由 10 名大学心理学家和 2 名雇佣管理经理组成，斯科特是委员会主任。为了推动工作，该委员会采用以下六项基本原则：①

• 职能化原则（principle of functionalization）：对人事工作进行集中管理，并由专职的部门和人员来负责；

• 个性原则（principle of human differences）：人与人在心智和个性特征上是不同的，因此需要进行个体评估；

• 匹配原则（principle of definite personnel requirements）：对每一个军队岗位进行详细描述，并与最合适的人进行匹配；

• 组织原则（principle of organization）：人事活动只能由专业的人事部门和人员来进行管理；

• 经济原则（principle of economy of personnel）：人员的安置要本着效用最大化原则，岗位应该让任职者发挥最大的能力；

• 道德原则（principle of morale）：人员招录和调配应该基于基本的道德。

本着以上原则，委员会把所有的挑选和评级工作集中起来管理，每一位应征者都需要面试，并进行心智和能力测试，把他放在最能发挥其能力的岗位上。首先，进行"人的分析"（Man A-nalysis），每一位新兵要填写士兵资格卡片，卡片上包括了年龄、学历等个人特征以及工作经历和工作技能等信息。这些信息都会进入军队人事系统资料库。其次，每位新兵都要接受态度测试。测试包括"Alpha"和"Beta"两种，前者由数学、实践判断、

---

① Edmund Lynch, *Walter Dill Scott. Pioneer in Personnel Management*, Austin: *Bureau of Business Research*, University of Texas, 1968, pp. 24 - 33.

句子填写、同义词反义词辨析等专题组成，针对能读写英语的应征者；后者由迷宫、画图等专题组成，针对不能读写英语的应征者，这些测试覆盖了 190 万新兵。接着，那些通过测试的新兵将被派到合适的部门和岗位，这时启动"工作分析"（Job Analysis）程序。委员会对军队所有的职位进行工作分析，详细描述该职位的工作任务和职责以及对任职者的要求，然后与士兵资格卡片进行对照，找出最合适的匹配者。不久，这个程序也在军官的任命和提拔上得到广泛应用。①

与此同时，委员会还编写和出版了名为《人事手册》（Personnel Manual）的宣传页，注明了各项标准的人事程序和流程。1918 年，宣传页变成了周刊，取名《人事》（Personnel），该刊的标语就是"合适的人放在合适的位置上"（The Right Man In The Right Place）。到一战结束，委员会培养了近 7000 名人事专家。委员会极大地推动了美国企业的人事管理，媒体上曾刊发了《军队人事工作：送给工业的一份战争礼物》的文章，它的六条原则也成为企业人事部门运行的基本准则，委员会的人事分类技术也被企业广泛采用。管理历史学家弗格森（Ferguson）评价到："委员会为美国的人事管理打下了理念和技术基础。"②

（四）雇主导向的工业民主

随着雇佣管理部门的广泛建立，管理员工的职能系统已经形成。然而，这只是技术层面的，仅仅成立雇佣管理部门尚不足以解决劳工问题，必须上升到"工业友善"的理念层面。著名的劳

---

① Scott. *Army Personnel Work—A War Gift to Industry*，Factory，April 1919，p. 687.

② Leonard Ferguson. *Psychology and The Army：Classification of Personnel*，Hartford：Finlay Press，1963.

工问题专家波特尔（H. F. J. Porter）认为，即使有了雇佣管理部门，如果工人不能得到他们要求的利益，他们就不会对企业抱有好感。传统的企业建立的是军队法则，雇主扮演的是长官，这种体系的缺点在于，如果一个人完全掌控了组织，则独裁的作风和无限扩张的欲望可能连其自身都无法控制，这样雇主和工人就变成了"强制—抵抗"关系，结果会引发劳资冲突。他认为，应该使用"在一起"（Getting Together）的管理方法，赋予雇员以发言权，组织永久性的员工委员会和建议申诉系统，实现工作场所的工业民主。但他也承认这种工业民主有别于工会宣扬的民主，虽然提供了工人发言权，但这种发言权受到雇主掌控，并处于谨慎的支持状态。[①]

1917—1920 年，在建立雇佣管理体系的基础上，雇主们开始大量建立员工委员会（Works Councils）、车间委员会（Shop Committees）、雇员代表计划等，进一步树立雇员导向的人本管理意识，这些也成为员工参与（Employee Involvement）的最早雏形，同时也是雇佣管理向人事管理转变的催化剂。

1. 雇员代表计划

雇员代表计划（Plan of Employee's Representation）是工业民主中最重要的一种形式，并有工厂理事会（Work Council）和公司工会（Company Union）等多种称谓。它最早由科罗拉多燃料和铁矿石公司（CF&I）建立，它被公认为是最早发起的雇主导向的工业民主。CF&I 的雇员代表计划是与煤矿工人联合会斗争的结果。1914 年，CF&I 拒绝工人建立工会的要求，并引发了罢工和骚乱。罢工引来了军队的镇压，在冲突中，1 名工人的帐篷被火烧，导致 12 名妇女和儿童的死亡，这次事件引发社会的

① H. F. J. Porter. *The Higher Law in the Industrial World*，Engineering Magazine，August 1905，p. 644.

愤怒,并称此次事件为"拉多罗大屠杀"(Ludlow Massacre),这给 CF&I 的拥有者洛克菲勒带来了巨大压力。

洛克菲勒向著名的劳工问题专家麦肯齐·金(Mackenzie King)咨询如何恢复劳工和平,修复劳资关系以及驱除工会。金随即提出了雇员代表计划,虽然遭到公司经理们的反对,但洛克菲勒支持了该计划。该计划鼓励工人选出自己的代表,每月定期召开工会代表和公司经理参加的协商会,决定产量、雇佣事务以及处理争议。①

洛克菲勒也不遗余力的宣扬雇员代表计划的好处,并认为这是培养劳资合作,建立利益共同体的好方法。1916 年,洛克菲勒在亚特兰大周刊上发表了一篇名为《劳动—资本:合作者》的文章。他认为,社会应该高度重视劳资合作,这将影响到社会文明。他认为最大的障碍在于劳资双方互相的不理解以及无法解决的抱怨,而这种情况随着组织规模的不断扩大,高层管理者日益远离一线车间,工厂之间的沟通交流日渐稀少而日趋恶化。因此,管理方非常有必要建立一种"调整媒介"(Medium of Ad-Justment),来恢复接触和沟通,来解决各种劳动争议,处理涉及工人利益的雇佣问题。工业中流行的调整媒介是集体谈判,但洛克菲勒认为,集体谈判的本质是创造劳资之间持续的福利,从长远看,这导致了双输的结果,因此这种媒介既要保护劳工抵制压迫和剥削,又要保护企业不能牺牲效率,从而保证一种双赢的结果。因此,CF&I 的雇员代表计划才是一种建立真正工业伙伴关系的办法。①

洛克菲勒在新泽西标准石油公司推广了雇员代表计划,该计划由克莱尔伦斯·希克斯(Clarence Hicks)领导,他曾担任过

---

① Kaufman. *Industrial Relations Counselors*, Inc: Its History and Significance.

YMCA 福利秘书，国际收割机公司的福利主管并直接领导 CF&I 的雇员代表计划。Hicks 以及标准石油也成为 20 年代工业关系运动以及福利资本主义兴起的主要发起人。

2. 工业民主的推广

有趣的是，美国的参战宣言也客观上成为推行工业民主的动力。德国的政治独裁制度被认为是西方民主体制最大的威胁，而民主和平等是美国的主流价值观，因此，美国以维护"世界的民主"为理由从中立立场转向宣布参战。很快，雇主们开始意识到自己的许多管理方式正在与这种价值观相抵触，他们自身正成为工业帝国主义（Kaiserism）和军国主义（Prussianism）的罪魁祸首。洛克菲勒敏锐的观察到这点，"现在政府的民主和工业场所的民主并不一致"。与此同时，在工会运动的影响下，以往的工会镇压策略会付出更大的代价，因此工业民主作为工会替代的一种策略，被大量推广，工业民主成为了流行语汇。威廉·斯塔德（William Stoddard）描述到：

现在，没有工业友好，就没有真正的生产效率。而如果雇主还是单方面决定雇佣工资和雇佣条件的话，就不会存在工业友好和合作。因此最高的生产效率取决于工业民主的实践程度。从这个角度看，工业管理和政府管理本质是一样的。①

美国政府的战时机构也对推动工业民主产生重要影响。NLWB 和 SLAB 都把员工委员会当作解决工人想成立独立工会而雇主坚决反对的"中间方法"。NLWB 命令 125 家企业建立了员工

---

① William Stoddard, *Labor and The Shop Committee*, Industrial Management, August 1920, p. 102.

委员会，其中就包括工业巨头 GE 和伯利恒钢铁公司。SLAB 也命令众多造船公司建立员工委员会。就如洛克菲勒计划一样，这些员工委员会被工厂工人推选出来，代表工人与管理方定期进行谈判协商，确定诸如工资待遇、劳动保护、生产效率、抱怨建议等雇佣事务。但我们应该看到，这些工业民主活动都是由企业建立、控制和资助的，覆盖的范围仅仅限于本企业的员工，甚至是某个车间，这些委员会也常常成为防止工人罢工的工具。当然，工会组织也从来不承认这些委员会和代表计划是工业民主以及集体谈判的形式，并攻击这是愚弄和摆布工人的陷阱。①

（五）人事管理的出现

直到 1919 年，企业还是用"雇佣管理"（Employment Management）这个词来称谓企业的员工管理职能，到了 1920 年底，这个称谓被"人事"（Personnel）和"工业关系"（Industry relations）两个词替代。如前所述，军方的人事分类委员会出版了《人事》周刊，战争结束时，该委员会解体并把相关资产转交给美国雇佣管理者协会（NAEM）。随即，NAEM 开始出版自己的月刊，并取名为《人事：雇佣管理者的手册》。然而，NAEM 对于雇佣管理也用了"产业关系"来称谓。1920 年 3 月，NAEM 更改组织名称，成为美国产业关系联合会（Industrial Relations Association of America，IRAA）。该组织称，之所以用"产业关系"，意味着雇佣管理者们需要承担更大的责任。关于人事管理和产业关系两者的渊源我们将在后面章节描述。

"人事"这个词很快成为了流行语。1917 年，NAEM 的年会

---

① Daniel Nelson. "*The AFL and The Challenge of Company Unionism, 1915－1937*", in Nonunion employee representation: history, contemporary practice, and policy, ed. B. Kaufman and D. Taras.

上，荷宝（H. D. Hubbell）就曾宣称"人事的称谓已经被广泛的使用以替代雇佣管理"。① 军方的人事分类委员会大大提升了"人事"的曝光度，到 1918 年，许多公司都已经把他们的雇佣管理部门改名为"人事部门"（Personnel Departments）。1919 年，人事分类委员会的两位成员约翰·沃斯（John Coss）和莱奥拉多·奥特威特（Leonard Outhwaite）出书对人事管理的概念进行介绍，并首次出现"人事管理者"（Personnel Manager）的概念。1920 年，社会上流行了两本人事管理的畅销书，并以此奠定人事管理的普及性。一本是奥德韦·泰德（Ordway Tead）和亨利·梅特卡夫（Henry Metcalf）写的《人事管理：原则和实践》（*Personnel Administration：Its Principles and Practice*），另一本是尤金·本哥（Eugen Benge）写的《人事工作的标准程序》（*Standard Practice in Personnel Work*）。② 其中，泰德（Tead）是一位雇佣管理咨询者，并撰写了大量关于工业心理学以及人事管理的文章；而梅特卡夫（Metcalf）则通过在人事分类委员工作获取了大量人事工作的经验，他们两位是 20 世纪 20 年代人事管理活动的主要发起者。泰德还是早期把人事管理引入校园课堂的先行者，他是哥伦比亚大学的兼职教授，而亨利·梅特卡夫则成立和领导着一个人事管理咨询机构，介绍和引进各种人事管理思想。

在书中，泰德和亨利·梅特卡夫认为人事管理是对工业中的"人的关系"（Human Relation）进行管理，并给出了具体定

① H. D. Hubbell. *The Organization and Scope of The Employment Department*, Proceedings of Employment Managers' Conference, Philadelphia, April 1917, Bulletin 227：p99.

② Ordway Tead and Henry Metcalf. *Personnel Administration：Its Principles and Practice*, New York：McGraw-Hill, 1920；Eugen Benge. *Standard Practice in Personnel Work*, New York：H. W. Wilson, 1920.

义："本着最小投入和摩擦、最大产出以及适度考虑工人福利的原则，人事管理是用以指导和协调组织中人的关系的管理功能"。值得注意的是，书中出现了"人的关系"意味着雇佣关系不再只是劳动力买卖的商业关系，它包含着人与人之间的情感和社会关系。与此同时，古典经济学家宣称的可以促使劳动力资源最优分配的那只"看不见"的手将被人事管理这只"看得见"的手所取代。最后，人事管理的目标本质和科学管理一样，都是获取最大的效率和产出，但前提一定要考虑到工人的情感、要求和福利。

需要特别指出的是，人事部门并不完全等同于雇佣管理部门。康莫斯（Commons）认为人事部门相比与雇佣管理部门充满了工业友善、它追求公平、健康和效率。杜德利·肯尼迪（Dudley Kennedy）也描述了两者的区别：

> 一些年前，许多企业成立了雇佣管理部门，这个部门常常只是招工办公室，雇佣管理者在基本的劳工政策上不进行任何的构建，他们在工资问题上没有任何的发言权，他们在工人薪酬、安全生产以及健康等工人事务上没有任何的作为……而如今在一些大的商业单位，已经形成一种积极、显著和建设性的劳工政策，这种新政策和人事管理部门的建立以及地位息息相关，新部门对工人工作环境、工人抱怨和工资调整进行管理和规范。而人事管理工作已经成为企业需要高度重视的问题，是需要每天都关注的问题，是需要一个副总经理投入所有的时间和精力来解决的问题。[1]

---

① Dudley Kennedy. *Employment Management and Industrial Relations*, p. 357.

（六）工作分析和岗位分级的兴起

收集各种岗位信息并进行工作分析（Job Analyse）和岗位分级（Job Specification）成为这个时期的人事管理的主要特点。工作分析首先被政府机构用来招聘和培训工人，陆军部雇佣了大批专业心理学专家，对军队所需要的 400 种岗位进行分析和描述，并把这些信息公开以鼓励雇员选择自己最适合的岗位。美国就业局（United States Employment Service，USES）在 20 个关键行业开展了对每一个岗位进行工作分析的项目，战争结束后，国家职业教育委员会（FBVE）把这些信息公布于众。①

验证工资分配的合理性也是工作分析兴起的重要推动力。战争期间，由于工资待遇的不公平导致了战时的罢工和高流失率，因而通过工作分析和标准化的专业词汇对众多的岗位进行了分类，使岗位工资标准化，并建立岗位分级制度。通过岗位分级也确定了企业内部的工资结构。1918 年，西屋电气公司根据岗位所需技能、执行能力、力气以及特殊照料等因素，把工厂的所有岗位分为了 5 个等级。每个等级都规定了小时工资率的范围，计件以及奖金率都必须在这个范围内。② 在此之后，固特异、国际收割机等公司纷纷采用了此种做法。

就这样，人事部门的建立以及人事经理们对雇佣行为和权力进行了整合，对工人的招聘、处罚和解雇做了规定（通常包括对人事经理的规定），记录和分析就业和工资状况，更加系统地进

---

① Sanford M. Jacoby. *Employing Bureaucracy*, London: Lawrence Erlbaum Associates Publishers, 2004, p. 116.

② Shatz. *The Electrical Workers: A History of Labor at General Electric and Westinghouse, 1923—1960*, Urbana: University of Illinois Press, 1983, pp. 60 - 61.

行培训、绩效评价和激励。许多公司引入了正式的工作分析，以辅助选择员工以及使公司混乱的工资率更趋于合理，许多企业建立了自己的雇员代表计划。这些改变，使得公司发现自己能够更好地留住员工、控制成本、提高员工士气，员工更加依附于雇佣他们的公司，他们的工作也更像是一种事业。

第五章

福利资本主义时代(1921—1928)

第一次世界大战后,1920—1921 年资本主义世界爆发了首次严重的经济危机。危机过后,美国经济开始复苏,之后逐渐趋于繁荣,创造了资本主义经济史上的奇迹。1923—1929 年秋天,美国每年的生产率增幅达 4%,步入了历史上的黄金十年,因这一时期基本上处于共和党人柯立芝总统任内(1923—1929 年),史称"柯立芝繁荣"。然而这一繁荣本身却潜伏着深刻的矛盾和危机。工业增长和社会财富的再分配极端不均衡,工业增长主要集中在一些新兴工业部门,而采矿、造船等老工业部门开工不足,纺织、皮革等行业还出现了减产危机,大批工人因此而失业。1920—1929 年,工业总产值几乎增加了 50%,而工人却并没有增多,交通运输业工人实际上还有所减少。与工业繁荣平行的,是生产和资本的进一步集中和生产垄断化程度的提高。1914—1929 年,美国加工工业工人总数中,拥有 50 名工人以下的小企业的比重,由 23.8%降到 19.4%;而拥有 500 名工人以上的大企业的比重,则由 31%上升到 37.6%。[①] 1928—1929 年兼并之风盛行,美国工业发生了比 1920 年规模更大的公司合并

---

① 《二十年代美国的柯立芝繁荣》,http://www.ch.zju.edu.cn/RWKJ/SJS/chap6/dusa20th.htm。

和吞并，两年间被吞并的公司达 2300 个，社会财富越来越集中于工业巨头手中。

一　劳动力市场

随着一战的结束，战时政府干预劳动力市场的机制随即结束。这个时期美国的经济繁荣使美国的整体失业率处在了 1900年以来的最低位，同时城市劳动力的工资增长了 26%。然而制造业和交通运输业在 1923—1927 年的失业率却比 1900 年以后任何 5 年的失业率都要高，1923—1927 年的年平均失业率达到了5.6%，而一战期间的失业率平均只有 3.8%。同时 1919—1929年期间，制造工业品增长了将近 50%，制造业的生产一线工人雇佣量却下降了 1%，非一线工人下降了 6%。交通运输业的雇佣量则整体下降了 9%（见表 5.1）。[1]

表 5.1　　　　生产制造业工业产值增长和就业增长指数

年　份	工业产值增长指数	就业增长指数
1919	100	100
1923	122	96
1929	148	100

资料来源：Leo Wolman and Gustave Peck. "Labor Groups in The Social Structure", in Wesley C. Mitchell, ed. , *Recent Social Trends in the United States* (New York, 1933), p. 805。

技术失业（Technological Unemployment）是造成失业的主

---

[1]　George Lubin. *The Absorption of The Unemployed by American Industry*, Washington, D. C, 1929, pp. 15 - 18.

要原因。这个时期美国工业进行了大规模的技术革新和技术改造，大量生产流水线被应用，大量工人被机器所替代。1919—1929 年间，制造工业产值的增长没有带来就业的增长。与此同时，新兴产业却没有吸收这些失业工人。1928 年间的一项研究表明，那些失业工人平均失业时间长达 6 个月，他们很难找到一份新工作。

市场饱和是造成失业的另外一个主要原因，钢铁、棉纺、铁路等行业生产过剩。1800—1920 年，棉纺行业的就业都在稳定增长，但在整个 20 世纪 20 年代突然下滑，因为一方面市场已经饱和，另一方面有来自人造纺织业的竞争。铁路也面临同样的困境，汽车产业的发展形成很大的威胁。当然，化工、石油、电子制造以及公共事业的蓬勃发展也是这个时期的经济特点，但这些都是劳动密集型的，对于就业吸纳非常有限。①

与此同时，1920—1924 年间，海外移民达到了前五年的将近 4 倍。虽然随后的移民法律限制，特别是对东南欧非技术工人的进入限制，将劳动流入量从 1920—1924 年的平均 55.5 万人压缩到 1925—1929 年间的平均 30.4 万人，但即使后一个数字也比 1916—1920 年间的流入量多 30%。劳动供给的最大增长来自美国农村，从 1921 年一直到 1929 年，美国农村的总迁出量达到 1740 万人，净迁出量达到 580 万人，尤其从南方迁入的黑人，由 20 世纪最初 10 年的 55.5 万人猛增到 20 世纪 20 年代的 90.3 万人。②

美国劳动力市场又重新回到了买方市场，劳工的流动率大幅

①   Sumner H. Slichter. *Technological Unemployment*：*Lines of Action*，*Adaption*，*and Control*，American Economic Review，March，1932，22：pp. 41 - 54.

②   Sterling D. Spero and Abram L. Harris. *The Black Worker*：*The Negro and The Labor Movement*，New York，1931，pp. 152—157.

下降，从 1919—1923 年间的 5.4％下降到 1924—1928 年间的
2.5％。工人们因为害怕失业而不敢轻易更换工作，制造业工人
的平均年龄也变大了。美国的街头又重新出现失业的工人以及争
抢工作的情形。[①]

二　工会及工人运动

高的失业率打击了工人运动，这个时期的工人运动处于低潮
期。1920 年，工会会员达到了 500 万的历史顶峰，但在随后两
年迅速下滑，到 1923 年只有 360 万。随后还在稳定而缓慢的下
降，到 1929 年变成了 340 万，已经比 1920 年减少了近 32％。虽
然并不是所有的工会组织会员都减少，但生产制造业工会却无疑
是损失最大的，其工会会员 1920 年是 190 万到 1929 年不到 80
万，减少了 60％。1920 年，在金属、机械和造船业中有 85.9 万
名工会会员，仅仅过了三年，这个数字下降到 25.7 万人，到 20
世纪 20 年代结束时，下降到 2 万人。与此同时，工会罢工事件
迅速减少，从 1920 年的 3411 起到 1929 年的 921 起，减少了
70％。1916—1921 年间，罢工次数年平均 3500 起，而 1922—
1930 年间年均刚超过 1000 起，1927—1930 年间，年平均仅有
700 起。参与罢工的工人也越来越少，因为他们大多害怕失去工
作而不愿参加罢工。1919 年美国罢工参加人数 416 万，而到了
1928 年，参加人数仅 31.4 万。工会组织发现发展会员也变得困
难了。[②]

---

①　Summer H. Slichter. *The Current Labor Policies of American Industries*, Quarterly Journal of Economics，May 1929.

②　［美］拉佐尼克：《车间的竞争优势》，徐华、黄虹译，中国人民大学出版社 2007 年版，第 263 页。

在此背景下，美国最大的劳工组织 AFL 继续剥离工会组织的暴力色彩，声称既要关注工人的福利，也要考虑雇主的利益，鼓吹劳联既是现存社会秩序的支持者和精神堡垒，同时又是资本主义忠实的赞美者。在 1923 年劳联的年度大会上，劳联谴责劳资关系的"无秩序的冲突"，倡导建立一种制度来协调"生产过程中影响工人地位和权利的所有问题"，在这样的体制下，工会将承担更大的责任与雇主共同达成协议，从而将劳资冲突变成历史。劳联在《工业社会中不证自明的责任》中宣称："冲突和斗争不是工业中各个不同集团的使命……工业生产中各个利益集团的真正作用是走到一起，找到彼此合作的方法，尽其最大所能满足人类的需要。"①

劳联明确提出工会要与资方合作，宣称"越来越多的有组织劳工终于相信，只有通过和谐而不是冲突才能获得最大利益"。接替的冈波斯的 AFL 主席威廉·格林（Hugh Green）公开宣称："雇主管理他的企业，控制他的企业和从其投资中得到公平利润的权力，应该得到保护和承认。"他认为，工会所追求的是在雇主和雇员之间通过谈判，取得对各自被承认范围内的权力的"恰当的承认"②。一战后的十年间，劳联领导者通过发表文章和演讲的方式，一直在向工业世界宣传资方与工会合作的价值。劳联所争取的不过是工人劳动力支出应该得到的合理收入，工人的收入应在总国民收入中占一个适当的比例，稳定和提高工人的社

---

①　Taft. *From the Death of Gompers to The Merger*，New York：Harper & Brothers Publishers，1959，p. 89.

②　Christopher L. Tomlins. *The State and the Unions*，*Labor Relation*，*Law*，*and the Organized Labor Movement in American*，*1880—1960*，New York：Cambridge University Press，1985，p. 82.

会购买力，能使工人过上体面甚至高雅的社会生活。[1] 与此同时，美国劳联将扩大工会组织的目标定为大规模生产行业的雇员，在汽车工业和纺织工业等部门发动了有组织的活动，并争取与资方合作。

三　劳工立法

随着一战的结束，美国政府战争期间过分保护劳工权利的天平又倾向了另一边，一切似乎又恢复到战前的状态。本来保护劳工权力的《克莱顿法》却常常被做相反的解释。1921 年在杜普勒克斯出版公司诉迪宁案中，最高法院判决工人的间接联合抵制行动不受法律保护。最高法院认为，《克莱顿法》第 20 条并没有禁止法院对间接联合抵制发布禁令，该条规定仅是消除某些劳工行为的非法色彩，但法律所允许的行为只是发生在雇主和其直接雇佣的员工之间，而与其他公司的员工无关。因此，工会组织针对杜普勒克斯公司的同情罢工和间接联合抵制是非法行为，工会也被判定阴谋限制州际贸易。[2]

最高法院的这一判决使美国政府通过立法创建某种机制和平解决劳资争议的构想推迟了十多年。这个时期，劳工组织的合法性在保守的联邦法院是得不到承认的，美国法学教授弗朗西斯·塞尔（Francis B. Sayre）曾经质疑道：

　　最近，那些实力雄厚的大公司在法律眼中已成为唯一法

---

① 周剑云：《20 世纪初美国劳资集体谈判思想初探》，《河南师范大学学报》2008 年第 9 期。

② Karen Orren. *Belated Feudalism labor*, *the Law*, *and Liberal Development in the United States*, New York: Cambridge University Press, 1991, pp. 157 – 158.

人实体，如果两个钢铁厂工人联合起来计划某种行动，法律就会视他们的行为为侵权；但是，如果美国钢铁公司计划类似的行为，法律就会对他视而不见。法律怎么会这样？难道工人联合行为对国家的危险性一定大于钢铁公司的行为吗？为什么单个工人联合起来实施某种行为，就被认定是侵权，而如果一个没有参加这种联合，却实施这种行为的工人就可以免罪？这难道就是正义吗？①

不过，放弃干预和向谈判政策转变的做法在铁路运输业得到了继续。1922年美国铁路工人大罢工，促使国会在1926年通过了《铁路劳工法》，保护铁路工人团结组织权并建立集体谈判制度。该法案规定成立由总统任命的一个协调委员会，委员会拥有调解合同谈判争议的权力，以及强制实施劳资双方在集体谈判中达成的有关"工资、规章和工作条件"的合同义务的权力。如果对劳资双方的调解不成功，双方又都不愿意将争议交付仲裁，而这种劳资纠纷又严重到危害州际贸易的运营，足以导致全国重要交通运输的中断，则委员会必须告知美国总统，由总统宣布成立一个"紧急姿态"委员会对劳资纠纷进行调查并作出报告。在此期间，《铁路劳工法》强制规定了最多为期60天的罢工中止期，禁止劳资纠纷中的任何一方改变现在状况，这就是说，为使全国交通运输流畅，铁路兄弟会和铁路公司都不能擅自采取激化劳资纠纷的行动。②

1930年，在得克萨斯和新奥尔良 R.R. 公司诉铁路和轮船兄

① Francis B. Sayre. *Criminal Conspiracy*, Harvard Law Reviews, 1921—1922, 420：p.35.
② 周剑云：《论美国劳资关系调控体制的变迁（1887—1947）》，博士学位论文，中国人民大学，2008年，第96页。

弟会一案中（Texas and New Orleans R. R. Co. v. Brotherhood of Railway and Steamship Clerks，1930），《铁路劳工法》得到了最高法院的支持。最高法院判决铁路公司解雇工会官员，威胁员工退出铁路兄弟会，组建公司工会的行为违法。最高法院认为该法并不"干涉铁路公司正常的挑选雇员或解雇雇员的权力"，它的重要性在于禁止雇主"干涉雇员拥有自己选择的代表的权力"，认为国会应当赋予劳工组织以及由此形成的一定力量以合法地位，它是对社会有用的——实现产业和平的手段。[①]

四　福利资本主义

福利资本主义，是美国企业为了应对出现的劳资关系危机而提出的一种解决方案，即由雇主，而不是政府或工会，自愿为工人提供解决员工福利问题的体制。这一体制被许多大企业采纳，并在 20 世纪 20 年代形成一场有影响的福利资本主义运动[②]。福利资本主义研究权威斯坦福·雅各拜（Sanford M. Jacoby）在其著作中描述了福利资本主义的表现形式：

> 在 20 世纪早期，一位美国雇主 S. C. Johnson，他在威斯康星州从事地板蜡和其他家用产品的制造。1886 年萨缪尔·约翰逊（Samuel C. Johnson）成立了一家企业，并长期为员工提供康乐设施、利润分享计划、带薪假期、团体人寿保险以及多种其他福利。萨缪尔的儿子赫伯特（Herbert）

---

① 周剑云：《论美国劳资关系调控体制的变迁（1887—1947）》，博士学位论文，中国人民大学，2008 年，第 97 页。

② 李月娥：《美国企业福利资本主义缘起的历史考察》，《西南师范大学学报》2005 年第 7 期。

跟随他父亲的脚步，依照他父亲的做法管理员工。在第一次世界大战期间，他通过雇佣更多的全日制工人，培训他们去完成工作项目，稳定了企业内的不稳定就业水平，因此工人可以轮流在公司工作。1922 年，他开始广泛宣传私人失业保险计划。1929 年，赫伯特·约翰逊向国会陈述道："国家应该为广大的普通工人提供更长久更明确的帮助。"20 世纪早期，像萨缪尔·约翰逊的企业，为被改良主义者关注的"劳工问题"提供了一个独特的美国式答案：工商业公司，而不是政府或工会，将会是现代社会中安全稳定的源头。这种途径被称为"福利资本主义"。①

雇主自愿提供员工福利是福利资本主义的组成部分之一，同时也是在 20 世纪早期进步的雇主实践的一种人力资源战略，它作为一种"通过积极的人力资源实践方法，如支付高于市场价格的工资，提供职业安全、员工福利，给予内部晋升机会以及员工参与计划等方式，来赢得工人合作、忠诚和努力工作"，以避免工会、政府对劳动力市场的干预。②

（一）福利类型

雇主在福利事业的实践中，提供的福利范围是很广泛的。曼德尔（Mandell）把当时雇主提供的福利项目划分成四种福利类型：（1）促进工作场所安全与员工健康的项目，如通风设施、看管机器、清洁的卫生间、设备完善的休息室、工厂花园等；

---

① Jacoby Sanford M. *Modern Manors*：*Welfare Capitalism since the New Deal*，Princeton University Press，1997，p. 3.

② Kaufman Bruce E. *HR Management in the Twentieth Century*：*Milestones and Lessons Learned*，Perspective on Work，2001，No. 1：pp. 53 - 56.

（2）关注工人之家的安全与健康的活动，包括提供个人问题的咨询以及烹饪课程；（3）许多不同的教育、娱乐、社会活动，从英语课程到午间的跳舞活动；（4）财务福利计划，如企业年金（养老金）、疾病福利以及人寿和健康保险等（见表5.2）。①

表5.2　　1929年美国各类企业实施福利计划的状况（%）

福利资本主义计划	小企业（4409家，雇员少于250人）	大企业（1676家，雇员超过250人）	巨型企业（233家，平均雇员2300人）
A 各种津贴计划			
集体人寿保险	36.3	46.9	70.4
集体健康事故保险	11.0	15.5	54.9
股权购买计划	3.7	17.1	21.5
带薪假期	21.0	25.5	27.9
资历奖金	8.7	10.9	23.2
利润分享计划	3.8	4.8	8.6
储蓄计划	3.8	19.6	25.3
向雇员贷款计划	13.7	26.3	24.9
公司住房	4.5	14.0	21.5
B 健康、安全计划			
安全委员会	28.8	67.2	76.8
公司医院	2.5	24.0	37.8
车间护士	3.9	33.5	
C 娱乐计划			
野餐或郊游	15.1	39.2	52.8
体育设施	2.6	18.9	35.2

---

①　Mandell, Nikki. *The Corporation as Family: The Gendering of Corporate Welfare*, 1890—1930, University of North Carolina Press, 2002, pp. 3-4.

福利资本主义计划	小企业（4409 家，雇员少于 250 人）	大企业（1676 家，雇员超过 250 人）	巨型企业（233 家，平均雇员 2300 人）
雇员俱乐部	2.4	17.2	20.6
D 培训与教育			
入职培训	15.5	39.2	52.8
技能培训	10.7	19.7	60.9
工头培训	4.9	19.2	49.8
雇员杂志	2.2	18.1	43.8
申述制度	22.0	51.9	53.2
E 工业民主			
人事部	2.5	34.3	71.2
集中雇佣	6.2	41.8	87.1
集中解雇	4.4	23.9	64.4
雇员流失记录	8.3	49.8	77.7
晋升制度	4.0	23.9	29.2
劳资会议	6.8	15.0	
公司工会	2.5	8.7	56.7

资料来源：Chiaki Moriguchi. "*The evolution of employment relations in U. S. and Japanese manufacturing firms*, 1900—1960: *A comparative Historical and Institutional Analysis*", (http: //www. nber. org/papers/w7939) .

其中，养老金计划是这个时期的普遍做法。拉蒂莫（Latimer）分析了这个时期养老金普及的三个原因：第一，适当转移不再有能力有效履行自己任务的老龄工人，特别是将（如铁路上）公共安全作为考虑因素；第二，希望发展稳定且胜任工作的劳动力，养老金被认为能防止罢工，提高长期、忠诚、持续的服务；第三，这是处理老工人（和伤残工人）的一种人道的方法，能提高企业的声望，增强企业对有能力工人的吸引力。拉蒂莫还提到，养老金很少是由雇员要求而建立的，然而一旦雇主提供养老金，肯定会非常吸引工人。[1]

在进步主义时期，处理没有生活依靠的老龄人的短期解决方法是政府或慈善机构提供贫民所需资金的帮助。到了20世纪20年代，很多人认为根本的问题是由于工人不懂得节俭，他们年轻的时候，"不注重节约资源"，"随意花钱"。雇主为了改善工人的不良习惯，逐渐灌输他们谨慎节约的生活习性，为雇员提供有助于储蓄的计划。雇主将提供的养老金计划看作是促进"和谐"劳动关系，提高工人士气，减少劳动力周转的"法宝"。[2]

(二) 提供福利的动机

雇主针对他们的企业战略，通过施行福利事业，来表达各自不同的动机。但是，绝大多数的雇主承认"工作场所中的利他主义是一种制造利润的风险"[3]。雇主认为如果工人将工作固定到一家企业，而不是在开放的市场中不断流动，这样工人会更加廉价且更具有生产力；同时，他们相信福利事业会抑制工会组建率的增长以及防止政府对劳动力市场规制的增加。

为什么雇主要以员工福利和服务的形式提供额外的补偿，而不是直接支付更高的工资呢？首先，福利事业有可能允许雇主支付更低的工资。由于当时的经济规模效应以及逆向选择现象，保险公司不愿向个人销售保险，这样使雇主可以用更优惠的价格来

---

[1]　Latimer, Murray Webb. *Industrial Pension Systems in the United States and Canada*, New York: Industrial Relations Counselors, 1932, pp. 18 - 19.

[2]　National Industrial Conference Board (NICB). *Employee Thrift and Investment Plans*, New York: 1929, pp. 27 - 28.

[3]　Tone Andrea. *The Business of Benevolence: Industrial Paternalism in Progressive America*, Ithaca, N. Y: Cornell University Press, 1997, p. 64.

购买保险，实际上雇主比雇员承担的风险更少。由此导致工人为了换取雇主提供的福利，而接受工资更低的工作，但是提供福利的雇主会宣称，他们与没有提供福利的竞争对手一样，支付相等的工资。其次，像企业年金和休假等福利，仅向长期的雇员提供，因此，提高了工人对企业的忠诚度，更长的任期使雇主提高工作速度变得更为容易，以及更利于促进新技术的引入①。第三，家长制的雇主认为他们比工人更懂得去使用额外的资金：更高的工资只会让工人频繁地光顾妓院和舞厅，不利于工人的生产力发展，但是提供膳食、监管娱乐活动、提供健康医疗设施等，则会促进工人生产力的发展②——有争论认为，这种动机实质上是对工人施行带有恩惠的操控③。

五　人力资源管理的发展

劳动力市场疲软、劳工动乱的平息加上政府对工人运动的抵制情绪重新集结成一股力量，并形成了人事管理发展的分叉口，一方面由于劳动力的过剩、生产率的提高以及工人害怕失去工作的担忧，雇主们再也不用担心工人流动率的问题，从而缩减人事部门和人事活动，返回战前的雇佣管理模式；另一方面，大约1/4 的大公司坚持了进步的人事管理方法，通过更人性化的雇佣政策和福利措施为工人提供良好的就业保障，并开启了"福利资本主义"时代。正是由于这些工业巨头的坚持，人力资源管理在

①　Jacoby Sanford M. *Modern Manors*：*Welfare Capitalism since the New Deal*，*Princeton*，NJ：Princeton University Press，1997，p. 15.

②　Tone Andrea. *The Business of Benevolence*：*Industrial Paternalism in Progressive America*，Ithaca，N. Y：Cornell University Press，1997，pp. 79 - 80.

③　Jacoby Sanford M. *Modern Manors*：*Welfare Capitalism since the New Deal*，Princeton，NJ：Princeton University Press，1997，p. 75.

有限范围内得到纵深发展，并成为具有示范效应的"最佳实践"
(Best Practice)。

（一）战后人事管理的萧条

随着一战的结束，政府对劳动关系干预的措施也随之解除，
美国雇主并没有压力来保持和发展人力资源项目，即使建立人事
管理部门的企业数量还在增加，但显然速度大大放缓了。即使在
这些企业中，保守政策也占有上风，虽然人事部门还继续管理招
工和福利工作，但他们的权威性和独立性已经大大减弱。1927
年，NICB 对 4500 家工厂进行了调查，发现 34％的大工厂（雇
佣人数超过 250 人）拥有集中的人事管理部门，而小工厂的比例
仅仅为 2.5％。此表显示，20 世纪 20 年代人事管理还在不断发
展，成立人事部门的企业数翻了三倍。然而，即使是这样，这些
企业也只是小众群体，只占大企业数的 1/3（见表 5.3）。

表 5.3　20 世纪 20 年代美国人事部门及雇员代表计划发展情况

人事部门	1919 年	1927—1928 年
建立人事部门的工厂（家）	700	2400
建立人事部门的大工厂比例	10％	34％
建立人事部门的制造业工厂比例	0.3％	3.6％
人事部门覆盖员工的比例	5.3％	18.4％
雇员代表计划		
计划数量（家）	225	869
覆盖工人数（人）	690000	1540000
制造业工厂工人覆盖比例	6.5％	15.5％

资料来源：Sanford M. Jacoby. *Employing Bureaucracy*, London: *Lawrence Erlbaum Associates Publishers*, 2004，p. 174.

这个时期，雇主们不再需要人事管理来促进工人忠诚以及降低流动率，因为他们发现，工人们由于害怕失去工作，不用人事管理也会变得更有效率。纽约的一个针对雇主的调查发现，超过一半的受访者认为工作效率得到了明显的提升，即使那些认为效率没有变化的 10% 的受访者也认为，工人现在有了更好的工作态度。于是，作为人事管理重要项目的雇员代表计划发展缓慢，即使是这样，这些数据显然也高估了企业实行高水平人事管理项目的意愿。因为这些计划有一半是政府战时机构推动成立的，许多雇员代表计划只是徒有其名，并没有得到实际运作。

同时，许多雇主认为如今的高失业率使人事部门成为多余，并纷纷裁撤人事部门。"雇主们撤销人事部门"成为《纽约时报》1921 年的一条报道的标题。一家大型电器公司曾经建立了拥有 100 人的人事部门，而现在除了一些秘书留守外，其余的员工都被解雇。一些雇主在以前对人事管理是抱着"试试看"（Try and See）的态度，而现在则根本没有兴趣（Don't Try）。①

那些幸存下来的人事部门也纷纷回到一战前的政策状态，把权力再次归还给工头们。工头们在管理下属以及分配决策权方面重新发挥决定性作用，关于招工、提升以及解雇的管理权又再次回到工头手上。失去雇佣管理政策的控制权和执行权成为人事管理的趋势，1927 年对全美 169 家大企业做的调查显示，仅有 1/3 的企业人事部门对雇佣决策发挥作用。而人事管理对解雇方面有决定权的企业从 1918 年的 36% 下降到 1929 年的 24%。人事部门的地位也在不断下降，人事部门不再是和其他部门平起平坐，而更多的成为生产车间的附庸。

考夫曼（Kaufman）对这个时期的人事管理发展形成如下判

---

① Sumner Slichter. *The Current Labor Policies of American Industry*, Quarterly Journal of Economics，May 1929，43：p. 429.

断：其一，从 20 世纪第一个 10 年的末期到 20 年代末，建立人事部门的企业以及人事项目覆盖的人群翻了三倍；其二，即使经过 10 年的发展，建立人事管理的企业也只是少数派，并仅仅覆盖生产工人的 15%—20%；其三，人事项目实施层次与企业规模成正比关系；其四，人事管理水平呈现离散性，工业领袖愿意建设先进的人事管理体系，而大量的小企业的人事管理仅仅只是停留在纸面上和名义上。[①]

（二）SCC 对人事管理的推动

这个时期，美国的一些大企业却没有削减人事部门，反而提升了人事管理的地位，强调人事管理对企业的重要性。对于美国大雇主持续争取工人善意的努力，斯利科特（Slichter）解释是：（1）20 世纪 20 年代早期雇主处于对好斗的工会运动回潮的恐惧，从而（2）不愿意在衰退期间与价格回落同步的削减工资，以及（3）面对实际工资的增长，希望寻求其他的增加"劳动效率的手段"。[②]

1919 年，在新泽西标准石油公司以及通用电气公司的倡议下，来自美国十大领先的工业集团的 CEO 和人事经理，成立了特殊会议委员会（Special Conference Committee，SCC）。SCC 包括了伯利恒钢铁公司、杜邦公司、通用电气、通用汽车、固特异、国际收割机、欧文国民银行、印第安纳标准石油公司和西屋公司。随后几年间，美国橡胶、AT&T 公司和美国钢铁公司纷纷加入。这些企业也是美国历史上福利资本主义时代的发起者。

---

① Bruce E. Kaufman. *Managing the Human Factor：The early years of human resource management in American industry*，Cornell University Press，2008，p. 220.

② ［美］拉佐尼克：《车间的竞争优势》，徐华、黄虹译，中国人民大学出版社 2007 年版，第 276 页。

SCC 和美国石油巨头洛克菲勒有紧密联系。1914 年，洛克菲勒下属工厂发生激烈的劳资冲突，并爆发"拉德洛大屠杀"（Ludlow massacre）事件，造成 45 人死亡（其中包括 32 名妇女和儿童），20 人失踪，20 多人受伤。屠杀事件使洛克菲勒名誉扫地，受到公众强烈谴责，也深深触动了洛克菲勒，"冲突的痛苦深深的震动了我，我决定尽我所能，寻找能够避免再发生类似冲突的办法"。洛克菲勒出资创办劳资问题顾问事务所，强化对劳工关系问题的关注，深化对劳资关系发展的影响，优化对劳工的行政管理。事务所后来发展成为对美国劳动关系有重要影响力的美国产业关系协会（Industrial relations counselors），简称 IRC。IRC 发起和出版了一系列有关人事管理的研究和著作，包括工作分析、工资激励体系、失业保险，并在 1935 年通过的社会安全法案（the social security）中起到首席研究和咨询的作用。

洛克菲勒认为，一支心满意足的劳工队伍会生产出更多的利润，虽说为了满足劳工们精神上的需要，不免要增加支出，但是，工作效率提高了，劳工们称心如意了，那由此生产出来的更多利润，就足以弥补这笔额外支出，而且会绰绰有余。洛克菲勒的劳工和雇主利益一致性的论调，随即成为 SCC 的行为准则。SCC 首任主席克拉伦斯·希克斯（Clarence J. Hicks，1919—1933），同时也是洛克菲勒下属新泽西标准石油公司人事部负责人。

20 年代中期，SCC 中的十家企业总裁发表联合声明，声称"人是企业中最重要的因素，雇主与雇员必须努力互相理解，彼此尊重"。[①] 在 SCC 倡导的人事实践中，最重要的政策是努力确

---

① Jacoby. "A Century of Human Resource Management", in Bruce Kaufman, Richard Beaumont, and Roy Helfgott, eds., *From Industrial Relations to Human Resources and Beyond*, M. E. Sharpe, 2003.

保工人的职位更加安全，他们认识到，没有什么比不稳定更容易促成工人的激进情绪，也没有什么比稳定的就业保障更能促成工人的保守态度的了。首先，每一个加入 SCC 的公司都有员工代表计划，提取员工的利益诉求，发挥员工参与企业生产的积极性，而不必去参加工会。其次，SCC 进一步发展和完善了员工的福利体系，包括养老金计划、带薪休假、医疗保险、利润分享等，这是福利工作的延续。最后，所有参加 SCC 的公司都有人事部门，并发挥专业化的影响，以确保雇员能够有用一份稳定的工作，实现同工同酬，并从他们的上级那里得到公平合理的待遇。SCC 中的通用电器公司效果显著，公司在所有工厂推广了车间委员会制度，有效减少了劳资冲突，甚至公司的人事部门还推出了私人的就业保障（失业保险）计划。

SCC 凭借其在各行业领域中的显著地位，推动了人事管理思想进一步发展，其员工代表权、福利收益、职业就业机会、工头培训以及专业化的人事管理对 20 年代的劳资关系产生了重大影响。①

（三）人事管理实践

这个时期，由于工业巨头们对人事管理的兴趣，同时又有足够的资金来支持人事管理项目，因此福利资本主义时代人事管理实践内容种类繁多（见表 5.4）。埃尔伯特（Eilbirt）总结了 20 年代四个方面的人事管理实践：（1）引入工作分类计划，使工资支付体系标准化，测算生产标准，建立激励奖金制度；（2）建立雇佣保障体系，防止如解雇、工伤和疾病等雇佣风险；（3）发展薪酬制度，把工人和公司利润进行有机联系，如利润分享计划和

---

① Kaufman. *Industrial Relations Counselors*, Inc.: Its History and Significance, pp. 83 - 86.

股票购买计划；（4）发展公司工会和雇员代表计划。①

表 5.4   **1927 年采取人事实践的大企业比例**   （单位：%）

	比例		比例
雇佣管理		安全和健康	
人事部门	34	慈善救济	61
集中人事职能	42	公司医务室	24
劳动记录	50	体检	31
离职面谈	36	车间环境检查	34
晋升和调动系统	24	车间护士	48
职位评价系统	14	安全委员会	67
利润分享/福利		*培训*	
公司住房	17	入职培训	30
公司便利店	7	技能培训	20
自助餐	41	工头培训	19
储蓄计划	20	美国文化培训	10
带薪假日	26	企业大学	9
养老金	26		
公司生命意外保险	33	*劳动关系*	
公司健康保险	16	工人委员会	8
失业保险	1	团体会议	15
股票购买计划	17	工头会议	21
利润分享计划	5	工会协议	6
体育俱乐部	43	公司政策宣读体系	52
女工休息室	56	员工杂志	18
洗澡堂	42	申述系统	23

资料来源：NICB. *Industrial Relations Programs in Small Plants*，1929。

---

① Eilbirt, H. *The development of personnel management in the United States*, Business History Review, 1959, 33; pp. 345 - 364.

与此同时，随着人力管理实践的丰富，从利润角度看问题的雇主们也开始讨论人事管理所带来的收益和成本。人事管理的成本是显而易见的，它包括工作场地、设备以及人员工资，但人事管理的收益则难以衡量。收益可分为直接收益和间接收益。直接收益包括直接的降本增效，新员工素质的不断提升，工伤事故的迅速减少，工资激励所带来的干劲的提升，虽然这些不能用钱数来衡量，但可以观察和感受到变化。而间接收益其实也是表现在产量和成本上的变化，但其前提是通过员工满意度和忠诚感等长时间表现出来。经过一战期间的工会和劳工动乱，许多雇主已经意识到人事管理的间接收益才是企业最大的财富，这种忠诚感、职业道德、合作意识以及利益一致性恰恰是企业最大的收益。NICB 的报告中宣称："工业管理中已经普遍达成共识，如果没有一种无法触摸的媒介，劳动和资本设备的结合是无法达到最大效率的，这种媒介就是工人的忠诚和道德。"①

1. 资历和福利

由于大企业对人事管理的推动，人事管理发展方面出现了注重资历、发展福利以及实现就业保障等新动向。在人事决策中，资历成为大企业非常看重的方面，他们认为应该为资历长的员工保留工作的权力。许多企业都根据工人的工作年限实行了资历工资制度，如 Oneida 公司，工人工作时间每满一个月则增加 1％工资，工作满 12 个月则再增加 5％的工资，满两年再增加 7％，满 5 年则再增加 10％。1927 年一项调查发现，有 40％的大企业认为资历是他们进行解雇决策的首要考虑因素，如果工人在企业已经工作过 5 年以上，甚至 10 年，那么企业认为保留他们是企业责任，同时也能稳定工人队伍。②

---

① NICB. *Industrial Relations：Administration of Policies and Programs*，p. 16.
② NICB. *layoff and its Prevention*，pp. 38－39.

　　另外一个增强雇主和工人之间利益关系的就是福利工作的进一步发展，其中包括利润分享计划、员工持股计划、商业保险、养老金以及带薪假期（见表 5.5）。虽然这些福利措施在一战前就已经有了，但真正的流行却发生在 20 世纪 20 年代，而这也成为忙碌的人事管理部门管理的主要内容。这项福利项目都有一个前提，即要求员工需要有"持续服务"（Continuous Service）经历，即员工在有资格享受这些福利前，必须有一段稳定的工作期，这同时也是对资历政策的延续。这某种程度上也杜绝了工人辞职或参加工会的行为。1919 年，斯图德贝克（Studebaker）公司建立了包括养老金、带薪假日以及员工持股在内的福利项目，而 1920 年，底特律发生罢工，该公司许多工会会员拒绝参与罢工，原因就是害怕失去这些福利。大企业雇主们发现通过资历和福利的联合，可以有效减少劳工动荡并提高工人的忠诚感和合作意识。[1]

表 5.5　　　　　　　1929 年实施福利项目的大企业比例

福利项目	实施福利项目的大企业比例（%）
利润分享	5
员工持股计划	17
健康和意外保险	15
养老金计划	2
互助保险计划	30
带薪假日	25

　　资料来源：NICB. *Industrial Relations Programs in Small Plants.*

---

　　[1]　Jacoby. *Employee Attitude Surveys in Historical Perspective*，Industrial Relations，1988，27：pp. 74 - 93.

2. 公司工会

公司工会的设立成为这个时期人事管理发展的新标志，这种体现人性化管理原则，由雇主和雇员代表共同就公司政策以及工资、就业保障等方面进行协商的做法，得到了广泛的应用。据美国工业委员会（The National Industrial Conference Board）统计，其成员企业中，1919 年有 145 家企业建立了 196 个公司工会，1922 年有 725 家企业建立了 385 个公司工会，1926 年则有 432 家企业建立了 913 个公司工会（见表 5.6）。公司工会的建立为工人的抱怨提供了解决出路，使雇主能够更直接地与工人建立更紧密的关系，雇主不用通过工头而直接了解工人的想法，同时也使工人更加清楚和接受雇主管理政策和原则。与此同时，新泽西标准石油公司让公司工会负责不同技工之间的工资关系；一些企业常常让公司工会负责福利项目的实施或者处理工人的不满，这些不满涉及车间规章、工资率、员工晋升、解雇、工作监管及整体工作环境改善等。在对 361 家建立公司工会的企业进行的调查表明，有 356 家企业认为企业工会对劳资关系产生了有利的影响，有 310 家公司认为公司工会的建立有效的降低了工人流失率。[①]

3. 放权给工头

一战期间，许多企业通过人事部门对雇佣权力进行了集中，尤其剥夺了直线管理者以及工头的招工和解雇权力。然而在 20 世纪 20 年代，大部分企业又恢复或修改了传统模式，赋予工头和直线管理者更多的人事责任。唐纳德（Donald）评价道，"工头应该在招工、解雇、工作分配和车间纪律上有更多的发言权，而人事部门应该是一个研究机构，职责是提供雇佣建议"。

---

① 李月娥：《美国企业福利资本主义》，博士学位论文，南开大学，2006 年，第 116 页。

表 5.6　　　**1919—1932 年美国公司工会发展情况**

年份	建立公司工会的企业数量	公司工会数量	参与公司工会人数	产业工会成员人数	公司工会人数占产业工会人数比例
1919	145	196	403765	4125200	9.8%
1922	385	725	690000	4027400	17.1%
1924	421	814	1240704	3536100	35.1%
1926	432	913	1369078	3502400	39.1%
1928	399	869	1547766	3479800	44.5%
1932	313	767	1263194	3144300	40.2%

资料来源：Chiaki Moriguchi，*"The Great Depression，and Institutional Change：A Comparative Analysis of U. S and Japanese Employment Relations，1920 — 1940"*.

　　SCC 的成员企业也开始人事管理的分权化（Decentralization），给予工头更多的人事责任。之所以如此，当然也是出于效率和管理的考虑。首先，工头和一线管理者与工人有更加紧密的工作接触，对于工作所需技能以及工人的绩效表现比人事管理者们知道更多；其次，工头的素质已经发生较大的变化，这个群体不再是"满口粗话"的形象，如今的他们大多受过高等教育并掌握先进的管理理念和方法；再次，工人们在以前的工作中，常常接受车间和人事部门双重领导，反而影响了生产效率；最后，逐渐发展的人事政策，如利润分享以及薪酬制度，已经慢慢消除了工会、政府干预以及劳工流动的影响。因此人事部必须建立一个制度化的雇佣关系来解决传统的管理问题：授权给工头以确保高产出所必需的权威，而同时又不放任他们来把持车间。[1]

---

[1]　NICB. *Industrial Relations：Administration of Policies and Programs*，New York：1931，p. 42.

在执行中,人事经理们开始倚重一线的工头,让他们监管生产线,并向上提供有关工人表现和业绩的信息。有效的人事管理已经不再是清除工头或他们在车间里的权威,而是将他们的权威整合到一个有规划、有协调力、能够让工人感到公平的人事政策中去。到最后,在20世纪20年代,人事部掌握了管理结构中的人事安排,负责制定企业的雇佣政策,但给予工头在生产线上的管理权威,由其负责政策的执行。同时为了确保工头对其权限的行使与企业的产出目标相一致,企业对他们进行了培训,培训的目标是将其培养成"中间人",他们能够起到"上情下达和下情上达的作用".[①]

(四) AMA 等人事管理组织的成立

20世纪20年代初,人事管理的不景气,也使人事管理组织举步维艰。IRAA召开的关于人事经理的年度会议一再推延,会员人数在一年内减少了30%。但是,在SCC的大力支持下,AMA、YMCA、PRF等人事组织快速发展,并直接推动了人事管理的研究和发展。

1. AMA

前面讲过,NAEM成立于1919年,同时在1920年衍生出美国产业关系协会(简称IRAA)。两个协会在一战期间得到了迅猛发展。1920年,IRAA已经拥有了2000会员。然而,1920—1921年间,两个协会的发展势头立即被遏制。本来1921年,IRAA要办年会,但由于经济萧条导致会员减少,资金不足,只有放弃。随着经济形势的进一步恶化,协会陷入财政危

---

① 〔美〕拉佐尼克:《车间的竞争优势》,徐华、黄虹译,中国人民大学出版社2007年版,第260页。

机，并于 1921 年 10 月停办了月刊《人事》。①

　　在 SCC 的财力支持下，1922 年，IRAA 和国家培训联合会
（Nation Association of Corporation Rraining，NATE）进行合
并，成了国家人事管理协会（National Personnel Association，
NPA）。NPA 的目的就是"支持商业和工业领域中，可以建立和
保持融洽人际关系的原则、政策和方法"。协会的新名称用
"Personnel"代替了"Industry Relations"，表示协会更加重视
"人的关系"。NPA 最初拥有了 500 个体会员以及 120 家企业会
员。然而，一年以后，名称中"人事"被"管理"所替代，成了
了美国管理协会（The American Management Association，
AMA）。

　　名称的改变意味着协会把视角放在更宽的管理领域之中，
AMA 的新杂志被命名为《美国管理评论》，但该协会也没有放
弃对人事管理的关注。1927 年，协会支持了《人事》的复刊，
并出版了一批研究人事管理的著作。AMA 对人事管理的推动作
用分为正反两个方向，从正面说，协会拓宽了人事管理的视野和
领域，实现了人事管理与一般管理的交叉和融合；从反面说，人
事管理已经不能作为单独的势力存在与社会之中，到 1947 年这
段时间，没有任何专业人事管理组织出现。有学者认为，这也意
味着工头在人事决定权的回归以及人事管理对生产部门的归属。
人事管理者的作用仅仅是研究雇佣问题，并为生产管理者以及工
头们提供建议，并提请他们注意管理人性的一面。

　　2. 其他的人事管理组织

　　虽然人事管理地位降低，但 AMA 还是成功地控制住战前
"驱赶政策"（The Drive System）的泛滥。控制的手段就是为工

头提供大量的培训,戒除他们滥用职权的专断管理作风。1928
年,在美国举办了超过 900 个工头训练班。工头们接受了关于人
际关系技巧的培训,被灌输"既是工人老板又是工人兄弟"的思
想,他们应该是雇主和工人之间的"交流平台"(Door of Com-
munication)。YMCA 也继续发挥着其影响力,除了积极参与工
头培训外,他们还积极影响工头俱乐部。在培训课上,YMCA
强化团队、合作、工业关系中新的社会秩序以及雇主与工人利益
的一致性。YMCA 也常常通过工头俱乐部传播爱护工人的思想,
工头们在俱乐部交流各种好的做法,以拓宽他们的视野和提升他
们的素质。

1921 年,一些心理学家成立了人事研究联合会(PRF),发
起人就曾在军队人事分类委员会工作。他们研究雇主和工人的性
格特质,寻找提升工业领域中员工满意度的方法和手段,主张雇
佣管理更加的人性化和公平。1922 年,开始出版《人事管理期
刊》,1927 年,更名为《人事期刊》,这个期刊长时间关注和研
究人事管理领域。①

(五)人事管理的职业培养

20 世纪 20 年代,与人事管理相关的课程已经普遍出现在大
学的学习计划之中。其中,有些人事管理课程开设在工程学校,
目的是培养工程师的人事技能;有的课程开设社会科学类学校,
尤其是心理学系经常提供雇员招聘和甄选的课程;但更多的人事
课程开设在经济类学校或商科类学校。

1920 年初,只有少数的高校提供人事课程,这其中包括芝
加哥大学、哥伦比亚大学、哈佛大学以及威斯康辛大学。在威斯

---

① Highhouse. *The Brief History of Personnel Counseling in Industrial-Organ-
izational Psychology*, Journal of Vocational Behavior,1999,55:pp. 318 – 336.

康辛大学，经济系开设了两个学期的人事课程，学生们学习劳工立法、劳工史和工业管理、失业原因及治理、雇佣管理四个方面的内容。在哥伦比亚大学的学生则学习人事管理原则、高级管理人员人事管理等课程，其中心理学系为学生提供工业心理学课程。很快，人事课程开始流行，并形成数个人事管理研究中心。1922 年，普林斯顿大学设立了工业关系系，这是美国历史上首个专门研究人事管理的大学学系。值得一提的是，该学系的设立得益于克拉伦斯·希克斯（Clarence Hicks）的大力倡导，并得到洛克菲勒的财力支持。该学系提升了人事管理研究水平，发起各种人事管理学术会议。与此同时希克斯也支持了麻省理工、斯坦福大学、密歇根大学的工业关系的设立。到了 20 世纪 20 年代末，美国各类高校基本都已经开设了人事课程。①

大学教授的人事课程大致分为两类。一类课程专注劳工问题的解决，并经常由经济系教授上课。该类课程把焦点放在了"问题"上面，课程会描述各种劳工问题的表现形式以及产生的原因，同时会总结和分析宏观的经济和社会背景。此类课程的讲授也常常用批评和改革的语气，时不时也站在工人的立场，批判商业利益驱动。课程最后会提供一个广泛的劳动问题的处理方法，大致分为建立集体谈判为核心的工会机制、政府劳工立法以及雇主实施先进的人事政策等手段。具有代表性的教科书是由 1922 年劳动经济学家沃特金（Watkins）写的《劳动问题研究导论》（*Introduction to The Study of Labor Problems*）和 1928 年埃斯替（Estey）写的《劳动问题》（*The Labor Problem*）。

另一类人事管理课程则在商学院讲授。这类课程提供了一个更加深入的视角，探讨在公司内部与员工活动有关的所有阶层的

---

① Scott, K. D., Deadrick, D. and Taylor, G. S.. *The Evolution of Personnel Research*, Personnel Journal, 1983, 62: pp. 624 – 629.

功能性活动（例如，招聘、薪酬、培训等），它更接近于管理的角度，更职业化而较少有"社会"导向，同时适当关注集体谈判和劳动法律。此类课程被认为是"应用劳动经济"，商学院招募了具有工业心理学背景的教师来教授课程，此外还有来自企业一线的人事经理。有代表性的教科书是 1920 年泰德和梅特卡夫写的《人事管理》（*Personnel Administration*）和 1923 年斯科特（Scott）和克罗泽尔（Clothier）写的《人事管理》（*Personnel Management*）。泰德是哥伦比亚大学的教师和管理顾问，梅特卡夫之前是一位政治学教授，之后成为人事研究联合会（PRF）的管理顾问和杂志主编。斯科特是工业心理学专家，克罗泽尔则是一名人事经理。[①]

（六）康芒斯与人力资源管理

康芒斯（John R. Commons）是美国最著名的劳工问题权威，开创威斯康辛学派，对整个劳动科学领域的研究影响巨大。除了众所周知的工会和劳工运动史、劳工立法以及制度经济学方面的研究外，康芒斯也对人事管理进行了深入的研究和广泛的调研。在他研究的期间，尤其在 1915—1925 年间，正是美国人事管理开始出现和工业部门开始建立人事部门的时期。

康芒斯对人事管理的兴趣起源于他作为美国产业关系委员会委员的身份。该委员会是由塔夫脱（Howard Taft）总统于 1912年发起创立，委员会走遍了美国，并用两年的时间听取关于劳工问题的各种工人、雇主以及相关人士的证词。其中涉及广泛的劳资冲突、工伤事件和劳工保护、生产过程中的效率低下以及资源浪费。在这期间，康芒斯也走访了大量实行科学管理的工厂，并

---

① Kaufman，*Human Resources and Industrial Relations：Commonalities and Differences*，Human Resource Management Review，Winter2001，pp. 339 - 374.

逐渐形成了关于工作场所治理的看法，这其中就包含了大量的人力资源管理的理念和实践。康芒斯第一部关于人事管理的著作是1919年出版的《工业友善》（Industrial Goodwill），在书中：（1）提出雇员是一种有效的组织资源，并第一次出现了"人力资源"（Human Resources）的提法；（2）列出企业可供选择的人力资源管理实践；（3）表达了雇员参与的概念，并分析了雇员参与为什么会提升组织绩效的原因，同时进一步提出与雇员参与匹配的人力资源管理实践。两年后，他又出版了另外一本关于人事管理的著作《工业管理》（Industrial Government）。此书是康芒斯对30家当时著名企业关于人事管理项目以及管理方法进行描述和分析的成果。①

（1）商品（Commodity），在这种模式中，雇主对待工人就像商品一样。雇主尽可能以最低的工资买进并尽可能多的使用他们。市场的供给和需求机制可以决定劳工的工资以及工作条件，这也是古典经济学家支持的观点。

（2）机器（Machine），在这种模式中，雇主认为工人其实是一种机器。"每个工人都是一个进行生产的机器，他的价值取决于他的产品数量"。这种观点受到泰勒科学管理理论的支持，通过科学管理使工人降格为机器的附庸，从而获取更大的生产结果，并以此为基础建立相应的组织结构、工作流程以及一系列科学管理原则。

（3）公共事业（Public-utility），这种模式没有把工人看成是商品，而是一种有价值的资源以及企业资产。因此，如果劳工问题完全由市场解决的话，作为资源的工人会被剥削和浪费。康芒斯在这种模式中描述工人时用了"Human Resource"一词，"这

---

① Commons. *Industrial Government*, New York：Macmillan，1921.

些人力资源在进入工厂前已经得到众多的投资，其中父母投资了一部分，纳税人和学校也投资了一部分"，并且"工人群体作为国家的人力资源，必须被投资保护，而不能任凭供给和需求来决定"，因此保护工人群体，是政府的公共事业。该模式认为政府调节最低工资以及防止对工人的剥削符合公共利益，主张对劳动力市场进行立法干预。

（4）工业友善（Good will），这种模式中雇主倾向于把工人当作一种客户，并尽量获取他们和保留他们，这种工业友善反过来创造了一种最终提升生产效率的心理氛围，比如高的员工忠诚度、更强的合作意愿以及更好的工作态度和更高的工作产出。因此这种模式强调利益和谐的相互尊重来激励从事生产的工人，强调信任、公平以及相互的心理契约，这其实就是人力资源管理活动的目标和内涵。

（5）公民（Citizenship），在上述模式中，雇主实际上都是统领者，都是由他们最终决定工作场所的治理措施，雇员的自由仅仅体现离职和寻找新工作上，但一旦他们进入新的工作场所，他们又再次受到雇主的统治。因此康芒斯在这种模式中，提出应该把企业也看成一个民主的场所，工人们就工资以及工作条件方面应该发出自己的声音，并防止雇主的独裁和欺骗。因此，员工有必要通过组成工会来平衡谈判力量并提供有效的发言权。

第六章

大萧条及新政（1929—1938）

20 世纪 30 年代席卷世界的大萧条是史无前例的经济事件。在此之前没有哪一次经济萧条能有如此规模，其持续时间如此之长，在此之后也没有出现过，它代表了工业经济罕见的失败。[①] 同时，对人力资源管理的发展走向也产生了深远影响。

1929 年 10 月 24 日，发生了历史上最著名的股灾，史称"黑色星期四"。道琼斯指数一泻千里，跌幅达 22%，创下了有史以来单日跌幅最大百分比。到 1932 年，道琼斯指数较 1929 年的历史最高点下降了 89%。股市崩盘的危机直接导致 5500 多家银行倒闭，美国金融体系濒临瓦解，千百万美国人多年辛勤的积蓄付诸东流。随之美国陷入了持续四年的经济衰退的泥沼：生产严重过剩、物价持续下跌、商铺关门、86000 多家企业破产，失业人数由过去的 150 万猛升到 1700 多万，占全部劳动人口的 1/4 以上；农产品价格降到最低点，生产者将牛奶倒入大海，把粮食、棉花当众焚毁的现象屡见不鲜。国民生产总值由 1929 年的 1050 亿美元降至 1932 年的 550 亿美元，国家整体经济倒退至 1913 年的水平，社会经济一片萧条（后来便产生了 Great De-

---

① ［美］斯坦利·L. 恩格尔曼：《剑桥美国经济史》（第三卷），蔡挺等译，中国人民大学出版社 2008 年版，第 218 页。

pression "大萧条"这个专有名词)。

富兰克林·罗斯福在这种情况下取代了焦头烂额的胡佛,当选为美国第 32 届总统,大刀阔斧地实施了一系列旨在克服危机的"三 R"政策,即复兴(Recover)、救济(Relief)、改革(Reform),历史上称之为"新政"。新政主要由三个部分组成:银行体系的改革、增强政府对生产的控制以及开始建立社会"安全网"。

新政几乎涉及美国社会经济生活的各个方面,各项法令措施的实施使美国避免了经济大崩溃,有助于美国走出危机。从1935 年开始,美国几乎所有的经济指标都稳步回升,国民生产总值从 1933 年的 742 亿美元增至 1939 年的 2049 亿美元,失业人数从 1700 万下降至 800 万,恢复了国民对国家制度的信心,使危机中的美国避免出现激烈的社会动荡,为后来美国参加二战创造了有利的环境和条件,并在很大程度上决定二战以后美国社会经济的发展走向。

一　劳动力市场

失业成为大萧条时期劳动力市场的唯一主题,失业问题的严重性以及持续的时间都成为美国历史之最。而罗斯福以凯恩斯主义作为政府干预劳动力市场的政策主线,通过广泛的福利和劳工立法,设立民间资源保护队、公共工程署、民用工程署等机构,用以工代赈的方式,有效地缓解了居高不下的社会失业率。

(一) 大萧条时期的失业与贫穷

1929 年,美国失业率从 3.2% 激增到 24.9%,1934 年达到了 26.7%。企业和银行的大量倒闭,整个工业体系陷入瘫痪状态。重工业部门生产下降的幅度更是惊人，美国机车公司在 1932 年整整一年只卖出了一台机车，而在 20 年代，平均每年可以卖出 600 台。[①]

纺织、铁路、汽车、钢铁等行业最早受到大萧条冲击。大萧条开始后，有近 40% 的纺织业工人失业，其余的则变成了非全日工作（part time）。1929 年，铁路行业雇佣了 170 万工人，两年后，50 万人被解雇，还有 50 万变成了非全日工作。同样，1929 年，福特公司雇佣了 12.8 万名员工，而到了 1931 年，员工数量急速下滑到 3.7 万。作为美国工业象征的美国钢铁公司，在 1929 年雇佣了 22.5 万名员工，而到了 1933 年，美国钢铁公司只有 9% 的工厂开工，半数的员工被裁减，剩余的员工工资待遇大幅降低。1929 年，全国只有不到 200 万的失业人口，而到了 1933 年，全国失业人口超过了 1300 万，到胡佛离开白宫的时候，美国失业人口达到 1700 万，平均每三个工人就有一个工人失业。[②]

为了找工作，失业工人要相互争抢，甚至出钱买工作。据当时的媒体报道，失业工人们通宵守在底特律职业介绍所门口，就是为了第二天能有个求职的机会；一位阿肯色州工人为了找工作步行 900 英里；曼哈顿六号大街某职业介绍所招聘 300 人，结果有 5000 人来应聘；华盛顿州有人到树林里放火，为的是能当救火员。1932 年 9 月的《财富》杂志估计，美国有 3400 万成年男女和儿童没有任何收入，此数近乎人口总数的 28%。

大萧条时期，工人工资也大幅降低，"血汗工厂"也开始到

---

① 〔美〕威廉·曼彻斯特：《光荣与梦想——1932—1972 年美国实录》，广东外国语学院美英问题研究室译，海南出版社 2004 年版。

② Bruce E. Kaufman. *Managing the Human Factor：The early years of human resource management in American Industry*，Cornell University Press，2008，pp. 264 - 266.

处出现，工人工资总额从 500 亿美元降到 300 亿美元。芝加哥做过调查，多数女工每小时工资不到 0.25 元，有 1/4 甚至不到 0.1 元；1932 年，美国伐木业工人每小时工资减到了 0.1 元，普通工程业工人为 0.075 元，砖瓦制造业 0.06 元，锯木厂工人 0.05 元；康涅狄格州劳工局长报告说，本州有一百多个工厂里的工人，每周工作 55 小时，而工资只有 0.6 元；马萨诸塞州各纺织厂中，许多十来岁的女童工要从黎明工作到黄昏，不停地看管 30 台转动着的宽式织布机；纽约市是剥削工人最厉害的地方，而市内那个雇佣 5 万名女工的服装工业，其剥削之凶又冠于全市，《时代》周刊对此评价道，"无法无天的雇主"已经"把美国工人的工资压低到中国苦力的水平了。"[1]

　　这个时期，大量的失业带来了普遍的贫穷，尤其许多失业者是一个人要养活全家。大萧条也成为美国人民的苦难史。伯伦雷泽对这段贫穷的日子进行了痛苦的描述：[2]

　　　　失业和收入的减少欺凌了无数的家庭。它破坏了家庭成员的关系，夺走了自尊，毁掉了就业能力……许多家庭解体了，孩子被送给了朋友、亲戚、甚至孤儿院；丈夫和妻子、父母和孩子被分离，可能是暂时的也可能是永远的……纽约市 100 万失业者除少数人加入了在曼哈顿街上擦一次鞋得五分钱的 7000 "鞋童"的队伍，大多数只能混迹在市内那 82 条长龙里领面包度日。如果身边还有一角钱，还可以在充满汗臭和消毒药水气味的小客栈里睡他一宿；如果身无分文，

---

　　① 刘建芳：《美国的城市贫困与反贫困以及对我国的启示》，《甘肃社会科学》2005 年第 3 期。

　　② ［美］威廉·曼彻斯特：《光荣与梦想——1932—1972 年美国实录》，广东外国语学院美英问题研究室译，海南出版社 2004 年版，第 125 页。

就在街上捡些报纸当做铺盖，到中央公园、地下铁道站口，或垃圾焚化场去过夜了。冬夜苦寒，焚化场的余温吸引成百成千人到那里去，睡在大堆大堆的垃圾上……

（二）新政时期的"以工代赈"

当时，据人口统计局报告，1929 年美国平均每月有 33.4 万个家庭领取救济。1933 年，每月领取救济的家庭达 400 万，人数达 1800 万。救济的来源，基本上靠州政府、市政府及私人慈善事业的帮助和施舍，但地方政府的财政很快就枯竭了。1933 年，国会通过联邦紧急救济法，罗斯福政府成立联邦紧急救济署，正式由国家承担失业救济责任，专门规划、筹集、经营与管理各类救济物资，同时合理划分联邦政府和各州之间的关于救济物资的使用比例，制定各种优惠政策鼓励地方政府直接赈济贫民和失业者。

为了让失业者拥有自力更生的机会，同时避免救济施舍打击他们的自尊心，第二年美国政府开始"以工代赈"以替代单纯的赈济，扩大社会救济面。美国国会通过民间资源保护队计划（Civilian Conservation Corps，CCC），该计划针对失业率较高的青年群体，专门吸收年龄在 18 岁到 25 岁且身强力壮的青年人，从事植树造林、水患防治、水土保持、道路建筑、开辟森林防火线和设置森林望塔等公共事业工作。该计划第一批招募了 25 万人，平均每人每期干 9 个月，遍及各州 1500 个劳动场所。到美国参加二战之前，先后有 200 多万青年在这个机构中工作过，他们开辟了 740 多万英亩国有林区和大量国有公园。这份工作也大大缓解了青年工人家庭的经济压力，并直接提高社会购买力。

这个时期，全国设有各类的"以工代赈"机构，综合起来大致分为两个系统：公共工程署和民用工程署。前者以建设长期工程为主，政府拨款 40 多亿美元；后者以民用工程为主，政府投资近 10 亿美元。工程署在全国范围内兴建了 18 万个小型工程项目，包括校舍、桥梁、堤坝、下水道系统及邮局和行政机关等公共建筑物，先后吸收了 400 万失业工人工作。后来又继续建立了一些新的工赈机构，其中最著名的是国会拨款 50 亿美元兴办的工程兴办署和专门针对青年人的全国青年总署，二者总计雇佣人员达 2300 万，占全国劳动力的一半以上，大大缓解了社会的就业压力。[①]

二　国家干预

罗斯福政府彻底放弃了政府放任经济的自由主义，采用了政府干预经济的凯恩斯主义，在短短的六年中，先后出台了《联邦紧急救济法》、《全国工业复兴法》、《国家劳资关系法》、《公平劳动标准法》、《社会保障法案》等大量劳工立法。劳工立法的实施对当时美国的劳方、资方以及政府之间的劳资关系状况和地位产生了不同程度的影响。

关于罗斯福加强劳工立法的原因，众说纷纭，但大部分从提升社会购买力角度进行解释。德怀特·L. 杜蒙德认为，"新政的劳工立法依据的基本原则是：只有使工资劳动者从他们生产的产品中取得较大的份额，只有增加生产利润中分给消费者的部分和减少分给投资者和投机者的部分才能恢复和保持消费的市场"[②]。拉尔夫·德·贝茨也认为："经济收入较低的阶层和经济特惠较少的集团的消费力不足是造成萧条的首要原因，解决这一问题的

---

①　《大萧条》，(http：//baike. baidu. com/view/87519. htm)。
②　[美]德怀特·L. 杜蒙德：《现代美国》，宋岳亭译，商务印书馆 1984 年版，第 501 页。

办法也因此就是通过劳工立法，来使社会中具有各种经济地位的人们达到一种平衡，以取代过去那种由企业界一方独占优势的现象。"①

（一）劳工立法

1. 诺里斯—拉瓜迪亚法

大萧条时期，一批法学家和进步改革者联合起草了《诺里斯—拉瓜迪亚法案》（*Norris-LaGuardia Act*），并于 1932 年 3 月 20 日得到国会通过。法案的目的是解决劳工禁令问题，表现为程序上对联邦法院涉及劳工争端的禁止令裁决的技术限制。该法案宣布：雇主雇佣工人时，不得以不加入工会为雇佣条件，如要工人签订不加入工会的契约（所谓黄狗契约），法院不予承认；宣布一切妨碍集体谈判实施的行为为非法；禁止法院通过禁令对工会行动笼统禁止，除非特殊情况（有动武情况），一般不得发布禁令；工会负责人也不用为其成员的非法行为负责。该法案的颁布宣告了保护劳工不受威胁，组织工会并与资方进行集体谈判已成为美国公共政策考虑的目标。它寄望于在劳资争议发生时，通过对法院禁令发布权的管理，禁止法院发布不利于有组织劳工的禁令。②

2. 工业复兴法

1933 年 6 月 16 日，罗斯福总统签署通过《全国工业复兴法》（*National Industrial Recovery Act*），称之为"美国国会颁布的最重要的、影响最深的立法"。内容包括三方面：一是由国

---

① ［美］拉尔夫·德·贝茨：《美国史（上卷）1933—1973》，南京大学历史系译，人民出版社 1984 年版。

② 周剑云：《略论美国劳资关系管理模式的演变》，《烟台大学学报》2007 年第 4 期。

家调节各企业主之间的关系。法案要求企业主共同制定"公平竞争法规",用以规定各工业企业的生产规模、产品价格、销售范围、工资及工时数,禁止以低于规定的价格出售产品,并对产品产量严格限制。二是由国家出面调整劳资关系。据法案第七条第1款规定,工人可以加入工会并选出代表与雇主集体谈判,它要求资方不得干涉工人组织工会和行使集体谈判权,也不能以加入公司工会作为雇佣条件,并且规定了资方要保证最低工资、最高工时并改善劳动条件。三是由国家举办公共工程以增加就业机会,提高社会购买力。此外,根据法案成立"国家复兴管理局",指导劳资双方订立本行业的"公平竞争法规",要求各工业部门制定生产规模、产品价格、市场分配、工人工资标准及工时数等,由雇主、工人和消费者共同监督生产。

然而,对于该法第七条第1款却有不同的理解,并分为比例代表制和多数决定制。比例代表制认为可以允许多集体谈判代表共同存在一个工厂内,分别代表那些选择他们的工人进行谈判,也就是说同一个工厂内可以有不同的集体谈判代表;而多数决定制认为获得多数工人选择的组织才有资格代表所有工人进行集体谈判,也就是说一个工厂应该只能有一个集体谈判代表。[①]正是因为对这点的不同解释,引发了巨大的劳资摩擦,并最终被最高法院于1935年5月27日判为违宪。

3. 公平劳动标准法

在工资和工时方面,1938年国会通过了《公平劳动标准法》(*Fair Labor Standards Act*),建立了最低工资制(当时规定每小时不得低于40美分)与最高工时制(每周不得超过44小时),并禁止使用16岁以下的童工。凡超过工时标准的,应付给加班

---

① M. Schlesinger, JR.. *The Coming of The New Deal*, Houghton Mifflin Company, 1958.

的报酬；保护未成年人受教育的机会，禁止在有害于他们健康和
福利的条件下加以雇佣；并开列了危害性职业的清单。该法的主
要受益者是那些没有参加工会的、得不到保护的工人，包括女
工、未成年工和无技能的普通工人。1942年，国会又通过了一
项法令，规定每周的最高工时不得超过40小时，建立有工资的
休假制度，改善居住条件等。[①]

（二）国家劳资关系法（Wagner Act）

时任全国劳工委员会主席的参议员瓦格纳，认为工业复兴法
中第七条第1款中的模糊规定，不能保证工人组织工会和集体谈
判的权利，并意识到如果没有工会组织与资方抗衡，就无法提高
工人工资、缩短工时、改善工人劳动条件，这既不公平，也不能
提高广大工人的购买力，最终促进复兴。早在1934年3月，他
就提出新的劳工法案即瓦格纳法，旨在堵塞工业复兴法的漏洞，
强迫雇主接受工会和集体谈判。但由于大公司的坚决反对，罗斯
福总统也不赞同，瓦格纳只好暂时等待。一年的工业战争使越来
越多的人相信必须通过新法案，尤其《工业复兴法》被高等法院
宣布为违宪后，改变了罗斯福的态度。1935年7月5日，国会
通过了《国家劳资关系法》（又称《瓦格纳法》）。

《国家劳资关系法》是《埃德曼法》、《铁路劳工法》和《诺
里斯—拉瓜迪亚法案》等几部相关劳资关系法案立法思想的集大
成者，允许和鼓励产业内工会组织的发展。该法第七节中宣布，
劳工有"自己组织起来的权利，组成、参加或帮助劳工组织，有
权通过自己挑选的代表进行集体谈判，并有权进行以集体谈判或
互助或保护为目的的其他一致行动"。为保护劳工的上述权利，

---

① 隋永舜：《刍议美国劳工立法的历史演进》，《工会论坛》2002年第4期。

该法规定了雇主的五种"不当劳动行为"：限制、干涉或胁迫雇员行使上述第七节的权利；控制工会；在雇佣工人时，对工会会员予以歧视以阻碍工人成为工会成员；拒绝与工人多数代表进行善意的谈判。与此同时，该法建立了美国劳资关系委员会（National Labor Relations Board，NLRB），以组织各地工会认证选举（union-certification votes）和调查"不当劳动行为"。在不当劳动行为影响州际贸易的地方，颁发"停止和中止令"，并使这类命令在美国的上诉法院中得到强制执行。

《国家劳资关系法》宣告美国鼓励集体谈判的行动和秩序，美国劳工组织工会、进行罢工和集体谈判的权利由此成为受法律保护的权利，改变了美国劳资之间博弈的力量对比关系，看到工业关系与经济局势的内在联系，看到实现劳工权利对复兴和发展经济的重大意义[1]。从该法实施结果看，《国家劳资关系法》具有两大特征：一是产生"一边倒"现象，该法列举大公司一系列反工会行为为非法，却没有对劳工运动施加反限制。二是建立了强迫雇主服从瓦格纳法的专门机构和制度，这一点既是实现工业民主的关键，亦表现第二次新政坚决抑制大公司极端行为的决心。[2]

这一时期，NLRB在美国各类工厂中主持了6000次以上的选举，在美国参加二战以前，NLRB变成了美国政府权力广泛、不可缺少的机关之一。[3]在其最初七年中，它处理了49886件案件，上诉到最高法院的有35件，其中除了2件以外，委员会的

① James B. Atleson. *Values and Assumptions in American Labor Law*, Amherst：The University of Massachusetts Press，1983.
② 蒋劲松：《论新政至二战时期美国劳工运动的社会化》，《世界历史》1991年第1期。
③ ［美］德怀特·L.杜蒙德：《现代美国：1896—1946》，宋岳亭译，商务印书馆1984年版。

决定都得到了美国最高法院的支持。据统计，1935—1945年间，NLRB命令解散了2000家公司工会，命令公司招回了因工会活动而解雇的30万雇员，补付900万美元工资。由于NLRB的强力干预，同期提出涉及对劳工不公正行为的3.6万起案件和3.8万起有关雇员代表的案件，有46.9%经非正式程序便达成协定。①

（三）社会保障体系建立

新政的另一个重要成果是建立社会保障制度。4月28日，罗斯福发表"炉边谈话"，阐述社会保障问题，他说："提议中的养老金问题就是为了促使已届退休年龄的人放弃自己的工作，从而给年轻一代的人更多的工作机会。同时也使大家在瞻望老年的前景时都能有一种安全的感觉。"在谈到失业保险时，他说这"不仅将有助于个人避免在今后被解雇时去依靠救济，而且通过维持购买力还将缓解一下经济困难的冲击"，"它将促使雇主们更仔细地进行计划安排，从而通过稳定就业本身来达到防止失业的目的"。他的总目标是提供一个永久性、系统性的全国机制以保护大多数工人在丧失工作、衰老或其他类似情况下能从政府那里得到有保证的收入以避免经济灾难。

1935年8月14日，国会通过了《社会保障法》，它由五个"收入补充"计划构成，即老年保险、老年援助、盲人援助、抚养子女援助和失业保险。法案共10章，规定了各种补助款、救济金，最重要的内容是规定了老年人保障、失业保障和未成年儿童的保障。该法案开篇写道："本法案旨在增进公共福利，通过建立一个联邦的老年救济金制度，使一些州得以为老人、盲人、

---

① 美国劳工部劳工统计局编：《美国劳工简史》，中国工人出版社，第27页。

受抚养的和残废儿童提供更为可靠的生活保障，为妇幼保健、公共卫生和失业补助法的实行作出妥善的安排。"①　罗斯福在当天发表的声明中称："这一社会保险措施至少将对我们的三千万公民提供一些保障，他们将直接受益于失业补贴、养老金以及保护儿童和防止疾病的进一步的措施。这个结构是为了减缓未来可能再发生的萧条的冲击，它也将保护未来的行政当局，使它不致因需向穷人提供救济而难免沉重负债。简言之，这项法律照顾了人的需要，同时又向美国提供了极其健全的经济结构，这项法律代表着一方奠基石。"②

《社会保障法》的颁布带来了深远的影响。其一，它建立了一个永久性的全国范围的计划网络，当个人由于某种共同的遭遇不能通过工作为自己提供生活来源时，仍能保证有一定的收入，由联邦政府第一次承担起传统上由家庭和地方政府担当的责任；其二，特别值得注意的是收入补充计划，尤其是失业保险，还有另一层稳定经济的功能，这是因为它不论在顺境和逆境都能保持不同集团收入的稳定。此外，这个计划由于向老年人提供补充收入因而它帮助把劳工市场上一大批和年青人争夺职位的老年剩余劳动力清出劳工市场，这在大萧条时有特别重要的意义，并特别得到有组织劳工的赞赏。美国社会保障署在该法实施一年后得出结论说："社会保障法实施一年已经看到联邦—州福利保障体系的扩大和对各州工人援助及失业救济金制度的扩大。"

美国历史学家、经济学家对这一法案给予很高的评价。詹姆斯·J.彼得森在《美国的反贫困斗争，1900—1980》一书中很有见地的认为1935年美国的社会福利保障制度发生了四方面的

---

①　《社会保障法》，美国社会保障署网站（http：//www. ssa.gov）。

②　[美]富兰克林·德·罗斯福：《罗斯福选集》，关在汉译，商务印书馆1982年版，第86—87页。

结构性变化。首先，对失业的一般性救济由州和地方负责；其次，联邦政府确信失业是一个全局性问题，作为新福利制度的一部分，对穷人的救济是联邦政府应负的责任；再次，1935年社会保障法和瓦格纳法作为新政的最重要立法，提供了老年退休金和失业救济金；最后，规定为盲人需要照顾的老年人和儿童提供公共援助。①《社会保障法》为美国社会保障制度奠定了基础。战后美国历届政府都是在此法基础上修订补充，形成了一整套社会保障制度，包括老年保险、遗嘱保险、残疾和医疗保险、失业保险、公共援助、健康与福利服务等，开创了美国特色的福利国家制度的新时期。

三　工会及工人运动

《瓦格纳法案》无疑对工会的发展有利，它的实施使工会得到了空前规模的发展。通过与民主党结盟，有组织的劳工成功地捍卫了罗斯福政府，推进新政，显示了巨大的政治力量。

（一）会员数量大幅增长

《工业复兴法》的颁布，得到了劳工的欢迎，上百万产业工人等不及工会组织员的到来，纷纷自己建立工会，申请上一级工会特许。据统计，在《工业复兴法》实施期间，在诸如汽车工业、橡胶工业、铝工业等大批量生产的工业部门，成立了1100个联合工会和地方工会。而《瓦格纳法案》正式确立了美国劳工组织工会、进行罢工和集体谈判的权利成为受法律保护的权利，工会规模持续扩张。

---

① 黄安年：《富兰克林·罗斯福和1935年社会保障法》，《世界历史》1993年版第5期。

这一时期加入工会组织的会员人数急剧增加，美国工会会员数量 1933 年为 297.3 万人，1934 年底达到了近 350 万，1935 年中期，又有 80 万人加入工会。在劳联中约有 1/3 以上的工会增加了会员，1/4 以上的工会增长一倍会员。国际妇女服装工人工会曾发动了全国性组织活动，在一年内会员数增长了 3 倍，达 29 万人；联合矿工工会 1933 年至 1935 年间由 6 万增至 50 多万人；联合纺织工人工会会员增加近 2 倍，达 7.9 万人，混合成衣工会会员数达 11.5 万。① 美国劳动力的组织程度有了显著提高，1929 年为 17%，1933 年为 27%，1934 年为 33%（见表 6.1）。

工会组织的扩张也带来了罢工的广泛和激烈，托利多的汽车工人罢工事件、圣弗朗西斯的码头工人罢工事件以及明尼阿波利斯卡车工人罢工事件都演变成为暴力事件。然而，罢工很快就减少了，因为政府坚定地站在工人一边，雇主们纷纷妥协，承认工会并进入集体谈判程序。

表 6.1　　　　1900—1940 年间美国劳动力的组织程度　　　　（单位：%）

年份	工会会员占全部劳动力的比例	工会会员占非农业雇员的比例
1900	2.8	5.2
1910	5.7	9.8
1920	12.1	18.4
1930	6.8	11.6
1940	15.5	26.9

资料来源：梁晓滨：《美国劳动市场》，中国社会科学出版社 1992 年版。

---

① Mitchell, Broadus. *Depression decade: from new era through New Deal 1929—1941*, Armonk. N.Y.: M. E. Sharpe, 1947.

（二）劳联和产联的分裂

著名劳工领袖约翰·刘易斯及其领导的矿工联合会，于1933 年领导了一场在大工业生产部门中使未组织起来的工人组织工会的运动，并最终于 1935 年，劳联下属的 8 个工会为了将汽车和钢铁工业这类大型生产行业的工人组织起来而成立了产业工会委员会，这些工会主张将同一家公司中的熟练和非熟练工人同时组织在一起。然而劳联是按行业工会组织起来的，反对将非熟练和熟练工人组织在同一个工会里。但是，产业工会委员会成功地在许多工厂中组建了跨行业的工会。因此，行业工会和产业工会之争使劳联产生了分裂，并最终导致在劳联将设有产业工会委员会的工会开除，两派分道扬镳。1938 年 5 月，独立的产业工会联合会（产联）宣告成立，并推举刘易斯为主席。

新生的产联以崭新的面貌，领导大工业工会化。他们活跃在车间，带领工人反对工头的虐待行为，抵制资方不断加大生产强度的行为，替工人代言申冤，积极引导罢工斗争，将一盘散沙的工人有力地团结起来。同时，产联坚决摒弃劳联中歧视黑人的种族主义行为，以极大的力量组织在大工业中日益增多的黑人工人，用真诚的态度消除黑人工人对工会运动的敌视。刘易斯利用罗斯福政府维护劳工权益并颁布劳工立法的机会，鼓动工人们加入工会，并宣传是："总统要你们加入工会。"[1] 就这样，产联的会员数量成倍增长，1935 年，印第安纳州 80 万钢铁工人中，只有不到 0.9 万是产联会员，而到了 1937 年年，产联在钢铁行业拥有 50 万会员。产联会员在 1933 年尚不到 300 万，而到了1937，产联已建立 600 个地方工会，工人选举了 3.6 万名地方工

---

① 刘达永：《罗斯福新政时期的美国工人动态分析》，《四川师范大学学报》1988 年第 1 期。

会干部，2.8万名产联申诉员，在工厂车间捍卫产业工人的权利，400万工人加入了产联。到1937年底，产联会员已增至720万，到1939年则达900万，至此，产联已经成为了美国第二个工会运动中心。[①]

(三) 产联在与雇主斗争中的胜利

实施大工业大工会化的产联也开启了轰轰烈烈与工业专制主义的斗争，并引发了庞大的工人运动。富有战斗精神的罢工采用大规模的纠察队警戒和静坐（有效地占领工厂，工人坐在生产装配线边，却什么都不做）形式。纠察队伍通过动员整个社区的工人和他们的家庭保护罢工中的工人。历史学家迈克·戴维斯(Mike Davis)在他的《美国梦的囚徒》一书中描述：流行的静坐罢工始于1936年的橡胶工业，然后在1937年冬季为通用汽车的工人所采取，最后在1938年春季爆发，多达40万的工人举行了477次静坐，强大的公司架构似乎像多米诺骨牌一样崩塌了。[②]

通用公司是产联攻克的第一张重要的牌。1936年隶属产联的汽车工人联合会发动静坐罢工，要求汽车公司承认汽车工人联合会。12月28日，克利夫兰市费希尔车身一厂的工人自发地静坐，输送带虽然送来了车身，他们却置之不理。运动迅速发展，先是在密歇根州弗林特市费希尔车身二厂，接着又到了庞蒂亚克、亚特兰大、堪萨斯城，以至底特律市本身，最后14个州60个厂，总共有50万工人参与罢工。其中，通用汽车公司15万工

---

① 韩冰：《略论罗斯福新政时期劳工立法的社会影响》，《商丘师范学院学报》2008年第8期。

② 《美国经济大萧条，工人如何回击》，（http：//blog. sina. com. cn/s/blog_4a358ab50100a66m. html：）。

人有 11 万受罢工影响，6 个星期里全公司的生产瘫痪。州长墨菲派警卫队包围了罢工工人，然而在刘易斯的劝说下以及罗斯福的缄默下，墨菲拒绝了镇压。在经过 44 天对峙后，通用公司最终屈服，同意与产联谈判。1937 年 2 月 11 日，墨菲州长宣布通用汽车公司与产联达成协定。跟着克莱斯勒公司也让步了。到了夏季，除福特公司坚持到 1941 年外，各汽车公司都签了合同，承认联合汽车工会，答应按工龄提级和照顾福利，成立调解委员会，调查提高生产速度的不良后果，规定每周工作 40 小时，加班费给一倍半工资等。①

　　比通用公司规模大数倍的美国钢铁公司成为了产联出击的第二个目标。刘易斯也公开宣称："只要我们把那里的工人组织起来，别的公司就会跟着来。盘踞路口的狮子一赶走，躲在周围树丛里的鬣狗还能不四处窜逃？"1936 年 12 月，公司董事长迈伦•泰勒和刘易斯进行一系列会谈后达成协议：公司承认钢铁工人组织工会。所有美国钢铁公司子公司都与产联签订合同，承认钢铁工人组织委员会，增加工资 10%，每月减少工时为 40 小时，加班时工资加一半。随后，在全国劳资关系委员会的协助下，另外一些小的钢铁集团各公司也陆续承认工人工会，到1937 年底，钢铁工人工会在全钢铁业取得了胜利。

　　产联在 3 个星期内接连战胜通用汽车公司和美国钢铁公司，取得了划时代胜利，产联和资方签订合同达 3 万份。产联主席刘易斯骄傲地说："随着岁月流逝，这段时期将成为劳工组织生活中的一个时代，将成为美国经济、社会和政治史中的一个时代。"这个时代就是产业工人在政府支持下，迫使企业界承认工会和集体谈判的时代，是适应现代大工业性质建立现代工业民主的时

　　① ［美］威廉•曼彻斯特：《光荣与梦想：1932—1972 年美国社会实录》，广东外国语学院英美问题研究室译，海南出版社，第 79—110 页。

代，是产业工会主义取代行业工会主义成为美国工会运动的组织
原则和基础的时代。①

四　人力资源管理发展

这个时期，人力资源管理的发展就如过山车一样大起大落。
在 1929 年股市崩盘之后，美国的雇主组织以及工业巨头通过工
资稳定计划、工作分享计划以及失业保险计划，保持稳定就业，
避免裁员。但是面对严酷的经济大萧条，这些补救措施的作用是
微乎其微的。到 1931 年的秋季，裁员达到了灾难性的水平，雇
主减少或取消了福利项目或规范的人事管理制度，列入裁员名单
的甚至包括了人事经理自己。

随着罗斯福新政的实施，美国经济逐步好转，而这个时期劳
工队伍与工会力量也日趋壮大，劳工立法的限制使商业界在美国
社会中不再享有以前那种不容争议的首要地位，人事管理被作为
对付工会的武器再一次得到空前的发展，同时企业界原有的强硬
态度也逐渐发生了改变，他们也逐渐意识到一味的打击与剥削，
不仅不能够带来利润，相反还会扩大损失。这种意识也直接促进
了人事管理的进一步发展。

(一) 大萧条早期的人事管理

大萧条早期，在胡佛政府的支持下，美国企业界通过多种手
段主动承担起员工就业稳定责任。美国商会对此评价道："大萧
条向我们表明，企业已经广泛意识并接受社会责任，劳工不只是
廉价商品，他们将决定经济的走向。企业界通过工资稳定以及工

---

① 蒋劲松：《论新政至二战时期美国劳工运动的社会化》，《世界历史》1991 年
第 1 期。

作分享等手段，正使我们的经济组织处于有序上升状态，并确保了公众购买力所带来的经济改善"。①

1. 工资稳定计划

大萧条的爆发，是人事理念的再一次沦丧。纺织、服装、煤炭、建筑以及制造业这些原本就没有太多先进人事理念的行业纷纷削减工资和大规模裁员。但是美国的工业巨头似乎要捍卫来之不易的工业友善关系，保留福利资本主义时期的精神财产。

股票市场崩溃后不久，1929 年 11 月，胡佛便在白宫召开会议，分开邀请大型工业雇主以及工会领导人，要求他们不要降低工资，并保持工资的稳定，用以保证消费，从而带动国家走出困境。会后，众多工业巨头联合发布声明，"削减工资不但损害工人利益还损害雇主商业利益"，并纷纷谴责削减工资的企业雇主。1929 年 10 月，伯利恒钢铁公司董事长施瓦布在美国钢铁协会发表演讲时就强调价格稳定的重要性，而工资稳定也同样如此，"如果你指望从工人身上找回损失的利润，那就大错特错了"。美国钢铁公司董事长法雷尔认为，"如果钢铁业工资降低，消费者就会受到打击"。美国钢铁公司在稳定工资计划方面具有非常大的影响力。在大萧条前两年，尽管劳工成本大幅上涨，但该公司还是坚持工资水平不变。②

胡佛的工资稳定计划受到了各方的欢迎，包括美国制造商协会和美国商会，并被许多企业积极响应并付诸实施。从 30 年代的大部分时间数据看，小时工资率确实没有下降，雇主们也意识到工资消费和经济繁荣之间的关系。1930 年 9 月，劳联也发布报告承认雇主的态度发生了很好的变化，"他们都意识到通过高

---

① David Brody. *Workers Industrial America*, *Essays on The Twentieth Century Struggle*, New York: Oxford University Press, 1980, p. 71.

② Ibid., p. 69.

工资刺激内需发展经济的必要性"。[①]

2. 工作分享计划

1932 年，胡佛支持国家工作分享计划，该计划由新泽西标准石油的华尔德·蒂格尔（Walter Teagle）发起，并得到 SCC、全国制造商协会以及美国商会的全力支持。工作分享计划是许多企业避免裁员，保持企业稳定的一种普遍做法。为了减少裁员，企业会减少日或周工作时间，或者采取工作轮岗等手段，最大化的保留员工同时减少成本。政府调查显示，1929 年 9 月，只有 15% 的企业采取工作分享计划，而到了 1931 年 1 月，比例升至 42%。生产制造业周工作时间从 1929 年的 44 小时降到 1933 年 38 小时。到了 1933 年，报告显示采取工作分享计划的企业比例估计达到惊人的 76%—83%。[②]

工作分享计划参与者认为，由于避免大量裁员和工人失业，大部分工人还是有工资的，因此可以提高社会购买力。同时，这也是 SCC 等雇主组织防止政府通过失业保险金之类的"激进立法"，进而干预企业经营的一种手段。[③] 那些福利资本主义时期的工业巨头是该计划的支持者，通过对不同装配线的工作的重新设计，西屋电气公司在 1931 年仍然雇佣着 3.1 万名员工，56% 的工人每周工作 4 天，17% 的工人每周工作 3 天，16% 的每周工作 2 天，11% 的工人工作时间更短，甚至许多员工只是"周一上班，其余时间休息"。通用电气和西屋电气还同时减少了日工作时间，由每天的 8.75 小时降到 8 小时，同时完全取消周六的半天工作日。此外，几乎每个 SCC 成员都实施了工作分享计划，

---

①　Walker. *Third Unemployment Survey*, p. 385.

②　Natthew S. Sloan. *The Share The Work Movement*, *Industrial Relations*, 1932.

③　Minutes of International Harvester Work's Manager Meeting, April, 27, 1931.

固特异、国家收割机公司、标准石油公司、美国橡胶公司等都减少了工人工时以最大程度的保留工人。到了 1931 年，美国钢铁公司工资册上仍保留了 94% 的员工。

3. 失业保险计划

在 1920—1922 年间，就有许多大公司为员工提供了失业保险计划，采取的形式有工人互助也有公司保险。而这个时期，更多的公司把失业保险作为员工稳定计划的重要组成部分。1930年，通用电气公司制定员工失业保险计划，从每一位员工的工资中扣除 1% 用来建立失业基金，同时公司也会等额的向基金注入资金。只有那些在公司工作一年或一年以上的员工才能享受此计划，每一位满足此条件的失业工人将从失业保险基金中得到补助，每周 20 美元，相当于在岗平均工资的一半，并持续 12 周。西屋电气也通过了类似通用电气的失业保障计划，直接向失业雇员支付现金补偿。①

随着经济形势的恶化，单个公司提供失业保险的财力毕竟有限，难以持久，于是在 1931 年，柯达公司发起在罗切斯特地区建立失业保险计划，包括柯达公司在内的 19 家公司参加了该计划。每一家公司将其工资总额的 2% 做失业储备金，到了 1933年 1 月 1 日后，由工人和公司共同缴纳工资收入的 1% 进入储备金。储备金由资方和雇员代表共同管理，失业金发放对象为工作年限在一年以上，同时周工资低于 50 美元的工人；失业金额是在岗员工收入的 60%，不超过每周 22.5 美元，工人失业两周后才能领取失业津贴。《福布斯》把该计划评为 1931 年重大影响力

---

① Shatz, Ronald W.. *The Electrical Workers: A History of Labor at General Electric and Westing House, 1923－1960*, Urbana: University of Illinois Press, 1983, pp. 60－61.

事件。[①]

与此同时，许多福利公司还实施新福利项目，尤其对那些被解雇或者较少工资的员工提供直接的援助，如以成本价向员工出售煤炭和食品以帮助员工渡过难关，为失业工人以及他们的家庭继续提供医疗救助，帮助员工寻找新工作，为员工提供借贷资金等。

(二) 人事管理的全面衰落

显然，大萧条对人事管理的打击是全面而致命的。福利项目管理、员工代表计划以及安抚工人这些人事管理的主要工作内容已经削减或消失。招工和解雇的权力已经被工头夺回，甚至员工表现记录都已经不再施行，工头们总是不断地攻击人事经理，反对他们参与日常的雇佣决策。1932 年对纽约雇主的一项调查显示，超过一半的雇主认为人事工作已经没有必要存在或者应该干脆取消[②]。值得庆幸的是，大部分企业的人事部门还是保存下来了，不过规模和职责都已经大大缩减。

1. 承诺的破灭

经济形势在 1931—1932 年间持续恶化，许多工业巨头也坚持不住了。他们在销售额、净收入以及股票价格方面都受到了重挫。福特、通用、美国钢铁、国际收割机、西部电气、伯利恒钢铁等公司的收入大幅减少，销售额的平均减少也在 80% 以上。这些昔日标榜采取进步人事政策的福利资本主义前驱已经没有能力维持大萧条开始时的承诺，不断削减工资、纷纷裁员成为这些公司自保的方法（见表 6.2）。

---

① Folsom, Marion B.. "*The Rochester Unemployment Benefit Plan*", (http://links. jstor. org).

② Merchants' Association of New York. "*Effect of Depression on Industrial Relations Activities*", Industrial Relations, September, 1932, p. 30.

1933 年，西屋电气、福特公司、国际收割机、伯利恒钢铁公司、通用电气以及通用汽车公司的裁员幅度分别达到了 80％、72％、59％、53％、53％、50％，通用电气和西屋电气的员工工资比 1929 年分别减少了 30％和 33％。1930 年后的许多工人的周收入都已经降到无法维持基本生存的水平了。1932 年 3 月，根据全国工业会议委员会调查，在接受调查的制造业企业中超过 3/4 的公司削减了小时工资制，约有 4/5 的制造业公司降低了其管理层的薪水，而在 1929—1932 年间，制造业就业率也下降了 29.7％。[①]

表 6.2　大萧条对实施福利资本主义企业的影响（1929—1933 年）

（单位：%）

	福特	通用	美国钢铁	伯利恒钢铁	国际收割机	固特异	西屋
销售额	−79	−71	−66	−71	−74	−57	−83
净收入	−122	−100	−99	−97	−110	−95	−115
股票价格		−90	−93	−95	−92	−96	−70
雇佣人数	−72	−50	−30	−53	−58	−53	−80
	通用电气	杜邦	宝洁	标准石油	柯达	IBM	
销售额	−67		−51	−49	−25	−5.6	
净收入	−94	−66	−45		−77	−11	
股票价格	−91	−90	−78	−68	−82	−70	
雇佣人数	−53	−20	−28	−20	−24	−18	

资料来源：Chiaki Moriguchi. "Did American Welfare Capitalists Breach Their Implicit Contracts? Preliminary Findings From Company-Level Data，1920−1940"，(http：//www. nber. org/papers/w9868)。

---

① J. E. Walters, *What's New in Personnel Work*，1931−1932，Personnel，August，1932，9，p. 29.

　　值得一提的是，即使是美国钢铁公司也无法再履行工资水平不变的承诺。面对其他钢铁公司不断以低价格获取市场份额的压力，1933 年 9 月，美国钢铁公司宣布工资削减 10%。此项宣布立即成为行业焦点并引发了行业内外在削减工资上的连锁反应。具有讽刺意味的是，开创"5 美元工资"并一向以高工资著称福特公司，也在 7 个月后宣布削减工资，而幅度远远超过美国钢铁公司。

　　那些先前建立失业保险计划的雇主大部分也没有支撑住。由于资金缺乏，难以支付失业补偿，通用电气公司不得不放弃失业保险计划（见表 6.3）。到 1933 年 1 月开始支付养老金时，罗切斯特地区曾参与实施失业保险计划的 19 家公司中，只剩下 7 家公司还坚持实施该计划。[①]

表 6.3　通用电气公司和西屋电气公司在大萧条时期的表现

年份	通用雇佣人数	通用员工平均工资（美元）	西屋雇佣人数	西屋员工平均工资（美元）
1929	87933	1855	49985	1776
1930	78380	1798	43827	1869
1931	65516	1628	31276	1790
1932	46943	1308	23756	1539
1933	41560	1330	29980	1202

资料来源：Shatz, Ronald W. *The Electrical Workers：A History of Labor at General Electric and Westing House*，1923－60，Urbana：University of Illinois Press，1983，pp. 60－61.

---

　　① 李月娥：《福利资本主义》，博士学位论文，南开大学，2006 年，第 131 页。

2. 工头全面掌权

如果非要在忠诚和效率（Loyal and efficient）中做出选择的话，大萧条中的企业大多坚定地选择了后者，而之前普遍建立的规范的人事裁员程序几乎土崩瓦解，1935 年，只有 21％的企业宣称还有标准的裁员程序。[①] 相应的，裁员的权力又重新回到工头的手上，并由此导致了大量的不规范和不公平问题的产生。

工头的掌权重新把驱赶政策（Drive system）带回了车间。一位克莱斯勒的员工在 1933 年作证时证实，在过去的两年间，不断加快的生产速度已经成为工人们最大的噩耗，越来越少的工人不断生产越来越多的产品，"车间已经成为一个竞赛场，如果我们稍有不愿意，除非不被听见和看见，否则工头们将毫不留情的辞退我们。"[②]

效率对忠诚的挑战还表现在对待工人资历的态度。许多企业不但不承认资历，还奉行驱赶年老工人的政策，他们普遍认为工人一旦年龄超过 40 岁或 45 岁，反应会变慢并且没有效率。工头们常常编造各种理由来解雇这些年老工人。一家钢厂许多有着良好工作记录的老员工都被解雇，理由仅仅是他们在操作起重机的时候无法看懂英文。更糟糕的是，这些老员工在被辞退后，再找一份新工作几乎是不可能，同时，几乎没有公司在解雇员工时提供赔偿。

3. 福利项目削减

企业的众多福利工作也基本处于停顿状态，福利项目被纷纷削减，福利工作基本上从基金运作变成了自愿捐助，公司不再负担成本。1929—1932 年间，养老金计划以及健康保险等项目大

---

①　NICB. *What Employer are Doing for Employees*，New York：1936，p. 59.

②　Fine. *Automobile under The Blue EagleInside "Facts on General Motors Strike"*，Personnel journal，1937.

量减少，雇主的资金缺乏使很多项目不了了之。员工持股计划这个昔日被称为"工人资本主义典型例证以及经济革命的先驱"的福利项目也遭到重挫（见表6.4）。因为股票市场的崩盘，公司也不能履行当时以发行价回购员工股票的承诺，而员工手上的股票也一文不值。利润分享计划在大萧条时期也不见踪迹。①

表6.4　　　　　大萧条时期削减的福利项目

	1930—1932 年终止的福利计划占 1934—1935 年仍实施的福利计划比例（％）	1935 年仍实施的福利计划在所有企业中所占的比例（％）
员工持股计划	108	6
健康和意外保险	8	31
员工互助基金	9	26
带薪假日	70	12
养老金计划	15	6
公司郊游	48	
员工杂志	69	

资料来源：Sanford M. Jacoby. *Employing Bureaucracy*, London：Lawrence Erlbaum Associates Publishers，2004，p. 164.

公司工会，这个作为福利资本主义以及人事管理的重要象征，也在大萧条时期被抛弃。1929—1932 年间，86 个员工代表计划被终止，涉及 30 万名员工。许多公司由于缺乏资金，公司工会已经不活动了。固特异公司的公司工会在 1929 年后的 5 年

①　NICB. *Profit-Sharing and Other Supplementary Compensation Plans Covering Wage Earner.*

间，除了不到六次投票表决，几乎什么也没做。① 反而有些公司利用公司工会削减工资，由于害怕员工对降薪的抵制，于是通过控制公司工会来通过决议，从而转移矛盾焦点。

1933 年，著名劳资关系学者威廉·拉泽森（Willam M. Leiserson）发表文章认为，"大萧条已经破坏了保持了 15 年的良好人事工作记录"，在商业损失的压力下，企业中的"人"的因素遭到前所未有的破坏。他预言，失业问题已经不能指望人事经理，而只能通过立法来最终解决。② 人事管理在这段时期的表现，可以用"风雨飘零"来形容。

（三）新政时期的人事管理的回潮

罗斯福新政的本质，是对自由放任的资本主义市场的干预，是国家凯恩斯主义对不受约束雇主行为的规范，是通过扩大劳工力量与工业专制主义形成平衡。而工会在《国家复兴法》以及《瓦格纳法案》的帮助下，迅速扩大自己的力量并对雇主形成强大压力。显然雇主们并没有预料政府会加强立法保护劳工，工会运动更加广泛和强烈，在这种背景下，人事管理开始回潮，不过不同于一战期间人事管理的主要目的是吸引和稳定劳工，这个时期的人事管理主要目的是对抗工会。

1933—1935 年间，建立人事部门的企业数大幅增长，5000人以下的企业增长了 62%，5000 人以上的企业增长了 81%。1933 年和 1934 年，SCC 的 12 家成员企业又再次扩大人事部门的规模并提升人事管理项目。SCC 的秘书长考瑞克（Cowdrick）

---

① U. S. Bureau of Labor Statistics. *Characteristics of Company Unions*, Bulletin, No. 634, 1935, p. 27.

② William S. Leiserson. *Personnel Problems Raised by the Current Crisis*, The Management Review, April 1933.

评价道"在最近事件频发的情况下,任何怀疑人事管理重要性的想法都会被扫地出门"。① 1934 年,佛伦斯(Filence)做了一个全国调查,发现美国大企业中普遍流行着一种恐惧,就是担心工会力量威胁企业的安全。于是很多雇主认为必须采取人事政策才能减少工人的不满,从而避免工人加入工会。1934 年的一个雇主会议上,一位雇主发言认为,"任何劳工的骚乱以及不满都是失败的公司劳工政策所引发的,是雇主自己推动这些工人加入工会的"。因此,雇主们纷纷建立人事部门,重新赋予人事经理职权,启动福利项目,尽量保持自己无工会化(Nonunion)的状态。作为这个时期对抗工会的人事管理,则从发展公司工会、工头培训以及改革雇佣关系三个方面入手。

1. 公司工会的发展和消亡

《工业复兴法》的颁布在带动工会组织大量组建的同时,也带动了公司工会的成立。1935 年建立的公司工会 2/3 都是《工业复兴法》颁布后建立的,并控制了 300 多万人。公司工会以前大多只有大公司建立,现在更广泛的雇主群体也建立了公司工会。汽车行业在 1933 年以前没有一个员工代表计划,而到了1934 年,所有公司都已经建立;1933—1934 年钢铁行业公司工会的数量增长了 12 倍。② 同时,劳工统计局调查发现,公司工会的运转效果取决于公司人事部门的表现,如果没有人事部门和全职管理人员进行管理,公司工会反而会增加劳资冲突。

公司工会的运作分为以下几个方面:其一,对工人与管理方的争端进行仲裁,处理工人对工头的投诉;其二,公司工会决策工资问题,甚至可以决定工资增长后的分配问题;其三,与行业

① E. S. Cowdrick. *Collective Bargaining in 1934*, Personnel Journal, February 1935.

② U. S. Bureau of Labor Statistics. "*Company Unions*", 1935,p. 28.

工会或产业工会进行竞争，努力提供给工人比他们更好的条件，固特异公司因此把自己的公司议会规模扩大了三倍；其四，公司工会成为与雇主签订协议的重要平台。①

然而，公司工会的发展好景不长。公司工会是由雇主支持下成立的，雇主决定了公司工会的章程、程序和政策，雇主可以随心所欲终止公司工会，并对公司工会的提议有绝对的否决权。在这样的情形下，雇主和雇员之间当然不会存在真正的合作关系。因此，瓦格纳认为"不允许雇主组织公司工会在工厂安全和其他小问题上申述自己的不满，哪怕雇主并不打算以公司工会作为代替集体谈判的手段，在工资和工时等基本问题上操作谈判。换句话说，限制的草案打算宣布雇主通常使用的某些管理手段为非法"。②

《瓦格纳法案》规定了国家劳资委员会（NLRB）具有对工会代表权的认证（国家劳资关系委员会组织秘密选举，多获得50％＋1 票的工会，认证其代表所有的工人进行谈判），因此许多雇主成立的公司工会并不获得工人承认，并因此违法。1935—1945 年期间，国家劳资关系委员会命令解散了 2000 家公司工会，公司工会很快成为历史名词。

2. 工头培训

工头培训的再一次兴起的主要动机是把他们作为抵御工会主义的最前沿阵地。雇主们也普遍意识到，如果工头的管理行为再像以前一样采用"不公平、愚蠢和独裁的做法"，那么，"他们正

---

① Sanford M. Jacoby. *Employing Bureaucracy*, London: Lawrence Erlbaum Associates Publishers, 2004, p. 170.

② Philip Taft. *Organized Labor in American History*, New York: Haper & Row Publisher, 1964, p. 455.

把一批又一批的工人推向工会"。① 所以，必须对他们进行培训，他们必须就公司雇佣政策、公司工会以及福利项目等人事管理活动进行宣传解释并影响和安抚工人，从而防止工人加入工会。在《工业复兴法》颁布后不久，SCC 和 IRC 纷纷劝说自己的客户或成员企业进行工头培训，通过工头培训，改变以前粗暴的管理作风，更加亲民。

　　相比于 20 年代工头培训内容偏向技术层面，新政时期的工头培训更加注重人际关系以及人事管理技巧培训，雇佣方法、劳动纪律、劳工立法、领导力、激励理论甚至圆滑处事的方法（tact）等都成为培训的主要内容。② 1934 年，通用公司、克莱斯勒以及国际收割机公司建立了由人事部门和工头联合执行的雇佣程序。通用公司警告工头，"任何解雇都必须有清楚和充分的理由，并且必须是合理的"。有许多雇主干脆把如何反抗工会也加入到工头培训内容。政府也直接推动了对工头的培训，国会在 1934 年和 1936 年两次通过职业教育法案，划拨专项资金用于工业培训，而工头培训成为最主要的支出项目。

　　3. 改革雇佣关系

　　工资分配成为引发劳工不满的首要因素，因此人事经理们把分配的权利进行了集中，并制定了严格透明的程序和规范，同时分配决定已经不再是一个部门所能负责的，而上升到公司层面进行决策。减少工资的不公平性也成为工资改革的重要内容，岗位评价以及岗位定级继续完善和发展，以岗位定薪成为普遍的做法，这种减少人为干扰因素的方法增强了工资决定的公平性和透

---

　　① H. P. Larrabee. *These Foreman Speak Freely*, *Factory Management and Maintenance*, January, 1938.

　　② R. C. Boerdahn. *Organizing for Supervisory and Executive Training*, AMA Personnel Series, No. 47, 1941, pp. 15 - 19.

明性，减少了纷争。

为了对付工会，招聘流程和方法也得到空前的重视，因为防止工会支持者进入企业成为招聘的首要目标。为此，招聘权力又重新集中到人事部门，人事经理会发明各种招聘方法对应聘者的背景进行调查。固特异公司人事部门甚至会对应聘者的邻居以及他的共事者进行调查，以"物以类聚、人以群分"的逻辑来判断应聘者的背景。[①]

雇佣关系改革也把工人就业保障放在了首要位置，就业保障也是大萧条后工人们关注的最重要的问题。人事管理者们也采取了多种方法：其一，以年为单位进行雇佣，扩大工人就业保障年限；其二，做好良好的雇佣记录，承认资历，并以此作为工资分配和解雇的决策因素，即使重新招聘被解雇者，也承认他们在公司工作的资历；其三，重新集中和规范解雇程序，解除工头随意解雇员工的权力，提供标准的解雇补偿。[②]

---

① Russell L. Greenman. *The Worker*, *The Foreman and The Wagner Act*, New York：1939.

② Elmo Roper. *What American Labor Wants*, *The American Mercury*, February, 1944, p. 181.

第七章

二战及工会主义（1939—1945）

　　许多美国学者认为，正是第二次世界大战才使美国真正走出"大萧条"的阴影。随着美国进入二战，美国对军工产品的需求和军队的加速扩张改变了经济容量，大量的劳动、资本和技术转向为国防和国际战争而生产产品。1941—1945 年这四个财政年度，军费开支平均达到 GNP 的 31.9%，并直接带来了美国战时经济的空前发展。战争物资产值由 1941 年的 84 亿美元增加到 1942 年的 302 亿美元，相当于当年德、意、日三国产值的总和。到 1944 年，美国工厂生产的物资产值等于三国产值的两倍。同时，包括民用工业在内的工业生产也有巨大的发展。以 1935—1939 年的平均数为 100%，到 1943 年，工业生产增加 239%，耐用品增加 360%，机器制造增加 4 倍，运输设备增加 7 倍。在农业方面，1940—1945 年，农业的纯现金收入，从 23 亿美元增长到 94.5 亿美元，增长了三倍以上。[①] 美国国民生产总值从 1939 年的 913 亿美元增加到 1945 年的 1660 亿美元。[②]

---

　　① ［美］福克纳：《美国经济史》下卷，王锟译，商务印书馆 1964 年版，第436—437 页。

　　② ［美］阿瑟·林克、威廉·卡顿：《一九〇〇年以来的美国历史》中册，刘绪贻等译，中国社会科学出版社 1983 年版，第 197 页。

一　政府管制

战争的结果将决定国家及人民的命运，因此保证战时工业生产的稳定以及战争物质充分供应再次成为政府压倒一切的目标，而一战成功的经验就是政府必须干预雇主和工人的劳资关系。珍珠港事件后一个多月，国家战争劳工委员会（NWLB）再次成立，并被赋予更大的职权，推动雇主和工会的集体谈判，仲裁劳资争议，以免爆发罢工破坏战时工作。与一战时一样，委员会行事偏向劳工利益，保护工人群体利益，支持工人结社与集体谈判权，推动制定最低工资标准。

关于最低工资标准，在罗斯福的支持下，NWLB规定低于正常标准的工资应加以提高，根据该指令，雇主可不经批准自行将任何人的工资提高到每小时四十美分（约相当于今天的每小时五美元），或在地方办公室的批准下将其提高到每小时五十美分，而继续提升就需经华盛顿批准。如戈丁与马戈所言，"NWLB采用的加薪标准大都有助于压缩行业间及行业内部的工资差距"。这一体系本身使低薪工人的工资增长快于高薪工人，使美国社会更趋平等，缓解了社会矛盾。①

然而，罗斯福政府也并不是一味偏袒工人，其劳工政策的根本出发点在于防止劳资纠纷打断日益扩张的战时工业生产，因此除了通过工会对雇主进行限制外，对工人及工会本身也是有强硬约束的。战争带来巨大通胀压力，为保证战时经济的稳定增长，防止战时物价飞涨的局面，罗斯福政府设置了战时物价管理局，对许多关键日用品采取价格管制。而倘若战争需求引发的劳动力

---

① 保罗·克鲁格曼：《如果今天来复制"大压缩"……结果如何？》，《南方都市报》2008年11月20日。

短缺导致工资大涨,这些管制措施将难以维持。因此,NWLB
也为工人工资设置了上限,将许多关键性国民产业的工资置于控
制之下,这些工资的任何增长均需经 NWLB 批准,同时禁止雇
主给雇员增加工资或工会采取罢工迫使雇主提高工资,并要求工
会组织发誓,在战争期间绝不发动罢工。[①] 与此同时,1942 年,
美国政府还规定,不经美国就业局批准,国防工业工人不能擅自
离职。

这些战时措施相当成功地阻止了战时通货膨胀的出现。与一
战不同的是,雇主们不再哄抢工人,雇主承认工会并愿意以集体
谈判的方式进行协商妥协,工会也接受政府的调解并对会员施加
更大的影响,罢工和员工流动率都大幅减少,战时工业生产保持
了稳定。

二 劳动力市场

受"大萧条"的影响,到 1940 年前,失业率从未低于
10%水平。据统计,1940 年初美国失业率为 12.5%。[②] 但随着
美国参入二战,其劳动市场供求出现基本平衡,即实现"充分
就业水平",1940 年最初几个月失业率已经下降到 10% 以内,
二战期间的失业率几乎为零,达到美国整个历史最低水平(见
图 7.1)。一方面,物资需求——战争对军用产品无止境的需
求,大大增加了企业对劳动力的需求,减少了被动失业;另一
方面,罗斯福政府的劳动力市场规制政策最大程度地稳定了劳

---

① Nelson Lichtenstein. *Labor's War at Home: The CIO in World War Ⅱ*, Cambridge University Press, 1982, pp. 78 - 82.

② [美] 斯坦利·L. 恩格尔曼:《剑桥美国经济史》(第三卷),蔡挺等译,中国人民大学出版社 2008 年版,第 209 页。

工队伍，从而有效减少了主动失业。因此二战基本消除了美国失业问题。

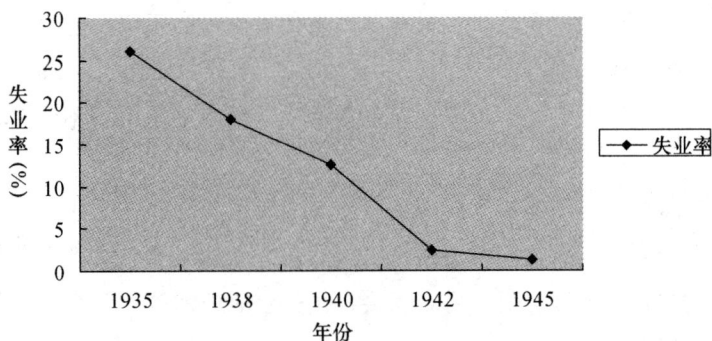

图 7.1　二战期间失业率

资料来源：［美］斯坦利·L. 恩格尔曼：《剑桥美国经济史》（第三卷），蔡挺等译，中国人民大学出版社 2008 年版，第 428 页。

　　由于工会力量的强大，维护会员利益、提高会员工资，进而增强工会吸引力，成为工会运动的主要策略，这个时期劳动力市场工资水平也普遍呈现上涨和缩小差距的特点。第一，工会提高会员的平均工资，同时间接地、幅度较低地提高非工会成员的工人工资，因为在未建工会的公司里，雇主为了减少工会运动对其工人的吸引力，会主动加薪。所以，工会有助于缩小蓝领工人与薪资较高的经理阶层之间的收入差距。第二，工会有助于缩小蓝领工人内部的收入差距，工会强烈反对雇主采用的岗位分级的工资差距策略，同时工会为收入最低的会员谈判争取较高的工资增长，助其追赶收入最高的会员。反工会的雇主在努力抵挡工会组织者的影响时，也会带来类似的效果。换言之，工会对工资的上述影响，与经理、专业人员相比，蓝领工人的工资上升，同时蓝领工人内部的工资差距缩小。[1]

三 工会及工人运动

《瓦格纳法案》通过后,工人参加工会以及集体谈判权得到美国宪法的保护,工会运动得到空前发展,工会成员数量不断增长,力量也持续上升。工会会员数量从 1933 年至 1938 年增长了两倍,到 1947 年又将近翻倍。在政府支持下,大工业工会化基本实现,工会会员从 1935 年的 360 万增长到 1947 年的 1400 万,美国非农业劳动力中有组织劳工比例也从 1933 年的 11.8% 增加到 1937 年的 17.9%,再到 1947 年的 31.8%。二战末期,三分之一以上的非农业工人加入了工会。美国工会运动的发展势头一直持续到 20 世纪 50 年代。[2]

关于二战期间工会组织率如此之高的原因,存在两种解释。第一种解释认为,罗斯福"新政"关于保护工人集体结社的意图,促使了工会组织规模的迅速扩大。在"新政"之前,当雇主想要压制工会组织者或破坏已建的工会时,政府常常是他们的可靠盟友,并充当镇压工会的急先锋。但在罗斯福治理下,联邦政府却成为工人结社权的保护神。毫不奇怪的是,许多学者认为,美国民主党政府针对工会的公共政策的转变,是导致工会振兴的直接原因。而另一种解释则认为,工会的发展并非受政府政策的影响,而更多的来自工会运动的内部变化。哈佛大学的劳工经济学家理查德·弗里曼(Richard Freeman)指出,罗斯福的"新

---

① [美]保罗·克鲁格曼:《美国怎么了,一个自由主义者的良知》,刘波译,中信出版社 2008 年版,第 115—130 页。

② Leo Troy, *Trade union membership*, *1897 — 1962*, New York, 1965, pp. 1 - 2.

政"在工会发展方面也许并未发挥关键作用。30 年代真正发生的事情，是分为两个阶段的一个过程，大体上与政府的举动无关。首先是"大萧条"导致许多雇主降薪，由于愤怒的工人组织起来抵制减薪，这使工会运动如虎添翼。然后，工会运动力量的渐增产生了自我强化作用，因为已加入工会的工人开始为想要组建工会的其他工人提供关键性的支持，如资金援助、提供纠察员等。①

不论是何种解释，这段时期，产联成为引领美国工人蓬勃运动的绝对主角。在刘易斯的领导下，产联抓住有利时机，继续发起强大的组织运动，进军保守的工业巨头，并把斗争目标定准了福特汽车公司和小钢集团。小钢集团一直抵制钢铁工人组织委员会。1941 年 3 月 15 日，钢铁工人组织委员会发动该公司 1.9 万名工人罢工，迫使公司同意瓦格纳法，接受全国劳工关系局主持代表选举，结果该公司 2.8 万名工人中 2.1 万人选举钢铁工人组织委员会为其代表。与此同时，福特的工人也迫使福特同意选举工会，结果汽车工人联合会以压倒优势获胜，工人普遍的工会化要求震惊了福特，同时全国劳工关系局开庭审理福特公司特工部对待工人的暴行，在种种压力下，福特终于放弃抵抗，命令公司与汽车工人联合会达成协议，同意支付汽车业最高的工资，解散特工部，承认产联的汽车工人联合会为福特公司工人唯一的代表。②

小钢集团和福特公司投降后，产业工会运动势如破竹，至此，产联发起的组织产业工会运动，在政府保护帮助下，历史性

---

① 〔美〕保罗·克鲁格曼：《美国怎么了，一个自由主义者的良知》，刘波译，中信出版社 2008 年版。

② 蒋劲松：《论新政至二战时期美国劳工运动的社会化》，《世界历史》1991 年第 1 期。

地击败大公司的工业专制主义，打开了工业关系的新时代。到二战结束时，汽车、钢铁、电气、橡胶等大工业部门的大企业，无论愿意与否，基本上承认了工会，接受工会作为其谈判对手，昔日的工业专制终于接受大工业工会化和新政政府的变革要求，走向工业民。[①] 斯利科特（Slichter）评价这个时期的工人运动时说，美国工会运动成为世界上从未有过的最大的、最强有力的、最具进攻性的运动，美国工会组织成为了美国实力最强大的民间经济组织（见表 7.2）。[②]

表 7.2　　　　　**工会会员数量（1934—1943 年）**　　　（单位：万）

年份	AFL	CIO	独立工会	总计
1934	304.5		68.3	372.8
1938	362.3	403.8	60.4	826.5
1941	456.9	500	92	1048.9
1943	656.4	528.5	179.3	1364.2

资料来源：NICB，1945。

　　然而，工人组织规模的扩大不一定等同于工人利益的提高。二战期间，罗斯福政府对工资涨幅有着严格限制，甚至直接决定企业的工资率。因此，工人群体的利益诉求从雇主转向了政府，争议和冲突自然也转向了工人与政府之间。1943 年，煤矿产业发起了几次罢工事件，使政府和工会之间的关系开始紧张起来。随着战争规模的扩大和工作量的增加，美国联合煤矿工人政策委

[①]　蒋劲松：《论新政至二战时期美国劳工运动的社会化》，《世界历史》1991 年第 1 期。

[②]　Slichter. *The Impact of Collective Bargaining on Management*，Washington，D. C.：Bookings，1960.

员会要求把所有煤矿工人的工资一天增加 2 美元，否则将进行罢工。值得注意的是，劳联并没有支持煤矿工会，而是反对罢工，并积极调解和斡旋，但被刘易斯回绝，并指责对方牺牲工人利益。随后，罗斯福出面要求煤矿工人返回上班，同时 NWLB 着手调查，成立三方委员会，举行听证会，准备协调劳资纠纷。然而，煤矿工会在未经授权的情况下依然发动了罢工，政府立即派军队接管了工厂。5 月 3 日，罢工取消，工人重新工作。[①] 这起事件对美国工会的负面影响巨大，美国社会公众普遍认为工会只顾自己利益，不顾战争大局，认为政府过于迁就工会，工会发展应当受到限制的思潮开始流行。

四　人力资源管理的发展

这段时期人力资源管理的发展可以根据美国参加二战的时间分为两个阶段：1939—1942 年时期和 1942—1945 年时期。前一个阶段是美国刚刚走出大萧条的阴影，由于受战时经济的刺激，经济处于迅速恢复的阶段，而这个阶段产联为首的工会运动风起云涌。后一阶段则是美国直接加入战争，稳定的劳资关系和近乎为零的员工流动率为人事管理的发展营造了良好的外部条件。

（一）二战前

《瓦格纳法案》导致了劳工组织规模的持续增长，而雇主们也只能持续的改革雇佣关系以减少工会的威胁。因此在这个时期，招工权力再次被集中，减少造成员工不公平感的因素，大力建设绩效和内部晋升制度，培养企业在员工心目中的好感，成为

---

① Philip Taft. *Organized Labor in American History*，New York：Harper &Row Publisher，1964，p. 555.

人事管理的主要内容。

1. 人事政策书面化

这个时期，雇主们普遍制定了公开的雇佣政策并通过印刷品积极宣传。而在多年以前，许多公司还拒绝明示公司的雇佣政策，他们认为如果这样做的话，将会影响他们控制工人的效率，认为工人会因为明确的雇佣政策而反对公司的任意管理。但1935年后，公司手册以及规章制度文件却被大量制定出来，人事政策书面化成为一种普遍做法。①

人事政策书面化也是当时环境的产物。其一，明确的政策可以帮助人事部门控制工头，贯穿全公司标准化的雇佣流程将减少工头任意粗暴管理员工的风险，从而降低公司成立工会的可能；其二，在已成立工会的公司，明确的规章文件和手册，在处理与工会代表以及工人争议时，将有利于雇主获取更多的机会赢得裁决和保持管理控制权；其三，人事政策书面化也是展示人事管理对工人的友好，暗示政策制度其实也在约束雇主自己，因此，以往的集体协议约束将成为多余或者无足轻重。

2. 工资外部化

为了分化工人群体，雇主们常常把工人的工资设成不同的等级，破坏工人组织团结。30年代末，卡耐基钢铁公司把工资划分成为1.5万个等级，美国钢铁的工资等级更是惊人地被分为10万个等级。然而，工资等级的不理性也带来巨大的不公平感，工资结构的复杂以及层级的繁多已经成为工人们主要的抱怨，同时消除等级差异也成为工会的目标。②

---

① John E. Christ. *Employee Handbook Answers All Questions*, *Factory Management and Maintenance*, November 1941, 99: pp. 66 – 67.

② L. J. King, Job Evaluation. *Society for Advancement of Management Journal*, May 1938, 2: pp. 93 – 98.

　　为了防止工资层级过多带来的不公平感成为工会运动的导火索，这个时期，许多企业采取了新的岗位评价计划，该计划消除了工资支付的个性化因素，要求公司内部岗位薪酬水平充分参考该岗位的外部劳动力市场平均水平，并尽量保持一致性。AMA和IRC等人事组织也通过开会和培训，鼓励雇主对工资体系进行改革，使岗位工资均等化，减少不必要的差异，以减少员工抱怨。当然，推动工资外部化同时也是工会的目标（尤其产联），统一不同企业相同岗位的工资，有利于以行业或产业为基础的工会与雇主进行集体谈判时，推动整个行业或产业工资的增长。

　　3. 绩效考核得到重视

　　这个时期，避免公司成立工会以及减少员工加入工会成为雇主人事管理的头号目标，而绩效考核成为雇主控制劳动过程，对抗工会的重要手段。绩效考核会建立一个明确的绩效标准，并依据工人在执行标准的不同表现和不同结果，支付不同的绩效奖金。岗位工资基本是标准和统一的，而绩效奖金则是表现越积极，额度就越高。与此同时，许多企业纷纷大幅提高绩效奖金在个人总收入总额中的比例，加大经济激励刺激。绩效考核的效果是明显的，许多工人并不情愿自己拿与他人一样的工资，尤其那些能力强和年轻的工人，更是反对以资历为基础的集体劳动关系，认为这样其实妨碍他们挣更多的钱。

　　在实现绩效考核计划的公司，产生了工人们之间的竞争，并瓦解了工人们对产量的集体限制。同时，绩效考核的技术大多采用公司目标的逐层分解，这样，每个岗位的绩效指标都来自于整个公司的目标和方向，只有关注公司目标和发展才能更好的完成岗位职责，从而增强了员工对企业的忠诚度，使员工更多的关注企业的发展。当然，对抗工会常常也成为这些公司的重要目标，在对工人的绩效考核中，常常会评估工人对待工会的态度，并以此作为评价等分高低的因素。

4. 企业自我营销

随着工会规模和势力的不断扩大，工人们不断加入工会组织，并走向了雇主的对立面。雇主们逐渐意识到，他们并不是工人们的唯一买家。工人们其实面临两个买主：一个是工会，一个是雇主，两者之间是竞争关系，两者都在力图争取工人对自身的忠诚度。这对于雇主们是一个巨大的转变，因为若干年前，他们的门口还排着大批等待就业的工人，他们可以随意解雇工人。而如今，工人的地位就如他们的客户一样，需要不断的宣传自己、不断的"让利促销"来拉拢。因此有必要加大对工人的宣传和影响，增强工人对企业的忠诚意识，最终从工会手里夺回工人。[①]

这个时期，许多企业制定了针对员工的企业自我营销计划。一方面，公司给工人们派发大量的公司宣传品，通过手册、杂志、信件以及电影等宣传方式，让工人们更了解自己的企业，掌握企业的发展动态，反映员工的建议和诉求，营造企业关心员工的氛围；另一方面，积极进行公共关系建设，积极投身于公共事业和慈善捐助，树立企业在社会上的最佳雇主形象，增强工人在本公司就业的荣誉感和自豪感，进而培养工人的忠诚度。

5. 人事管理地位提升

随着工会规模的不断扩大，工会对于雇主管理权的破坏力也与日俱增。这时，人事管理关于"对工人示好以获取生产效率"的理念再次得到雇主们的首肯。雇主们发现人事管理在安抚工人方面具有非常好的效果。这个时期的人事管理被普遍作为抗衡工

---

① Charles A. Myers. *Personnel Problems of The Postwar Transition Period*, *Prepared for Committee for Economic Development*, New York：1944.

会的主要武器。当时，一位雇主在文章中写道：[①]

> 人事管理贯穿于整个 30 年代，因为雇主们看到它是对抗工会的主要方法。当工会势力扩张的时候，对人事管理的渴望更加强烈，因为只要实行人事管理的公司，不管是否成立工会，工会活动都被压制到最低程度。以至于很多时候，工会组织会员的速度比公司建立人事部的速度要快得多，就是因为人事管理破坏了工人组织工会的需求，所以要抢先一步。因此，培养和发展一批良好的人事经理，是保证雇主管理安全、控制工会发展的最有力武器。

因此，这个时期人事部门的地位不断得到提升，在一些大公司，人事部门成为企业和生产部门同等重要的主要部门。人事管理组织也在不断扩大，AMA 在大萧条时期损失了一半的会员，但现在迅速地恢复和扩大了规模，经常举办一系列全国的人事经理会议，出版大量的人事管理教材。SCC 和 IRC 等雇主组织也纷纷资助 AMA，希望进一步发展和扩大人事管理群体。大学也纷纷开设人事管理课程以及开办人事管理专业，举办人事管理的学术研讨会，出版专业的人事管理教材，研究人事管理技术和方法，持续培养职业的人事经理群体。

（二）二战期间

与一战情形相同，二战的到来也带来了人事部门的大量建立，尤其是那些中小企业，他们需要专业的人事经理处理劳工运动和政府规制。大企业中，人事部门的地位达到了前所未有的高

---

① Wade E. Shurtleff. *Top Management and Personnel Administration*, AMA Personnel Series, NO. 144, 1952.

度。1945 年的一项调查发现，8 家大型制造企业，7 家的人事部门是完全独立的，并且人事经理直接向总经理汇报。二战期间，人事经理的实践经验成为企业宝贵的财富，现在的问题不是建不建人事部门，而是如何更好地运行人事管理。

工会的强大以及政府立法规制，加上战时劳工短缺，也使雇主遇到前所未有的压力。企业主为尽量给每一位进入企业的新员工一个良好的印象，会举办各种活动、聚会以加强对新员工的吸引力。然而，企业从外部劳动力市场寻找劳动力的难度还是不断加大，因此如何进一步建设内部劳动力市场机制，保留和激励已有员工发挥他们的主观能动性，从而弥补和减少用工缺口，成为二战期间人事政策的主要关注点。

1. 培训和晋升

政府和企业在培训方面都投入了大量的财力和精力。只有加大对员工的培训力度，使他们掌握新的工作技能，才能扩大工作范围和增大工作难度，减少企业雇佣需求量，从而最终减少用工压力，保证战时物资生产。为了应对用工短缺，许多企业对工作流程重新进行设计，他们采用工作简单化（Job Simplification）方法，把技能性强的工作通过工作分析分解成一系列简单的操作和任务，这样就可以加快培训和上岗的速度，同样的工人数量就可以执行更多的工作和任务。[1]

为了激发工人的工作积极性，许多企业大量建立内部晋升体系，企业为各种岗位建立工作职涯跑道（Job Ladder），技术能力强的工人普遍被晋升，工资在得到提升的同时，工作积极性显著增强，工作范围和工作难度也相应加大。"工作不能是静止的，随着工人接受培训以及技能的不断提升，他们应该得到不断的晋

---

[1]　Nelson Lichtenstein. *Labor's ar at Home：the CIO in World War* Ⅱ，Cambridge university press，1982.

升，这种方法也会使工人不断上进，并加强工人对组织的忠诚度"。与此同时，内部晋升也是对付工会要求平均工资增长的对策，工资增长的部分基本上只给那些被晋升的员工，而不是所有员工。

2. 工资决定

不同于二战前的工资决定机制，由于内部劳动力市场建设的需要，工资评价不再参考外部劳动力市场价格，而把重点放在了内部结构上。[1] 因此岗位评价再次得到重视，各种岗位评价技术也开始流行。岗位评价根据各岗位对公司目标贡献价值进行打分排序，不断强化工资的内部一致性和公平性，也与内部晋升体系有效衔接，加大激励效果。

与此同时，战时工业的繁荣以及政府对工资增长的限制，为企业雇主带来巨大利润，因此作为人事管理重要内容，并在大萧条期间几乎消失殆尽的企业福利项目又开始快速增长。一方面，福利项目的开办可以提高员工对企业的满意度和忠诚度，避免参加工会；另一方面，这也是对这个时期战时工资管制（Wage freeze）的一种调整和补偿，工人们虽然没有直接涨工资，但实际收入却增加了（见表7.3）。

3. 人事管理也是工头的职责

虽然大部分公司限制工头招工和解雇的权力。然而，这个时期工会对车间纪律的影响似乎比工头要大，为了更好地发挥工头在一线与工会作战的能力，激发他们的积极性，以良好的人际关系来运用他们的权力，成为人事管理的重点。[2]

---

[1]　Carrol R. Daugherty and Milton Derber. *"Wage Stabilization"*, in Colston Warne ed. *Year Book of American Labor*: *War Labor Policies*, New York: 1945, p. 170.

[2]　*The Development of Foremen in Management*, AMA Research Report, 1945, No. 7, pp. 4 - 15.

表 7.3　　　　生产制造业开办福利项目的企业比例（%）

	1940 年	1946 年
健康保险	36	68
医疗保险	33	68
利润分享计划	7	12
养老金计划	8	23

资料来源：NICB, *Personnel Activities in American Business*, *Studies in Personnel Policy*（*SPP*），*No. 20*，New York：1940。

二战期间，美国联邦政府战时人力资源委员会（War Manpower Commission）在人力资源管理专家的具体指导下，并得到高校研究人员的帮助，结合传统的科学管理方法和以霍桑实验为基础人际关系新理论，开发出一项专门用来培养工头管理技能的业内训练法（Training Within Industry，TWI）。该方法认为，指导、方法改进及领导这三项技能并不是与生俱来的，工头必须通过工作实践和系统的课程体系来获取这些技能。TWI 包括三项专门课程：工作指导（Job Instruction，JI）、工作方法（Job Methods，JM）、工作关系（Job Relations，JR）。每门课程最初的 2 小时内，一般向工头介绍培训课程的理论内容，而后面的时间全部用于方法研究和实践，要求每一位工头都能够将培训提供的方法用于他的真实工作情境，或用来解决工作中遇到的真实问题。[1]

随着工头素质的普遍提升，人事部门认为工头现在可以承担人事管理的责任。人事经理们认为，有效的人事管理并不清除工

----

[1]　TWI Service, *The Development of TWI：Program Development Institute*, December 15，1944。

头或他们在车间里的权威，而是将他们的权威整合到一个有规划、有协调力、能够让工人感到公平的人事政策中去。工头在行使其在车间中的监督权力的时候，必须有一个界线，同时还要激发工人劳动的效率。这个时期，人事部门开始建立一个制度化的雇佣关系来解决传统的管理问题：授权给工头以确保高产出所必须的权威，而同时又不放任他们来把持车间。

第八章

人力资源管理的产生（1946—1970）

二战后，美国经济增长出现了一个被西方经济学家称之为"黄金时代"的时期。由于美国远离战争现场，全球的人才和资本集聚在美国，并带来了美国的科技进步和经济发展，并标志着美国进入"后工业化时代"[①]。美国的 GDP 从 1961 年的 5233 亿美元增长到 1971 年的 10634 亿美元。按人口平均计算，1946 年美国人口 14138.9 万，人均 GDP 约为 2211 美元，1971 年人口 20700.6 万，人均 GDP 约为 3572 美元，25 年间提高了 61.6%（见表 8.1）。

美国产业结构调整是促进这个时期美国经济发展的主要动力，科技进步带来了服务业的蓬勃发展，同时带来了劳动生产率的快速提高。第一、第二产业占 GDP 的比例不断下降，第三产业所占比例大幅增长。到了 1970 年，无论是各产业产值和增长率，还是各产业对 GDP 及其增长率的贡献，第三产业都胜于第一、第二产业。第三产业占 GDP 的比重从 1947 年的 46.4% 增长到 1970 年的 51.5%，并取代第二产业成为美国经济的首要产业（见表 8.2）。至此，第三产业的发展将决定美国经济的发展。

---

① ［美］丹尼尔·贝尔：《后工业化社会到来——社会预测尝试》，高等译，商务印书馆 1984 年版，第 20—42 页。

表 8.1   1946—1971 年美国国民生产总值、个人可支配
收入和消费支出

年份	国民生产总值		个人可支配收入		个人消费支出		人口
	当年美元 (10 亿美元)	(10 亿美元)	总额 (10 亿美元)	人均 (美元)	总额 (10 亿美元)	人均 (美元)	(万)
1946	208.5	312.6	227.0	1606	203.5	1439	14138.9
1950	284.8	355.3	249.6	1646	230.5	1520	15168.4
1953	364.6	412.8	275.4	1726	250.8	1572	15956.5
1954	364.8	407.0	278.3	1714	255.7	1575	16239.1
1957	441.1	452.5	315.8	1844	288.2	1683	17127.4
1958	447.3	447.3	318.8	1831	290.1	1666	17414.1
1959	483.7	475.9	333.0	1881	307.3	1725	17707.3
1960	503.7	487.7	340.2	1883	316.1	1749	18066.7
1961	520.1	497.2	350.7	1910	322.5	1756	18367.2
1969	929.1	724.7	513.5	2535	469.3	2316	20259.9
1970	974.1	720.0	531.5	2595	475.9	2324	20480.0
1971	1046.8	739.5	550.6	2660	491.9	2376	20700.6

资料来源：*Economic Report of the President*，1972，p. 213.

表 8.2   1950—1970 年美国各产业国民生产总值

年份	国民生产总值	第一产业	第二产业	第三产业
1950	288.3	20.8	106.5	134.5
1960	515.3	21.7	181.5	257.2
1970	1015.5	29.9	322.4	523.1

资料来源：丁冰：《战后科技革命与现代资本主义经济》，贵州人民出版社 1998
年版，第 92 页。

　　美国经济发展的同时也带动了企业规模的扩大和集中，企业大型化成为二战后美国企业发展的总体特征，并掀起了企业合并浪潮。1950—1969 年美国共发生 1.7 万多起企业合并，1950—1972 年间公司数量上升了 188％，而小企业只上升了 48％。美国最大的五百家工业公司发展速度超过美国总体经济发展速度，1972 年，这些公司合计的销售总额、利润额和员工人数分别占全国工业销售总额、利润总额和员工人数总额的 66％、75％和75％。[①] 二战结束时，美国大约有 43 个拥有资本 10 亿元以上的公司，1962 年增加到 116 个，1965 年又增加到 149 个，1970 年达到 252 个。1967 年，美国约有 14000 个商业银行，而只占总数 0.4％的 50 家大银行资产却占整个行业资产总数的 40％。制造业的集中度也在不断提高，二战结束时，美国 200 家大制造公司占有制造行业资产的 48％，1967 年快速增加到 59％。尤其在汽车等制造行业，几家大公司就可以控制整个行业的生产，通用、福特和克莱斯勒三家汽车公司控制了美国汽车生产的 95％。[②]

一　劳动力市场

　　美国经济的产业转型也带来了美国劳动力市场的巨大变化。各类产业就业人数比例发生结构性变化，新型职业不断涌现，白领人数不断增长，人员素质不断提高。而与此同时，科技进步对传统行业和新兴行业进行了生产技术重构，形成了结构性失业现象。

---

　　① 〔美〕吉尔伯特·C.菲特、吉姆·E.里斯：《美国经济史》，司徒淳、方秉铸译，辽宁人民出版社 1981 年版，第 786 页。

　　② 张友伦：《20 世纪 60 年代美国的工人运动》，《国际共运史研究》1988 年第 3 期。

（一）劳动力转型

从这个时期的劳动力市场数据看，美国农业从业人数大大减少，而工业和服务业从业人数则快速增长。1950—1960年的十年间，第二产业的从业人数从1925万人增加到2290万人，增长了19%；服务业从业人数从2747万人增加到3393万人，增长了23.5%，其中金融、保险、房地产和旅馆、娱乐、家政、健康等服务业的就业增长达到惊人的程度，分别增长了43.7%和38.2%（见表8.3）。[①]

表8.3   1940—1970年美国劳动力在产业间的分布   （单位：万人）

产业	1940年	1950年	1960年	1970年
美国劳动力总额	4537.6	5747.5	6637.3	7930.8
农业林业、渔业	867.9	719.5	452.5	291.6
采矿业	92.8	94.1	67.0	63.2
建筑业	211.0	352.4	402.6	458.7
制造业	1074.0	1478.6	1820.7	2002.0
交通通讯和公共设施	316.4	450.3	462.5	519.7
批发与零售	768.2	1074.3	1230.6	1560.8
金融、保险和不动产	148.8	194.1	279.0	384.8
服务业	878.3	1028.2	1421.3	2029.3
政府文职和军事人员	180.2	355.9	501.2	620.7
其他	69.0	84.3	260.8	476.0

资料来源：U. S. Department of Commerce, *Regional Employment By Industry*, *1940－1970*, Washington, D. C.：U. S. Government Princing Office, 1975。

---

①   U. S. Department of Commerce, *Regional Employment By Industry*, *1940－1970*.

新兴职业的增长要求从业人员必须掌握新的知识和技能，员工素质不断提高，工资报酬也相应增长，而这些行业也成为白领员工就业的主要部门。1950 年，蓝领就业总量为 2426.6 万人，而白领就业总量就已经达到 2160.1 万人，并且数量还在不断增长。1956 年，白领就业人数首次超过蓝领，1960 年，白领就业人数已达 2724.4 万人，1970 年迅速增加到 3785.7 万人。[①]

在职业类别上，增长最快的是办事员。1960 年办事员的人数为 916.7 万，1970 年迅速增加到 1420.8 万人，占白领就业总数的 38%。其实，办事员是一个职业特征模糊的称谓，这也是产业结构转型初期的职业特点。其次，增长幅度较大的是专业技术人员，包括工程师、教师、律师、医疗、科研人员等。1960 年共有此类人员 733.6 万人，1970 年上升到 1156.1 万人，长期从事脑力劳动的人数增长了 147%。在专业技术领域，工程师的增长最快，1950—1960 年增长了 64%，其中航空、半导体和电子等技术含量更高的行业的工程师更是增长了 193%，机械制造、电器产业等部门占工程师增长的一半以上。值得注意的是，企业管理人员数量增长并不明显，1960 年为 545.9 万人，1970 年为 646.3 万人。[②]

（二）结构性失业

科学技术的进步带来了劳动生产率的明显提高。对于劳动力密集的第一产业以及第二产业，随着新技术的使用，传统产业部门的工人不断被排斥，转为失业者。但这些蓝领工人在短时期内

[①]　*The Statistical History of United States：From Colonial Times to 1970 Prepared by the United States Bureau of the Census and so on*，Published by Basic Books，1976，SeriesD，p. 139.

[②]　*Economic Report of the President*，1960，p. 14.

难以完全适应新兴行业部门的技术和素质需求，难以胜任新兴行业部门的职位，而导致新兴部门职位出现空缺。因此结构性失业现象成为美国长期面对的社会问题（见表 8.4）。

表 8.4　　　　1950—1970 年期间美国私营经济劳动生产率

年份	1950	1960	1970
农业	37.7	64.9	115.6
工业	64.4	79.9	107..7
其他经济部门	65.3	80.6	101.7
全部私营经济	59.7	78.2	104.3

资料来源：*Economic Report of the President*, 1972, p.234.

因此，尽管就业人数增加了，但是二战后的失业人数和失业率却高于 40 年代末，1958 年失业率达到战后最高点，接近 7%，此后直至 90 年代，失业率一直徘徊在 7% 左右。一方面，传统劳动密集型行业失业严重，其中以采矿业和运输业遭到的冲击最大。煤炭产量从 1940 年的 5.12 亿吨增加到 1969 年 5.71 亿吨，而煤矿工人的人数从 53 万减为 14.4 万，减少了 73%。码头装卸和运输因为实现了自动化，完全不用人力就可以将货物集装箱运到卡车和火车上。铁路 1969 年比 1945 年增加 10% 的货运量，而雇员却减少 60%。[1] 另一方面，由于生产过程技术构成的提高，很多专业性岗位，特别是专业的、技术的、文书的和熟练工人的岗位出现劳动力短缺，甚至许多工作岗位无人问津。如 1959 年宾夕法尼亚州就业局列举出 228 种职业虚位以待，但无人问津。亚拉巴马州的很多企业花钱在报纸上刊登招聘广告，但是该州却

---

① ［美］阿瑟·林克、威廉·卡顿：《一九○○年以来的美国史（中册）》，刘绪贻等译，中国社会科学出版社 1980 年版。

有 9 万多劳工在寻找工作。密歇根、西弗吉尼亚、马萨诸塞、罗得岛、新泽西、路易斯安那和俄亥俄等许多州都存在着既有大批劳工失业又有许多待聘岗位的矛盾现象。从行业看，在传统的采矿、建筑和销售等行业同样存在这样的问题，在航空、电子、计算机、光学、通讯航天、军工、电器、簿记、会计、律师、工程师以及数学、物理、化学、机械、教育、医疗等领域，熟练工人供不应求的现象更加明显。①

二　工会及工人运动

二战后的五六十年代，美国的工人运动总体上是活跃的，继续在经济、社会、政治等各个层面显示强大的影响力，尤其劳联和产联的合并也进一步壮大了美国工运力量。但是随着美国企业经济实力的增长、产业结构的巨大转型、人本管理的普及以及社会保障体系的健全，工会运动已经呈现衰退的前兆。

（一）工会的平稳发展与罢工运动

随着产联影响力的增大以及劳联的自我革新，二战后的工会会员数量快速增长。1945 年美国工会会员总数达到了 1749.6 万人，其中劳联会员有 693 万，产联会员为 600 万人，较 1943 年增长了 28%。但随后增长势头明显放缓，直到 1954 年，工会会员总数才增加到 1795.5 万人，仅增加了 46 万。与此同时，1954 年之后工会会员数量还出现了下降，但随着 1955 年的劳联和产联的合并，工会会员的总人数又增加了近百万人。合并后的三年中，劳联—产联会员人数逐年上升，1957 年达 1695.4 万人。从

① 高嵩：《约翰·肯尼迪政府就业与培训政策研究》，博士学位论文，东北师范大学。

1958 年到 60 年代末，劳联—产联的会员人数虽然有所下降，但基本上保持了稳定。① 1963 年后工会获得了较为持久和平缓的发展，工会人数由 1963 年的 1750 万人增加到 1968 年的 2000 万左右，如图 8.1 所示。

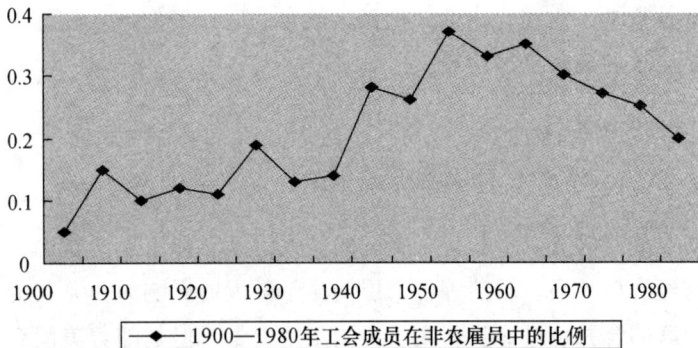

图 8.1　1900—1980 年工会成员在非农雇员中的比例

资料来源：［美］斯坦利·L. 恩格尔曼：《剑桥美国经济史》（第三卷），中国人民大学出版社 2008 年版，第 579 页。

　　与一战结束的情形相似，二战结束后，战时工业消失以及政府解除对物价的管制，失业和物价上涨严重威胁着工人的生活，工人还要面对有一千多万的美国退伍军人的竞争，并引发了工会和工人的不满。1946 年共发生罢工 4985 次，损失 1.16 亿个工作日。虽然随后两年的罢工运动有所减缓，但 1949 又进入第二个高潮。导致罢工潮的原因在于以限制工会发展为目的的《塔夫脱—哈特莱法》的颁布，该法限制工人罢工的条款导致了更大范

---

　　①　美国劳工部劳工统计局编：《美国劳工运动简史》，中国工人出版社 1980 年版，第 52—54 页。

围的罢工抗议。[1] 朝鲜战争期间，由于通货膨胀的原因，美国工人的实际收入有所下降，因此为争取提高工资的罢工此起彼伏，1952 年发生的罢工创战后最高纪录，达 5117 次。在 1954—1959 年间，美国工人发动罢工 22 368 次，平均每年 3728 次，参加罢工的工人达 1164 多万人。其中 1955—1956 年，威斯汀豪斯电气公司发生 7 万名工人罢工，历时长达 156 天，是美国 20 年来时间最长的一次罢工。60 年代以来，罢工运动持续不断，且规模不断扩大。1961 年初，几万名海员和 6 大航空公司的 74000 名驾驶员相继举行罢工，要求提高工资。同年，通用汽车公司的 24 万名雇员和福特汽车公司的 11 万名雇员举行罢工。[2] 不过到了 60 年代末，罢工明显减少了。

（二）劳联和产联的合并

这个时期，最引人注目的工运事件莫过于劳联和产联的合并。两个工会组织的合并来源于美国政界对共产党控制工会的担忧。到 40 年代中，共产党人及其领导的工会，已成为产联内部有力的"左"派，共产党与产联的合作，日益为资产阶级和政府所不容。如今工会力量日益强大，产联的影响力与日俱增，如果产联被共产党控制，加之苏联的支持，工人运动将有可能威胁资本主义制度本身。二战结束后，在杜鲁门政府的施压下，美国国内笼罩着反共气氛，工会组织也深受影响。1948 年，产联明令禁止共产党人在该组织内任职。1946 年 10 月，产联开除了拥有 90 万会员的 11 个左翼工会，理由是这些组织受共产党支配，结

---

① 李会欣：《二战后美国劳工的变迁》，《当代世界社会主义问题》2001 年第 1 期。

② 余志森：《美国史纲——从殖民地到超级大国》，华东师范大学出版社 1990 年版。

束了大工业工会与共产党的组织结合。至此，产联逐步转向比较
温和的路线，并向劳联的阶级路线靠拢。

　　与此同时，随着1952年上台的共和党艾森豪威尔反工会政
策的推行，美国的工会组织感到需要联合起来以应付日益严酷的
政治氛围，劳联和产联的合并成为这个时期工运史上的大事。
1952年末，新任劳联主席乔治·米尼（George Meany）和产联
新主席沃特·鲁泽（Walter Ruther）都表示了要与对方联合的
愿望，并着手探索统一的途径。1953年劳联、产联通过艰苦的
谈判，最后达成了互不攻击性协议，此协议是两者统一的基础。
1955年12月5日，劳联、产联在纽约召开第一次大会宣布正式
合并，合并后的新组织定名为"劳联—产联"，选举乔治·米尼
为主席，沃特·鲁泽为副主席兼产业工会部主任，新组织拥有
1500万会员，占全美工会会员总数的85％—90％，占全美工人
总数的34％，开启了美国劳工史的新时代。① 劳联—产联的主要
工作是使工人组织起来建立工会，宗旨是改善工人生活，实现经
济正义和社会正义，它主要通过游说、罢工、鼓动工会会员参加
投票、参与议员竞选来实现维护劳工权益这一目标。②

三　劳工立法

　　由于对共产党政权的担忧，二战后的美国政府通过立法对工
会组织进行了限制，建立平衡的美国工业关系体系。与此同时，
把解决失业问题列为政府重要责任，通过立法从根本上保障工人
权益，化解社会阶级冲突。

---

　　① 孙茹：《劳联—产联》，《国际资料信息》2004年第12期。
　　② 李洁：《试论美国劳联与产联合并及其影响》，《湖州师范学院学报》2007年
第10期。

（一）《塔夫脱—哈特莱法》

《瓦格纳法案》的颁布使工会得到了空前规模的发展，但也带来不少负面影响。首先，工会的战时罢工使公众对工会只顾自己利益，不顾战争大局的行为给以激烈抨击；其次，工会数量的扩张也带来了工会之间的权力和地盘争斗，与雇主的谈判代表资格的争夺，影响了劳资关系的稳定局面；最后，随着工会组织规模和影响力的扩大，一些工会领导人滥用职权的事情频繁发生。同时工会会员在罢工中的行动没有约束，雇主管理权力受到过多侵犯以及雇员个人权利没有得到明确保护，都招致了社会舆论对《瓦格纳法案》的批评。劳工律师泽多尔·埃泽尔曼（Theodore R. Iserman）在有关劳资关系法改革的听证会上，指出：

> 瓦格纳法案实施已经和初衷背道而驰……以产业为代价增加企业的工会和集体谈判，工会正在滥用罢工权……工会经常反对提高工人生产率的新手段和新机器，他们限制产出，限制工人多学手艺或工作方法，坚持要两三个工人完成一个工人就能完成的任务，要求雇主为没有做的工作支付报酬，这实际上就是工会吃空职。①

日本投降后六个月里，众议院提出 70 多项反劳工法案，充当了大公司、保守派反工会的急先锋。1946 年中期选举后，共和党从 1930 年以来第一次控制了国会众参两院。1947 年作为《瓦格纳法案》修正案的《塔夫脱—哈特莱法》的出台。该法案由单方面保障工会的指导思想，转变为同时要保障雇主、劳工个

---

① 周剑云：《论美国劳资关系调控体系的变迁（1887—1947）》，博士学位论文，中国人民大学，2008 年，第 163—164 页。

人和社会公众的指导思想，在劳资之间恢复力量平衡。该法案保留了《瓦格纳法案》的大多内容，并增加了新规定，规定了工会的"不当劳工作为"是非法行为，特别是禁止"间接抵制"（Secondary-Boycott），即禁止在罢工中抵制与本企业雇主有关的单位或个人；重新引进了劳动禁令来抑制工会的罢工等活动，但局限于不当劳动行为；禁止实行"封锁工厂制"（Closed Shop），即禁止只准雇佣某一工会会员的制度；并且容许各州制定所谓"劳动权法"（Right-to-work Statutes），以取消"工会工厂制"（Union Shop），即非工会会员的工人在被雇后一定时期内应加入某一工会的制度；规定劳资双方中的一方如要求废除或改变集体合同，应在 60 天前通知对方，在此期间禁止罢工或关厂，而由联邦仲裁与调解局进行调解；在危害国家安全情况下，总统可以授权司法部长请求法院发布在 80 天内不得罢工或关厂的禁令，在这一"冷却时期"内再由政府进行调解；如这些措施都无效，总统还可建议国会采取其他措施，如授权他接管企业，等等。①在国会通过这一法律后，各州也先后制定了类似的州法律，统称为"小塔夫脱—哈特莱法"。

（二）就业法

由国家保障国民就业的想法最早由产联提出，产联认为充分就业是福利国家和美国经济稳定的先决条件，主张国家应该干预劳动力市场，并得到凯恩斯主义者的支持。他们广泛宣传其经济政策主张，召开充分就业会议，进行国会游说活动。当时，二战战时工业消失导致的失业率急速上涨，罢工的频繁，社会公众也普遍认为失业问题是社会冲突的根源，国家应该承担责任，在这

---

① 杨体仁、李丽林：《市场经济国家劳动关系——理论、制度、政策》，中国劳动社会保障出版社 2000 年版。

种情况下，国会接连推出《1945 年就业法案》和《1946 年就业法案》。

《1945 年就业法案》突出了"充分就业"概念，提出所有能工作和寻找工作的美国公民，都有权利获得有用的、有报酬的和有规则的全日就业。为保证实现这一目标，总统在每年开始时，要向全国提交全国生产和就业预算。首先，预算要说明在随之而来的财政年度中预计的劳动力规模和与此相对应的充分就业的GDP；其次，列出没有政府干预行为情况下预期实现的 GDP，并计算出充分就业 GDP 和预期 GDP 的差额；最后，提出政府为弥补充分就业 GDP 与预期 GDP 间"紧缩缺口"或"扩展缺口"而应采取的措施。[①]

就业法案通过使"所有美国人……有权利获得实用的、有报酬的、正规的全日制就业机会；为保障每个人的就业权利，联邦政府有责任确保持续的充分就业。也就是说，任何时候都有足够的就业机会提供给所有美国人"。[②] 1945 年 12 月，尽管议案在参议院以 71 比 10 获得通过，但是在众议院，因保守派反对势力强大而被否决。

充分就业议案被否决后，议员威尔·惠廷顿（Will Whittington）对旧法案进行了修改并提交了新法案。1946 年 2 月，杜鲁门总统签署了新的就业法案，取名为《1946 年就业法案》。该法以"最大就业"取代了"充分就业"，肯定了联邦政府对社会就业水平承担责任，要争取实现最大就业。《1946 年就业法案》树立了政府对劳动市场实行持续性调节的必要性，确立了美

---

① 裴鸿驰、梁晓滨：《美国劳动市场的政府调解分析》，《辽宁大学学报》1994年第 5 期。

② G. J. Santoni. *The Employment Act of 1946：Some History Notes*，Federal. Reserve Bank of St. Louis Review，November，pp. 5 - 16.

国政府对宏观经济干预和调节的任务和目标。美国政府据此第一次正式承担起在正常时期保障充分就业、经济繁荣的责任，凯恩斯主义成为联邦政府经济政策的指南。[①]

四　人力资源管理的发展

随着二战的结束，劳动力市场供给缓和加上政府管制的取消，再次导致了人事部门在预算规模上的削减，但与25年前相比，这种削减的程度相对较小。首先，工会的威胁始终存在，尤其在制造业、交通运输业以及公共事业等部门，参加工会与雇主谈判的思想已经根深蒂固，并继续对其他行业产生影响，这都需要引起对人事管理的重视。其次，政府通过其自身的活动，监管工会与雇主的关系、抑制工资膨胀、规范劳动力市场行为、立法规定诸如养老金和医疗保险等福利收益已经成为人事管理的重要内容。最后，人事管理已经被认为是一种专业技术，公司认同让专业的人事经理去管理专业的人事部门。值得注意的是，随着社会文明的进步和宗教思想的进一步传播，二战后的社会规范已经发生改变，公司和雇员逐渐形成双向的心理契约。

(一)　经理革命和利益相关者

在这个时期，美国企业的所有权和管理权分离进入一个新的高度。企业的所有者认识到，企业分散、多厂、多产品和跨国性质使企业生产经营的成功越来越取决于企业投入的人力状况，生产人员和管理人员的水平、数量及努力程度，而不仅仅取决于物质资本的状况。为适应这些变化，许多企业尤其是公司制企业内

---

① 李存训：《论杜鲁门的"公平施政"》，载《美国史论文集，1981—1983》，三联书店，第267页。

部结构发生了重大变革，企业所有者从自身利益出发，不再对企业进行直接经营控制，而是只保留对企业财产的最终所有权和挑选经营者的权利。企业所有者挑选出具有渊博的知识、灵活的应变能力、综合能力强、人力资本高的经理人员，将企业的经营控制权委托给经理人员去掌握，职业经理阶层开始出现。这种现象就是人们通常所说的"经理革命"。[1]

60 年代企业大量使用了经理管理团队。经理阶层的出现是充分调动企业人力资本的积极性与创造性、保持企业竞争力的需要和结果，对经理和企业主是双赢。也正是由于经理阶层的出现，使得如何充分调动企业里的各种非物质资本包括管理者和人力资源的积极性成为有效利用企业物质资本的前提，也日益成为企业保持竞争力的中心问题，也成为人事管理进一步发展以及人力资源管理产生的背景基础。

企业所有权和管理权的分开大大增加了企业责任感。管理者在战后发现自己不仅需要对他们的所有者（股东）负责，而且还要对客户、社会大众和员工负责任。这个时期，社会和政策环境鼓励管理者根据不同利益群体担当不同的责任。同样，作为一个员工而言，负起对工作和企业的责任、爱护和认同企业也是理所当然的。因此，利益相关者理论刺激了企业想要做一个"好"的雇主而认真对待自己的职责，也促进了人事职能在组织中地位的提升。许多公司还调整或者合并他们的人事部门和公共关系部门，因为这两个部门的工作都是针对公司的"利益相关者"。

（二）公司组织结构改变和人事管理发展

按照时间的发展，美国公司组织结构类型可以分为：U 型结

---

① 管德华：《人力资本理论正源》，《南京财经大学学报》2004 年第 6 期。

构（United structure）、H 型结构（Holding company，H-form）
和 M 型结构（Multidivisional structure）。不同于早期的代表集
权管理的 U 型结构和代表投资控股的 H 型结构，50 年代和 60
年代的企业组织规模达到了鼎盛时期，出现了业务多元化和跨区
域经营为主体特征的 M 型结构。①

　　M 型控股公司组织结构由三个互相关联的层次组成，由董
事会和经理班子组成的总部是公司的最高决策层，这是 M 型公
司的核心。它既不同于 H 型结构那样从事子公司的直接管理，
也不同于 U 型结构那样基本上是一个空壳。它的主要职能一是
战略研究，向下游各公司输出战略与规划；二是交易协调，目的
是最大限度的达到资源和战略的协同。第二个层次由职能部门和
支持、服务部门组成。其中计划部门是公司战略研究的执行部
门；人事部负责公司经理人员的选拔、培养、晋升以及薪酬；财
务部负责全公司的资金筹措、运用和税务安排，子公司财务只是
一个相对独立的核算单位。第三个层次是围绕公司的主导或核心
业务的互相依存又互相独立的子公司。子公司不是完整意义的利
润中心，更不是投资中心，它本质上是一个在统一经营战略下承
担某种产品或提供某种服务的生产或经营单位。子公司负责人是
受总公司委托管理这部分资产或业务的代理人，更多的时候是直
接由上级单位派驻下来，他直接对上级负责，而不是该公司自身
利益的代表。

　　大量 M 型结构公司的出现带来了中层管理人员队伍的扩充，
与此同时，人事管理部门的地位和重要性再次得到提升，人事部
常常是总部机构中不可或缺的部门，关乎整个公司的人事政策和
职位管理执行，处理高端人事事务，侧重于经理级员工的管理。

---

① Williamson Oliver E. *Markets and Hierarchies*：*Analysis Antitrust Implications*，New York：Free Press，1975.

人事部门的规模和人数也在不断扩张。人事部门的快速发展可以从人事经理的抱怨中得到体现，60年代的研究发现，超过1/3的人认为他们的部门太小，超过1/2的人认为他们的人事职能需要逐渐的广泛的改变。人事管理职业化进程进一步加速，并以此作为巩固其组织影响力的一种策略，许多人加入各种人事经理协会，寻求专业认证。

然而，人事经理任何时候都少不了竞争对手，这次从工头变成了财务经理。战后M型结构的蔓延，带来了公司财务职能的增强。对于财务管理者而言，公司是资产的一个集合体，金融工具被用来衡量各部门和各单元的绩效以及各单位为了提高总体回报份额的购买量和出售量。在60年代，更多的公司采用了财务管理模式，兼并和收购的数量大幅增长，越来越多的CEO或总裁不是来自运营或销售部门，而是财务部门。对财务经理来说，量化指标是首要的，但遗憾的是，在人事领域它们常常不可用。所以在60年代早期，人事部门与财务部门发生的冲突比其他任何职能部门都要多。[①]

（三）劳动关系和员工关系的分离

关于工业关系（Industry Relation）的研究在战后分成了两个方向：劳动关系（Labor Relation）和员工关系（Employee Relation）。在微观工作场所中，劳动关系的范畴是有关集体谈判和合同管理，而员工关系则涵盖了员工与公司互动关系的各个方面。二战以前，劳动关系管理是公司人事管理的主要内容，尤其对于那些已经成立工会的公司，代表雇主和工会谈判并签订和执

---

① Jocoby. *"A Century of Human Resource Management"* in Bruce Kaufman, Richard Beaumont, and Roy Helfgott, eds, *From Industrial Relations to Human Resources and Beyond*, M. E. Sharpe, 2003.

行集体合同是人事部门的主要任务。二战后，随着工会组织化程度的放慢以及工业关系变得有序和可预测，人事管理在劳动关系方面变得不那么重要，而以行为科学为核心的员工关系取而代之成为人事管理新内容。

美国通用汽车在战后制定了产业关系转型策略。一方面，公司在劳动关系方面继续扮演让工会头痛的谈判对手角色；另一方面，公司专门建立员工关系部门，通过建设员工关系，让员工感受到一个仁慈和温和的通用。该部门负责对全国各地的通用汽车厂进行员工满意度调查，举办主题为"我的工作和为什么我喜欢它"的员工散文比赛，邀请了哥伦比亚大学的著名调查研究员来制定可以改进员工关系的人事政策。①

即使在工会化程度高的公司，劳动关系也不再是人事管理中的首要内容。60年代针对大公司的调查表明，只有7％的受访公司认为劳动关系是其主要的人事活动，55％的受访公司认为劳动关系已经不重要。② 而公司的人事管理更加侧重管理能力的发展、员工福利、培训和沟通。值得注意的是，这个时期公司认为人事管理方向的转变不仅是为了稳定劳动关系，也是基于一个事实，即"以前公司总是从企业外部寻找合适的人来弥补管理职位的空缺，但这并不令人满意。相反，从公司内部发展员工则是可行的，这就需要对优秀的人进行金钱和其他方面的激励，使其进入并留在公司，发展成能满足公司未来需求的人才，并建立更有效的内部晋升和改革的系统"。

① Kaufman. *Personnel/Human Resource Management：Its Roots As Applied Economics*，History of Political Economy，2000，32：pp. 229 – 256.

② Jacoby. *Employee Attitude Surveys in Historical Perspective*，Industrial Relations，1988，27：pp. 74 – 93.

（四）心理学在人事管理的应用

战后，心理学在人事管理中得到广泛的应用并且愈发重要。其实在战前，心理技术已经在一些大公司的人事管理中得到应用，如员工挑选和员工态度调查。AT&T公司和西屋电气都曾进行过大规模的员工态度研究。其中最著名的当属美国哈佛大学教授梅奥（Elton Mayo）在西屋电气公司下属企业做的霍桑试验，梅奥思想被他的追随者称为"人际关系学说"。它否定了人事管理技术对经济奖励和行政程序的依赖，认为工人不只是受金钱的激励，管理者应该更加注重员工的心理和工作中的人际关系，特别是员工和主管之间的关系，而不要过多考虑工资和额外收入。

战争期间，政府实施的业内训练法（TWI）运用梅奥的思想培训了近50万名的工头，学习如何激励他们的员工。与此同时，许多行为科学家在军队招募部门工作，并不断发展职业倾向和智商测验技术，同时在如何激励士兵士气方面也积累了丰富的人事管理技术。战后，大批行为科学家来到私营部门工作，要么作为管理顾问，要么作为人事管理专员。到1948年，超过30%的大公司都聘任了心理学家，并更加注重招聘甄选、员工满意度调查、领导力培训等人事技术。人事管理的学术领域日益纳入应用心理学的研究范畴。[1]

行为科学的影响贯穿整个60年代。许多研究开始关注员工的工作动机，并在薪酬和岗位设计之中运用这些成果，引导企业抛弃"工作是负担"的想法，在研究如何让工作变得更有趣的同时，不断取消监督岗位。行为科学还帮助经理人员和专业技术人

---

[1] NICB. *Personnel Practices in Factory and Office*: *Manufacturing*，SPP，1965，p. 194.

员发展诸如敏感性训练（为了加强管理人员的人际能力）和管理指引（以帮助管理人员的平衡"人"和"生产"的问题）技术。人事经理也积极推动行为科学在企业管理培训和组织发展中的应用。

（五）人力资源管理产生的学理基础

有两个因素对于人力资源管理概念的出现及发展起了重要的作用：其一，在 20 世纪 50 年代被正式提出的经济学领域的"人力资本理论"。舒尔茨、贝克尔等经济学家提出了广泛资本的概念，指出资本除了包括物质资本以外，还包括能比物质资本创造更多财富的人力资本。从此，人力资本被看成是比物力资本更富有生产率的资本，比物力资本更有潜力的"活的资源"。人力资本理论可以广泛地应用于解释人力资源领域的很多问题。其二，行为科学的不断发展使得人本主义观点深入人心，后期的行为科学的代表理论主要包括需求层次理论、双因素理论、X 理论与 Y 理论、斯金纳的强化理论、弗鲁姆的期望理论和亚当斯的公平理论等。另外领导理论在这一时期也有了显著的发展，从关注领导本身的特质和行为转变为关注领导与情境的匹配——权变领导理论，主要包括菲德勒的权变领导理论、保罗·赫塞和肯·布兰查德的情境领导理论。

1. 人力资本理论

舒尔茨在 1960 年美国经济学会年会上发表题为《人力资本的投资》的著名演讲，他因此被后人誉为"人力资本之父"。舒尔茨开始把人力资源视为一切资源中最重要的资源，强调高质量的人力资源有助于劳动生产率的提高和经济增长。[①] 他认为人力

---

① Schultz. *The Economic Value of Education*，Columbia University Press，1964.

资源是可以投入开发并且增长的，人力资本与投资行为也是不可分的。舒尔茨指出，"没有对人的大量投资，就不可能享受现代化农业的丰硕成果，也不能拥有现代化工业的富裕"。^①舒尔茨提出人力资本投入主要有两种方式，即学校教育和在职培训。在以前的理论中，人力资源往往都是以数量来计算的。而人力资本理论认识到人力资源在数量上的差别只是一个方面，质的差别也同等重要。人力资本理论使人们更多改进了实物资本的衡量方法，开始关注非实物资本，并解释了人力资源之间"质"的差别以及解释学习培训对人力资源开发的作用。

加里·贝克尔1964年出版了《人力资本》，提出人力资本收入函数，即对工资结构的预测，规定了收入和人力资本之间的关系。贝克尔不仅把人力资源看成是一种静态的资源，而且把它看成是一种类似于金融资本的动态的资源。人们可以通过学校的教育和在职培训等方式来增加他们的资本存量。在劳动经济学中，工资等于边际劳动生产率，劳动者通过学习和培训提高了工作能力和劳动生产率，工资也会随之升高。反之，工资的升高又会激发人们学习和培训的热情。人力资本理论的形成解释了人力资源领域的很多问题，尤其为培训与开发奠定了坚实的理论基础。^②

2. 行为科学学派

行为科学学派是对梅奥开创人际关系学说的进一步完善和系统提炼。行为科学从人、组织、工作、技术等多方面对组织中人的行为进行了系统的研究，它不仅吸收了早期人际关系学说的一些有用的研究成果，还借鉴了当时的组织理论、组织心理学、社会心理学等领域的最新理论发展。行为科学的发展使人事管理对

① ［美］舒尔茨：《人力资本的投资》，吴珠华等译，北京经济学院出版社1987年版。

② ［美］加里·贝克尔：《人力资本》，梁小民译，北京大学出版社1993年版。

个体的研究与管理发展转到了对群体和组织的整体研究和管理，对于人力资源管理的理论与实践产生了极大的影响。

1949 年在美国芝加哥召开了一次跨学科的会议，在会上首先提出了行为科学这一名称，行为科学本身并不是完全独立的学科，而是心理学、社会学、人类文化学等研究人类行为的各种学科互相结合的一门边缘性学科。行为科学以人的行为及其产生的原因作为研究对象。具体来说，它主要是从人的需要、欲望、动机、目的等心理因素的角度研究人的行为规律，特别是研究人与人之间的关系、个人与集体之间的关系，并借助于这种规律性的认识来预测和控制人的行为，以提高工作效率，达成组织的目标。行为学派虽然没有研究出一套完整的管理知识，却已经为人们提供了许多有用的素材，他们的行为论题主要有激励、领导、群体、组织设计、组织变化与发展等，① 亚伯拉罕·马斯洛（Abraham Maslow，1908—1970）、弗雷德里克·赫茨伯格（Frederick Herzberg，1923—2000）和道格拉斯·M. 麦格雷戈（Douglas M McGregor，1906—1964）是行为科学学派最著名的三个代表人物。1943 年马斯洛在《人类动机论》一文中，提出了需要层次理论，并在 1954 年出版的《激励与个人》中完善了该理论，指出人们的需要有多种，在不同情况下会影响人们的行为。赫茨伯格在其著作《工作的激励因素》中提出著名的双因素理论，强调主管人员必须抓住能促使职工满意的因素。麦格雷戈在其《企业中人的因素》一文中提出著名的"X 理论—Y 理论"，并认为人的本性与人的行为是决定管理者行为模式的最重要的因素的管理假定。而其 Y 理论则成为"与人力资源管理相关的最为现代的新理论起点"。②

---

① 杨静光：《古今管理理论概要》，中央党校出版社 2005 年版，第 112 页。
② 方振邦：《管理思想百年脉络》，中国人民大学出版社 2007 年版。

(六) 人力资源管理的产生

二战后，人力资源的重要性已经得到国家和社会层面的广泛重视，它代表了一种资本形式，可以通过教育、培训和公共健康计划等公共投资实现增值。随即这种思想深入到企业管理层面，员工应该作为企业重要的人力资本被投资，而这种投资是对传统人事管理的升华，是理念和工作职能的全面升级，这种新理念和新职能就是人力资源管理。①

爱德华·怀特·巴基（E. Wight Bakke）担任耶鲁大学劳动力与管理中心主任期间，领导一个由 9 人组成的政策研究委员会，成员包括学者、劳工和雇主的代表，力图在开发和利用人力资源方面找到能为企业界都接受的方式。1958 年，他发表《人力资源管理功能》一书，成为企业中提到人力资源职能概念的第一人。

巴基在其著作中提出，所有的管理者都是资源管理者的观念，其中包括人的因素。有所不同的是，与资金、物质等资源相比，他更为强调要提高人力资源的重要性。人力资源的核心并非"个人因素"，而在于"生产率提高"方面的作用，人的因素必须被整合到每个组织整体任务当中去。人力资源工作是所有管理人员的责任，而非仅仅是人事或劳动管理部门的工作。因此，巴基从以下七个方面说明为什么人力资源管理职能超出了人事或工业关系经理的工作范围：②

• 人力资源管理职能并不是一个特殊的职能，它必须适应一定的标准，这个标准就是"理解、保持、开发、雇佣或有效地

---

① Marciano. *The origins and Development of Human Resource Management*, *Academy of Management Best Papers Proceedings*, 1995, pp. 223 - 227.

② 赵曙名：《人力资源管理研究》，中国人民大学出版社 2001 年版。

利用以及使这些资源成为整个工作的一个整体……"。

· 当所谓"真正重要"的职能,如生产和财务在平稳运行和盈利时,人力资源管理职能的方法已不是新提供的工具,确切地说,人力资源管理必须在任何组织活动的开始就要加以实施。

· 人力资源管理职能的目标不仅是使个人快乐,而且要使企业所有员工能有效地工作和取得最大的发展机会,在最充分可能的范围内,利用他们所有的与工作相关的技能使工作达到更高的效率。

· 人力资源管理职能不仅包括和人事劳动相关的薪酬和福利,还包括企业中人们之间的工作关系。人力资源管理应该能改进员工的工作程序、工作关系和增加工作机会,以此来减少由于厌倦和痛苦而产生的要求增加报酬的情况。

· 人力资源管理职能并不只和员工有关,它和组织中各个层次的人员都息息相关,甚至包括首席执行官(CEO)。

· 人力资源管理职能必须通过组织中负责监督他人的每一个成员来实现,它包括有工会存在下的经理人员。在这种情况下,直线管理(业务管理)在期望、控制和协调等其他的活动方面承担着基本的人力资源职能。

· 所有人力资源管理的结果所关注的一定是企业和员工根本利益的同时实现。

1964年,温德尔·弗伦奇(Wendell French)出版了名为《人事管理过程:人力资源管理》一书,"人力资源管理"首次成为管理教材的标题。同年,迈尔斯(Myers)、皮尔格斯(Pigors)和马姆(Malm)为其著作《人事管理阅览》重取新名《人力资源管理:人事管理阅览》。他们都认为人的管理是所有管理活动中最重要的,"人力资源的管理"应该是比人事管理更广泛和更全面的一个概念。虽然这个时期"人事"和"人力资源"术语还在大量的互换使用。然而在企业界中，最常见的"人事副总"和"产业关系副总"的头衔，被"人力资源副总"取代。"传统的人事管理正在成为过去，一场新的以人力资源开发为主调的人力资源管理革命正在到来"。[①]

① Kaufman. *Human Resources and Industrial Relations*: *Commonalities and Differences*, Human Resource Management Review, winter, 2001, pp. 339 - 374.

第九章

人力资源管理(HR)和
产业关系(IR)的比较

长期以来，理论界和企业界大多认为人力资源管理和产业关系是两个不同领域，很难联系在一起。由于两者关注的焦点不同，特别是人力资源管理快速发展以后，两个领域的理论研究就更是沿着两个独立的轨道发展。即便如此，对两者相互影响和借鉴的研究并不因此结束。实践表明，人力资源管理与产业关系存在内在的关联，两者在独立发展的同时，却是相互影响。

关于人力资源管理（HR）的研究最早属于产业关系（IR）研究的分支，虽然两者有着共同的起源，然而在历史的发展中却分道扬镳。本部分论述了在 IR 和 HR 演变背后的原因——何时以及为什么他们开始变为不同的学科与实践，在学科建设（研究）和问题解决（政策或实践）方面对他们分开的相同和不同观点，以及这两个领域的当代地位。

一 关于组织性质的一元观和
多元观的视角

从历史看，关于组织性质一直有两派观：一是所谓的"一元观"，强调组织是一个"由共同目标结合起来"的稳定、完善的团体。这种观点看到了雇佣双方利益一致的一面，认为这种一致性就是就业组织的特性。持这种看法的人在劳动关系调节中倾向于"独裁制"或"家长制"的方式解决问题。二是所谓的"多元观"，强调组织是由目标不同的相互独立的群体构成的利益多元化的联合体，这种观点看到了雇佣双方以及双方内部的利益不一致的一面，认为这是就业组织的特性。持这种看法的人，强调劳动关系调节中的冲突和合作。

(一) 一元观和多元观的比较

"一元观"的组织政策是强化管理者绝对权威的人事管理政策。通过这种政策，资本家将劳动过程的控制权从工人手里转移到自己手里。为了降低劳动力价格，把劳动力分解为组成它的最简单的成分，让劳动过程中的每个步骤都尽可能地脱离专门知识和专门训练，都变为简单的劳动。同时通过泰勒制的科学管理，实行严格的"概念和执行分离"，即管理人员掌握所有核心知识，设计工作体系流程，而工匠只需要按部就班的执行指令。这样，"在完成了这个过程之后，工人就再也不是一个手艺人，而只是管理者的一个活的工具"。组织中只剩下资本家的"一元观"。[①]

有效的生产组织应该是由一群有单一权利结构，有一套共同价值、共同兴趣、共同目标的人结合起来。管理部门的指挥和决策是理性的表现，管理方的权力是合法的，任何反对意见都是非理智的。因此组织不应该由"他们"和"我们"组成，应该是一个目标基本一致的体系，所有生产要素投入者，包括资本投入者、劳动投入者都是为了一个目标：产量和利润，按每个人在生

---

① F. K. Foulkes. *large nonunionized employer*, *a critical assessment*, eds. J. *steiberetal*, *Madison*, WI: industrial relations research association, 1981.

产中的贡献和在企业中的位置获取相应的报酬，组织内的一切冲突都是"不正常"的。①

然而，多元观却认为就业组织是由多个人群组成的，每群人有自己的利益、目标和正式或非正式的领导人，因此行为和态度的不同所带来的冲突不可避免。尤其劳资双方之间，效率、产量、收益是雇主唯一关心的问题，而雇员群体只关心薪水、工作条件、工作保障。管理部门为控制组织活动，将尽力把权力、权威维持在最高程度，而雇员将努力建立保障自己利益的机制，以对抗管理方可能做出的武断行为和决定。

"多元观"的组织政策则是由集体谈判制度产生的。他们认为，既然劳动关系双方的目标是不一致的，冲突就不可避免。冲突的解决需要建立一套各方均能接受的程序和制度，并由这些程序和制度来保证各方通过谈判和妥协达成共识。力量对比在协商谈判中起到举足轻重的作用，它决定了双方权利与义务的基本格局。于是为了维护自身利益，雇员形成了自己的集体组织，也即是工会，并将这种组织力量上升到产业、地区乃至国家层面，以增强与雇主谈判能力。管理部门和工会通过谈判达成协议和制定管理体制，雇员通过这种方式保障了自身的工资和工作条件。这种谈判以行使罢工权为底线。②

从历史上看，"一元观"和"多元观"是对立的。一方面资方实行管理独裁，通过削减工资、延长工作时间等控制手段，不断追求最大利润；同时对工会采取抵制的态度，采取各种手段降低工会的影响，消除对资方的威胁。而另一方面，劳工们在面临

---

① Braverman. *Labor and Monopoly Capital*：*The Degradation of Work in the Twentieth Century*，New York：Monthly Review Press，1974.

② Charles Handy. *The Age of Unreason*，Boston：Harvard Business School Press，1990.

剥削性的工资和恶劣的工作条件后，逐渐认识到在没有工会制度的个别谈判中，他们将为谈判力量的不对等而付出代价，因此更加自发性的加入工会，因此工会会员不断增多，工会力量不断强大，工会运动也更加有影响力和破坏力。

显然这是一个恶性循环，导致的结果就是资方和劳方越走越远。以至于马克思和恩格斯认为，这种发生在劳动过程中的剥削与反剥削、控制与反控制的斗争，势必发展成为两大敌对的阶级即资产阶级和无产阶级之间的斗争，并将最终导致资产阶级的灭亡和无产阶级的胜利。

(二) 一元观和多元观的应用

这两种截然不同的观点和价值观，在不同组织中得到不同程度的认可，甚至在同一组织的不同场合、不同阶段，其适用也不同。珀塞尔·西森（Purcell Sisson）进一步阐明了两种价值观具体适用的范围和特点。[1]

(1) 传统型企业。这类组织将劳动者视为影响生产力的直接因素，认为雇佣和解雇应完全根据生产需要，把劳动力看成是一种成本，因而应尽可能将这一成本降低至最小程度。主张劳动者要服从资方的管理和指挥，剥削的存在不可避免，禁止雇员参加和组织工会，因为工会的存在会对管理权威构成潜在的挑战和威胁。

(2) 精明的家长制企业。与同行业其他企业相比，这类组织能够给雇员提供优惠的就业条件和待遇。这样做的目的，是为了"购买"劳动者对组织的忠诚，避免雇员转而加入企业之外的工会。为了给雇员提供抱怨、申诉渠道，主张在企业内部建立能够

---

① 程延园：《员工关系管理》，复旦大学出版社 2008 年版。

替代工会的相应机构。精明的家长制企业并不理所当然的认为雇员会自动忠诚于就业组织，因而他们也会投入大量的资源用于招募、甄选和培训，以确保尽可能使招聘进来的员工有"正确的态度"，否则将很快被解雇，并通过持续的培训，不断地调整，使员工融入企业。

（3）精明的现代企业。就这类组织接受工会和集体谈判作为协商确定就业条件和待遇的方式而言，他们是坚定的多元论者。由工会代表雇员所签订的集体协议，确认了管理方的权威和特权。集体协议内容广泛，包括了规范和调整劳动关系的实体原则和程序性规则，规定了雇主和工会所享有的合法权利和义务。因而，这类组织通常会积极鼓励工人加入工会，从而使通过工会达成的协议能够覆盖所有雇员。管理方和工会都倾向于支持劳动关系得到长期的战略性发展。

（4）标准的现代企业。这类组织承认工会，也接受集体谈判，但劳资关系的发展是建立在不断变化的机会主义基础之上，因而表现得更为实用。当劳动力市场或者产品市场状况显示雇员群体力量强大时，管理方勉强与工会谈判，但工会处于劣势和低潮时，管理方又会试图恢复其管理控制特权。

二　IR 和 HR 共同起源和分别发展 [①]

HR 和 IR 领域研究共同起源于 19 世纪末普遍发生的"劳工问题"，大批量生产制度的风行所造成的劳工与雇主间的广泛冲突、罢工和暴力事件频发。普遍和惊人的高流动率带来了低效和浪费，独裁和歧视性的管理方法以及工人的集体产量限制形成激

---

① Kaufman. *Human Resources and Industrial Relations*：*Commonalities and Differences*，Human Resource Management Review，winter2001，pp. 339 – 374.

烈冲突。低工资、12 小时工作制以及恶劣的工作条件，加剧了工人群体与雇主群体的阶级矛盾，而这种矛盾在一战前后达到了顶峰，资本主义制度受到严重的威胁。[①]

从改革资本主义自由市场经济制度角度出发的学者，基本上仍旧认同资本主义社会的架构及其支撑的原理，但是认为必须提供处方解决自由市场经济可能带来的后遗症，他们企图改善社会的经济效益与公平正义，研究是否有较科学与人性化的管理方法，或是平衡劳资间的协商力量，以及在工作场所导入民主和制度化的程序等。这一类的学术研究也就成为后来所谓的工业关系之研究。就这些学者而言，劳工问题与工业关系是一体的两面，劳工问题是人类在工业关系中的行为结果，建立了工业关系研究的正当性，而工业关系则是劳工问题的理论与方法，利用工业关系之研究可以解决劳工问题。[②]

20 世纪 20 年代初，美国大学的课程以及工商界的实务领域中，出现了以讨论工作各个面向的主题领域，使用的名称有：雇佣管理（Employment Management）、劳工关系（Labor Relations）、产业关系（Industrial Relations）、产业关系管理（Industrial Relations management）、雇佣关系（Employment Relations）、人事行政（Personnel Administration）等。

到 20 世纪 20 年代，相关概念、观点和内容逐渐统一，产业关系（industrial relations）逐渐成为研究工作、雇佣以及雇主和员工之间关系的学术代名词。1920 年，美国威斯康辛大学最早将产业关系学作为一门独立学科和研究领域，教授的课程包括劳工法、劳动史、工业管理、劳工管理以及失业之原因与解决方

① Mcgregor. *The Human Side of Enterprise*, New York: McGraw-Hill, 1960.
② L. Baird and I. Meshoulam. *Managing the Two Fits of Strategic Human Resource Management*, Academy of Management Review, 1988.

法。此后，其他著名大学纷纷效仿。1920 年，美国的产业关系协会（Industrial Relations Association of America，IRAA）成立，并出版发行期刊《人事》（Personnel）。

此时，产业关系的研究分为两个部分：一部分是劳动管理，另一部分是集体谈判和劳工队伍治理，并很快形成两个不同的学派：人事管理学派（PM）和劳动经济制度学派（ILE）。前者大多来自企业内的管理者，以及后来的工业心理学或是社会心理学者，他们倾向于从公司内部的视角看待劳动力问题的产生，强调建立劳动和管理的共同利益体，研究企业内如何建立管理员工的机制，以便解决劳资冲突；后者以经济学家为主结合其他学者进行工业关系的研究，他们倾向于以公司外部的视角看待劳动问题的产生，他们强调雇主和个体员工之间的内在利益矛盾，通过集体谈判和劳动立法建立制度性的力量平衡劳资关系。前者逐渐演化为早期的人事管理研究，今日的人力资源管理（IR）；后者也就是后来所建立的劳动关系学研究领域（HR）。

然而到了 20 世纪 30 年代，当时的经济萧条使大部分企业降低工资、裁员、加快生产速度以及采取更专制的手段管理员工。制度学派的开始攻击人事管理不能调整雇佣关系，"外部"的经济动力要远比"内部"的管理实践重要得多，同时个体工人需要得到保护以对抗雇主的强势力量。因此，罗斯福政府通过发展工会提高和稳定工人工资来推进经济的恢复，推行更多的集体谈判、严格的工资工时立法以及社会保险计划，制度学派把这些看做是稳定经济和保护工人利益必须经历的步骤。然而，霍桑实验的结果正在推动人事管理的进一步发展，科学管理被融入了"人"的因素，并认为借助有效的刺激和激励、交流以及工作场所的领导，是能够创造出一种组织气氛的，这种组织气氛能促进劳资互利，提高雇员对工作的满意程度，并能提高劳动生产率。

这种观点在哈佛大学梅奥（Elton Mayo）等人的著作得到宣扬，并形成人际关系学派（Human Relations）。[1] 就人际关系学派而言，他们认为企业管理者应该必须熟谙人际关系，具同情心，善倾听，懂得协商，劳资间需要合作。所谓劳工问题其实就是管理者的问题，管理者必须改善对劳工的管理模式，善待劳工，自然解决劳工的问题，而其他的劳工问题解决办法（例如集体谈判）至多治标不治本。根据人际关系学派的观点，劳资双方其实是有共同利益的，而一个成功的企业取决于如何将组织的目标与工人的满足结合到一起，因此创造出所谓的伙伴关系。这种伙伴关系的创造势必要认知心理上的因素，而探索这些因素就必须依赖心理学的科学原理，因此人际关系学派的论点开始吸引许多心理学家，他们提出了工人除了经济上的工作诱因外，其实还有心理上的因素，人事管理需要通过应用心理学研究来发现工人想从工作中得到什么。

两个学派在二战前还自认为属于同一学术领域，然而到了20世纪60年代，则完全决裂并相互攻击。一方面，劳动经济学家用怀疑的眼光看待人事管理作为操纵劳动力而排挤工会的方式，他们轻视人事管理，因为它缺乏明显的理论支撑。另一方面，人事管理者认为人事管理至少是工作现实，并恳求经济学家"从抽象思维的高空中下落"，转而处理具体的实践课题。

与此同时，产业关系（IR）的概念不再像之前那样定义为"与工作相关的所有方面"。在20世纪60年代之后，产业关系的概念和内容在更大程度上接近"劳动关系"（LR）概念，主要研究工会和集体谈判以及在行业中的行动。这种观点20世纪70年代得到了充分的发展。具有代表性的是，斯特劳斯（Strauss）

---

① E. Mayo. *The Human Problems of an Industrial Civilization*, NewYork: Maemillan, 1933.

认为，"集体谈判代表了产业关系（IR）的核心"。而此时人事管理的名字逐渐被"人力资源管理"名字所取代，这种转变反映在工业领域中，"人事副总"和"产业关系副总"的头衔，被"人力资源副总"取代。随着名字的改变，理念和概念也逐渐改变，相比于人事管理，人力资源管理把员工看做是组织的一种资产，同时以积极主动的方式使人力资源的管理作为一种主流的管理活动。①

进入 20 世纪 70 年代，产业关系理论研究明显放缓，并形成了研究的"空洞化"，50 年代在该领域很活跃的来自社会学、法学、历史学和人际关系学或产业心理学的群体在 70 年代早期大量退出该领域研究，同样的情况存在于劳动经济学家中，他们曾是最大的也是最积极的参与群体。他们大多受到新兴领域的诱惑，如人力资本理论研究、组织行为学和战略管理学。而同时期，人力资源管理的研究则风光无限，大量的研究论文和书籍被出版，并极力宣扬企业应该战略性的强调双赢和有效利用人力资本的竞争优势，来实现扁平化的组织结构，员工参与，增加分享，扩大沟通，正式讨论决定，平等的文化氛围以及承诺高组织绩效。

全球化成为 20 世纪 80 年代的主要特征，由此带来的资本全球流动成为工会发展的阻碍因素。美国工会人数和密度急剧减少，白领阶层的员工似乎对工会并不感兴趣，而现有工会成员也大量流失。在公众眼中工会很少被认为是一个受压迫者的保护者，而是一个守旧的特殊利益群体，他们增大劳动成本，加强繁重的工作角色，反而对竞争有害。劳工运动的长期衰退，导致了产业关系研究的衰退。随着在产业关系领域工作机会的消失，学

---

① William B. Gould Ⅳ, *A Primer on American Labor Law*, Cambridge: MIT Press, 2004.

生入学转向了 HR 课程和项目。许多大学取消或缩小产业关系研究中心或学院的规模，面对渺茫的学术前景，主修 IR 的博士生数目大幅减少。与此同时，美国产业关系协会（IRRA）的人数开始在 20 世纪 80 年代下滑，并且持续整个 90 年代。[①]

随着战略研究的流行，战略人力资源管理的研究成为人事管理学派研究的新浪潮，许多组织对人力资源管理的职能进行了重组和重新定位。毫无疑问，战略概念帮助人事管理提供了一直欠缺的理论基础，人力资源管理实践与所有的业务目标有了更紧密的联系，并且使薪酬、招聘、工作分析等人事职能被更好的整合。它同样引领了开创性的实验研究，HRM 实践活动对公司绩效影响的实证分析成为人力资源管理学术期刊的主要内容。

然而，这个时期随着集体谈判作为一个研究和教学领域的衰退，主流普遍的认为应该把 IR 的部分研究转向员工关系、雇主和员工利益的共同点和矛盾点、建立和调解这种关系的制度作用。20 世纪 90 年代 IRRA 致力于内容工作场所的伤残、HR 实践和公司绩效、老员工、员工关系的政府规制以及争议解决。其他主题同样在 IR 领域引起了相当多的关注，比如，战略 IR、国际员工关系系统的对比分析、美国劳工政策改革、工作与家庭的平衡以及培训和劳动力技能发展。同样值得注意的是，IR 学者继续在制定国家劳工政策上扮演主要角色。

三　IR 和 HR 相互影响

（一）工会力量的强大是人力资源管理模式产生的重要动力

由于工会力量的日趋强大，使资方付出了很高的代价，迫使

---

① Alexander B. Trowbridge. *A management look at labor relations*，Francisco：ICS Press，1988.

资方需要另一种更为经济同时能够激发劳动者积极性的管理方式，加之员工的素质不断提高，于是出现了人力资源管理模式。

人力资源管理在传统人事管理的基础上，着重突出开发培训、激励和职业生涯等员工导向功能，并致力构建良性互动的员工和企业之间的心理契约，营造企业和员工互相信赖、共同发展的企业氛围（见表9.1）。应当说人力资源管理的理念和价值取向是对员工有利的。[①]

第一，采取"进步的"或"高认同感的"管理策略，以提高员工对企业的认同感、归属感，从而达到企业和员工的"双赢"。其手段包括团队自治、取消临时解雇政策、增加深造培训机会等。企业管理者要以合作式的技术革新与劳动组织的重新组合、个人收入发展计划、职工培训与职业生涯发展规划以及企业合作信息系统等手段和方式向员工明示：员工的发展和员工利益的获得或维护有多种方式。

第二，理解和重视员工的需求，提高员工的满足感。通过"霍桑实验"，管理者认识到提高生产力的最重要的因素是重视员工的需求，并以此为基础，开创了一种重视员工需求的企业领导和管理的全新的模式。正是重视员工需求的倾向，人力资源管理领域从20世纪50年代开始，通过研究和实践，不断提出旨在促使企业目标和员工需求相一致的制度、员工业绩考评制度、员工利润分成制度、一致的企业文化制度、企业内部信息交流制度等。

第三，采用员工参与管理方式，提高员工对企业的忠诚度。员工参与管理是个人自我实现的需要。而满足员工归属的需要和受人赞赏的需要，给人一种成就感，是企业对员工工作热情进行

---

① 樊宏、戴良铁：《现代劳工问题的两大视点：人力资源与产业关系》，《商业研究》2005年第8期。

激励的重要手段。员工参与管理的形式有目标管理、质量圈、员工持股计划、沟通、职工代表大会、工人董事和工人监事制度等。通过员工对企业经营过程的参与来调动员工的积极性、主动性和创造性，将员工融入到企业中，使其成为企业主人。

第四，在采取人性化管理措施的同时，管理者对待工会的态度从传统的"对立角色"转化成更为认同的"伙伴角色"，只有这样才能更好地解决劳工问题。

表9.1　　　　　　　人事管理和人力资源管理的区别

比较项目	人事管理	人力资源管理
管理视角	视员工为成本、负债	视员工为第一资源、资产
管理目的	保障组织短期目标的实现	生产效益＋员工需要满足、保障组织长远利益
管理活动	重使用、轻开发	非常重视开发/（建立培训机构）
管理内容	简单/行政事务、管理档案、工资发放	极其丰富
管理地位	执行层/技术含量低、无需特殊专长	战略决策层
部门性质	非生产效益部门	生产效益部门/开发结果——投入大于产出、成本节约
管理模式	以事为中心	以人为中心
对待员工	命令式、独裁式，控制	强调尊重、民主，参与、透明
性质变化	战术性、业务性	战略性、整体性、主动性

资料来源：摘自 Eugene Mckenna, and Nic Beech. "*Human Resource Management*", Prentice Hall, 1997, pp. 8 - 9.

通过上表不难发现，相比与"视人为物"的人事管理，人力资源管理把员工看成宝贵的资产，一种能够不断可以开发和升值的人力资本，而不是机器和成本，从而最终通过人的发展促进企业的发展。

（二）人力资源管理的发展促使产业关系转型

随着经济环境的快速变幻，企业适应环境的速度成为企业竞争的关键，而工会则常常扮演"羁绊"的角色。当美国汽车工业由于国外产品的低廉价格和高质量而处于严重困境中时，资方却不能降低工资来保持其竞争力。任何工资让步必须经过谈判，而这些谈判常常是不成功的，从而部分导致 20 世纪 80 年代中大部分时期美国汽车制造业销售额的严重暴跌。伊克尼沃斯基（Ichniowski）等（1996）用钢铁行业的数据证实劳资关系的低信任度、高冲突状态对企业绩效产生极大的负面效应。克莱纳（Kleiner）等（2002）考察了美国一家最重要的飞机制造公司在过去 20 年劳资关系从合作到对立过程中劳资关系变化对企业绩效的影响。他们的研究表明，在劳资关系紧张时期和强硬的工会领导人任职期间，无论是以相对值还是以绝对值衡量的企业生长率都出现了大幅度的下降。

人力资源管理在西方国家得到了快速发展，以人力资源管理代替工会，以员工关系代替劳动关系成为了西方国家企业避开工会，减少对抗损失，保持其灵活竞争力的一种手段。这种手段已经演变成了一种趋势，并对西方产业关系产生了巨大的影响。[①]

这种趋势导致无工会组织（nonunion）的大量产生。这些组织中的高层管理人员所具有的价值观倾向于制定先进的人力资源政策：内部晋升、建立有影响力的人事或人力资源管理部门、提

---

① Alexander B. Trowbridge. *A Management Look at labor Relations*, Francisco：ICS Press，1988.

供高于平均水平的工资和福利。这些政策反过来又产生了一系列理想结果，其中包括灵活性提高、雇员的工作态度积极、雇员更富有责任感和忠诚感，而这些结果最终又会导致生产率的提高和员工关系的进一步改善。也就是说，雇主试图通过自行向雇员提供原来工会所能提供的大多数好处来避免工会的出现，而同时仍然保持相对于竞争对手的竞争优势。

工会会员大量减少也是这种趋势的佐证。在美国，1988 年只有 15.8% 的劳动力加入工会，这比 50 年代中期比例的一半还小，如果扣除政府雇员，则比例仅有 11%。在 1973—1993 年之间，英国工会会员比例下降了 51%，加拿大为 36%。可以说人力资源管理模式已经成为企业主拉拢员工，进一步减弱工会影响的一种强有力的手段。[①]

在人力资源管理的影响下，工作场所中的劳资关系正在总体上出现一种向敌对性质不那么强烈的方向转变的趋势（至少在那些工会的角色已经被资方接受的企业中情况是如此）。同时，单一工会（不受行业工会领导）和不罢工协议的产生，也代表了工会更加合作的倾向，这在一定程度上，也是积极的人力资源政策的影响结果。证据证明，新的劳资关系处理方式，雇员可以在更大程度上参与决策、组建雇员团队、培养多种技能、轮换工作岗位、分享经济收益等，确实能够对一个组织的成效带来重大的贡献。一项研究对施乐公司的传统劳资关系特征与当前正处在转型期的该公司新劳资关系特征进行了对比（见表 9.2）。

如表所示，新的劳资关系的特征已经渗透了人力资源管理思想，促使了雇员参与和劳资伙伴关系的形成，这也恰恰是人力资源管理的合作共赢的核心理念。

---

① T. A. Kochan, H. C. Katz, and R. B. McKersie. *The Transformation of A-merican Industrial Relations*, New York: basic books, 1986.

表 9. 2   传统劳资关系与转型期劳资关系的基本模型

纬度	模型	
	传统劳资关系	转型期劳资关系
冲突的解决		
冲突发生的频率	高	低
冲突解决的速度	慢	快
非正式的争议解决次数	少	多
发展到第三和第四步骤的争议次数	多	少
一线合作		
正式的解决问题群体（比如质量改善、降低残次品、雇员保障等方面的问题解决小组）	少	多
非正式的解决问题活动	少	多
工人的自治与反馈		
正式的自治工作群体	少	多
非正式的工人自治活动	少	多
工人发起的工作设计变革	少	多
成本、质量以及工作时间表方面的反馈	少	多

资料来源：摘自 J. Cutcher-Gershenfeld, "*The Impact of Economic Performance of A Transformation in Workplace Relations*," Industrial and Labor Relations Review 44, 1991, pp. 241 - 260。

四　人力资源管理和产业关系的比较

"对于劳工方和资方来说，大家一同把蛋糕做大，然后再为如何分蛋糕打上一仗，是一种无与伦比的完美逻辑"。[①] 虽然产

---

① C. Doucouliagos. *Worker Participation and Productivity in Labor-Managed and Participatory Capitalist Firm：A MetaAnalysis*，Industrial and Labor Relations Review，1995，45：pp. 58 - 77.

业关系和人力资源管理的相互影响，并都有强调团队合作、重视
人的因素等相同点，但这却不能模糊对劳动关系双方利益看法的
不同视角（如表9.3和表9.4）。

表9.3　　　人力资源管理和产业关系关注点的异同

相同点	1. 集中在雇佣和工作场所问题上。 2. 关注管理人员、工会及政府政策。 3. 认识到劳动的人性。 4. 寻求积极的总体解决劳动问题的方法。 5. 被大量应用，是多学科的领域。 6. 有规范性的盲点。	
不同点	HR强调由雇主解决劳动问题	IR强调由工人和工会来解决
	HR主要采用"内在的"视角看待雇佣问题	IR主要采用"外部的"的视角看待雇佣问题
	HR的主要目标是组织的效率/效益	IR的目标是把组织的效率/效益与员工的福利结合起来
	HR采用的是"工具性"的方法来提高雇员的利益	IR则把雇员利益视为一个更为重要的独立的最终目标
	HR集中在雇主和雇员之间建立一个利益共同体	IR主要考虑利益冲突问题
	HR把管理人员的权力看作为实现组织效率/效益所必需的	IR假设管理人员的权力是需要审查和制衡的
	HR假设冲突不是不可避免的，并且可以通过管理减少冲突	IR认为冲突是不可避免的，并且需要第三方的干预
	HR视管理人员为积极的管理成果的主要贡献者，工会和政府只是偶尔需要，而且经常会对管理造成限制	IR同样视管理人员为管理成果的主要贡献者，但是只有在强大的工会和政府立法的辅助下才起作用

资料来源：Kaufman, *Human Resources and Industrial Relations：Commonalities and Differences*, Human Resource Management Review, winter2001, pp. 339-374.

表 9.4   七种关于人力资源管理和劳动关系研究的不同的假设

	人力资源管理视角	劳动关系学视角
雇佣关系的概念	一元的	多元的
信任、立法和冲突问题	小的管理问题	雇佣关系的基本问题
实质性的焦点	组织绩效	社会效益
理论方向	普遍性的	偶发性的
工会的重要性	较小	很大
政府的作用	很小	很大
对机构差异的关注	很小	很大

资料来源：Delaney, John T, Godard, John, *An Industrial Relations Perspective on The High-Performance Paradigm*, Human Resource Management Review, Winter2001, p. 395.

从两张表中可以看出人力资源管理还是在以一元论的视角研究雇佣关系。他们尽管认识到雇员与雇主在利益上的分歧，但并不强调这些分歧内在的冲突性，并且主要研究个人和小组水平的雇佣关系，较少关注工会和集体谈判的作用。所以有学者指出人力资源管理战略并不是向上强化了在高层管理决策中"人"的因素，而是向下发展，强调人力资源（人）应当符合组织的需要。"完全让雇员认可组织的目标和价值观——雇员参与，但是按照公司的条件参与"，并且怀疑这样做是在劳资之间创立了一种新型的、平等的伙伴关系，还是在亲密关系掩饰下强化对雇员的控制。

而产业关系认为使组织成员在一种共同目标意识下工作，但也必须考虑到，所有组织都是一个多元的实体，在这个实体中，不同的人有不同的利益和不同的关注点，需要成立某种集团来保持自己的利益。虽然劳力市场供求关系可以调节双方力量的平衡，加上教育水平的提高也可以提高他们的谈判筹码，但个人在谈判中的力量绝对属于劣势。因此雇员必须联合起来，与资方进行集体谈判，这样就可以把眼光放在更广的经济与社会角度来解决劳资关系双方的冲突。

后　　记

　　五年前，我来到中国劳动关系学院劳动关系系。该系包含两个专业：劳动关系专业和人力资源管理专业。初到此地很是迷惑，在这个充满工会、工人权益、血汗工厂等政治词汇的氛围中，看不到我所熟悉的有关薪酬激励、员工心理、职业生涯发展等人力资源管理的学术研究，而听到的更多的是对人力资源管理的抨击以及"人力资源管理不可能替代工会"的论断。

　　刚开始，书生意气的我力图改变一边倒的学术现状，展开了蚂蚁撼大树式的一系列辩论，结果也可想而知。然而，劳动关系对人力资源管理的敌视却使我坚信两者之间一定存在某种联系。很偶然的机会，台湾著名劳动关系学者卫民教授来我院讲座，题目就是《劳动关系与人力资源管理的竞争和融合》。这场讲座对我的启示在于：对人力资源管理的研究应该是劳动关系研究的重要组成部分，而两者在历史上是统一的。带着极大的学术兴趣，我开始查阅相关的文献资料，果不其然，两者共同起源于如何解决资本主义制度下劳工问题，但由于价值观体系以及实施主体不同，两者在具体的历史演变过程中开始分道扬镳，直至现在的相互攻击。于是，我突发奇想，写一本关于人力资源管理历史的书，一方面可以作为劳动关系研究的补充视角，一方面也算是对我多年人力资源管理学习的一点交代。

写作的过程充满艰辛，光资料收集就达一年之久，期间频繁受到各种事情的打扰，精力和时间并不集聚，以至于留下了不少的遗憾。在本书即将付梓之际，我由衷感谢以下这些人士在写作过程中提供的指导、帮助和支持。

感谢我的导师中国人民大学劳动人事学院院长曾湘泉教授，能成为他的学生是我的幸运，同时"见惯世面"的他也肯定了本书的主题，并给予了不少的意见和建议。最让我感动的是，他欣然在飞机上为本书写出如此有"高度"的序。

感谢中国劳动关系学院副院长沈琴琴教授，她构建和领导了学院的科研管理和激励体系，持续地关注和鼓励青年教师群体，同时对我个人的工作、科研乃至生活给予了长期的关心和帮助，她让年轻教师感到了学校的温暖。

感谢中国劳动关系学院冯同庆、许晓军、信卫平三位教授。他们作为学院"青年学者文库"的评审，对本书提出了中肯的批评和修改建议，显示了高超的学识和学者风范。特别感谢许晓军教授对本书的修改和出版提供的特别的关照和支持。

感谢系领导乔健副教授和郑桥教授长期以来的鞭策和鼓励，乔老师可以说是我劳动关系研究的启蒙者，让我对劳动关系研究充满兴趣，并间接改变了我的学术价值观。还要感谢劳动关系系所有同仁的支持和帮助，这个年轻富有朝气的团体将是劳动关系研究的未来希望。

感谢我的学生林嘉茵、吴佳玲、赵孟捷、王艳、水恒熠、王玉迪、姜帆、周颖、李玉龙、尤汉青、李捷。他们为本书提供了大量的基础资料，并翻译了众多的原始英文文献，而且还对初稿进行了整理和校对，为本书的出版做出了非常出色的贡献。

感谢彭恒军教授以及他领导的科研处为本书出版提供的帮助

和支持。感谢中国社会科学出版社黄燕生老师在本书出版过程中表现出的责任感和精益求精的作风。

最后要感谢我的妻子任晶晶。为了本书的写作，她容忍我的懒惰，并给予我非常好的照顾。没有这个基础，我是不可能完成写作的。同时，她永远是我作品的第一读者。

真诚希望此书的读者多提宝贵意见和建议。

闻效仪

2009 年 11 月于北京朝阳区东岸

Wenxiaoyi008@263.net